충북대학교 인문사회 연구총서

Traité de la vie élégante

우아한 삶에 대하여

Treatise On Elegant Living

발자크 외 지음 / 고봉만 옮김

충북대학교 출판부

Contents

우아한 삶에 대하여

우아하게 사는 법

Traité de la vie élégante

오노레 드 발자크

Honoré de Balzac

제1부 총론

"정신은 물질을 움직인다."

— 베르길리우스

"한 인간의 지성은 그가 지팡이를 짚는 방식에서 드러난다."

— 사교계의 관용적 표현

제1장 서론

문명은 인간을 크게 세 줄로 정렬시켰다. 우리는 그리 어렵지 않게 샤를 뒤팽[1]이 했던 식으로 우리의 범주를 치장할 수도 있을 것이다. 하지만 기독교 철학을 다루는 책에서 협잡이란 당치 않은 일이므로, 우리는 대수학[2]의 X와 그림을 뒤섞는 일을 하지 않을 것이다.

---

1) 샤를 뒤팽(Charles Dupin, 1784~1873). 프랑스의 수학자, 통계학자, 정치가. 공교육 개선의 필요성을 역설하고, 선거와 (의회)정치에서의 통계의 도입을 강조하였다.

2) 대수학(代數學)은 수를 x, y와 같은 문자로 대체하는 연산이라는 뜻이다. 개개의 숫자 대신에 숫자를 대표하는 일반적인 문자를 사용하여 수의 관계, 성질, 계산 법칙 따위를 연구하는 학문을 말한다.

그 대신 우아한 삶의 가장 내밀한 원칙들을 제시하여, 유행의 끝물에 뛰어들어 승마용 구두를 거꾸로 신고 다녔던[3] 사람들, 즉 우리의 적대자들까지 이해시키려고 노력할 것이다.

오늘날, 현대적 풍속은 세 계층의 인간을 만들어냈다.

일하는 인간,

생각하는 인간,

아무것도 하지 않는 인간.

바로 여기에서, 보헤미안(Bohème)들의 시적이고 자유분방한 소설에서 입헌군주들의 단조롭고 지루한 역사에 이르기까지, 모든 유형의 삶을 표현하기에 충분한 세 개의 존재 방식이 유래한다. 즉, 바쁜 삶, 예술가의 삶, 우아한 삶.

I. 바쁜 삶에 대하여

바쁜 삶이라는 주제에는 변주라는 것이 없다. 이제 끊임없이 자신의 열 손가락을 놀리지 않으면 안 되게 된 인간은, 자신의 운명 전부를 포기하고 하나의 수단으로 전락한다. 그리고 우리의 모든 박애심에도 불구하고, 그 결과들만이 우리의 찬탄을 자아낸다. 갈수록 인간은 도처의 거대한 돌덩이들 앞에서 넋을 잃어가고 있다. 그것을 쌓아올린 사람들을 떠올린다면, 그것은 그저 그들을 연민하기 위해서일 뿐이다. 건축은 여전히 어떤 위대한 사상의 표상으로 보이지만, 노동자들은 돌을 들어 올리는 일종의 윈치에 지나지 않고, 외바퀴 손수레, 삽, 곡괭이와 별반 다를 바가 없다.

---

3) 1830년대에 파리에서 유행했던 방식.

이것은 불공평한 일인가? 그렇지는 않다. 마치 증기기관처럼, 노동의 도구로 재편된 인간은 모두 동일한 형태로 생산되며, 개인적인 의미는 아무것도 가지지 않는다. 도구-인간은 일종의 사회적인 제로(0)이다. 그러므로 가능한 한 최대한 그들을 모은다 해도, 그 앞에 어떤 숫자들이 붙지 않는 한, 그들은 결코 사회적 총계(總計)에 포함되지 못할 것이다.

농부, 석공, 군인은 어떤 동일한 덩어리의 획일적인 조각들, 어떤 동일한 원의 부분들이며, 손잡이만 다른 동일한 연장이다. 그들은 해와 더불어 자고, 해와 더불어 일어난다. 농부와 석공은 수탉의 울음소리에, 군인은 기상나팔 소리에 잠에서 깬다. 그리고 군인에게는 가죽 반바지와 싸구려 시트와 장화가, 농부와 석공에게는 먼저 발견하는 사람이 임자인 누더기가 제공된다. 그들 모두에게는 아주 거친 음식들만이 주어진다. "회벽을 치거나 사람들을 때리거나, 강낭콩을 수확하거나 칼을 휘두르거나..." 이것이 그들이 사철 내내 노력하는 모습을 일컫는 수사(修辭)들이다. 그들에게 노동은 죽는 날까지 그 해답을 찾아 헤매야 하는 일종의 수수께끼 같은 것이다. 대개 그들의 지루하고 슬픈 삶은, 기껏해야 작은 나무의자를 하나 얻어, 먼지로 뽀얗게 뒤덮인 딱총나무 아래 있는 초가집 문간에 그것을 내놓고 앉아 쉬는 것으로 보상받는다. 제복을 입은 하인에게서 다음과 같은 불호령을 듣는 두려움에서는 놓여나겠지만 말이다.

"이 양반아, 썩 꺼지지 못해! 거지한테 줄 거라곤 월요일밖에 없어!"

이 모든 불행한 사람들의 삶을 좌우하는 것은 뒤주 속에 얼마만큼의 빵이 있느냐는 것이며, 삶의 우아함은 궤짝 속에 어떤 누더기가 있느냐로 결정된다.

소매상인, 위관급 장교, 하급 관료는 이들보다는 그 질이 조금 나은 바쁜 삶을 살고 있지만, 그들의 삶 또한 저속한 특징을 보인다. 그들은 늘 노동에 매여 있고, 그 메커니즘만 조금 더 복잡해졌을 뿐 역시 원치에 지나지 않으며, 지성은 그들의 삶에 아주 약간만 개입된다.

그들의 생각 속에, 재단사는 일종의 예술가이기는커녕, 언제나 가혹한 청구서를 독촉하는 사람일 뿐이다. 그들은 칼라를 셔츠에 붙였다 떼었다 하는 습관을 가지고 있으며, 자신의 채권자들이 재산을 몽땅 도둑맞는 상상을 하고는 자책한다. 그들은 평상시에는 운송수단으로 삯마차를 이용하고, 장례식이나 결혼식에 갈 때는 마부 딸린 마차를 대여한다.

그들이 노동자들과 마찬가지로 재산을 모으지 못한다면, 꿀벌 같은 그들 삶의 희망은, 노후를 대비해 먹을 것과 거처를 확보하는 것 그 이상을 거의 넘어서지 못할 것이다. 왜냐하면 부슈라 가(Rue Boucherat)[4]의 건물 5층에 냉골 같은 방 한 칸을 갖고 있는 것이 고작이고, 기껏해야 아내에게는 두건 달린 외투와 가공하지 않은 퍼케일천[5]으로 만든 장갑, 남편에게는 회색 중절모와 작은 잔에 담긴 커피 한 모금, 아이들에게는 생-드니(Saint-Denis) 학교[6]에서의 교육이나 반액 장학금, 그리고 모두에게 일주일에 두 번 다진 파슬리를 곁들인 삶은 고기가 허락될 뿐이기 때문이다. 완전히 제로도 아니고,

---

4) 파리의 귀족 거주지인 마레 지구에 있는 거리 이름이다.

5) 침대보용으로 쓰이는 올이 곱고 촘촘한 면직물.

6) 국가 유공자인 레지옹 도뇌르 회원의 딸들이 다니는 학교이다.

완전히 숫자도 아닌 이 사람들은, 아마도 소수점 이하의 숫자들이라고 해야 할 것이다.

이 지옥 같은 서글픈 거주지에서 삶은 연금이나 얼마간의 공채 금리에 좌우되며, 우아함은 술이 달린 장식 휘장, 배 모양처럼 양 끝이 위로 들린 침대와 유리병 모양의 촛대에 의해 결정된다.

어떤 커다란 건물에 늘어진 밧줄 위에 낀 이끼들처럼, 사람들이 위태롭게 흔들리면서도 그 위를 분주하게 기어오르고 있는 사회적 사다리에서 다시 몇 단을 더 올라가면, 우리는 그곳에서 의사, 사제, 변호사, 공증인, 사법관, 도매상인, 시골 귀족, 중간 관료, 영관급 장교 등을 발견할 수 있다.

이 인물들은 펌프, 체인, 추, 말하자면 세심하게 닦이고 조여지고 기름칠된 모든 구성 요소들이, 화려하게 수를 놓은 명예로운 휘장을 걸치고 자신들의 임무를 수행하는, 거의 완벽에 가까울 정도로 훌륭한 기계들이다. 하지만 이들의 삶은, 그 사상이 여전히 자유롭지도 않고 폭넓게 풍요롭지도 않은 채, 늘 요동친다. 이 신사들은 매일 수첩에 기록된 수많은 문제들을 검토하지 않으면 안 된다. 이 작은 수첩들은 예전에 학교에서 그들을 집요하게 괴롭히던 감독관들을 대신하는 것으로, 자신들이 왕보다 천 배나 더 변덕스럽고 배은망덕한 어떤 이성적 존재의 노예라는 사실을 그들에게 끊임없이 상기시킨다.

그들이 휴식을 취할 나이가 되면, 유행에 대한 감각은 떨어지고, 우아한 시절은 가뭇없이 사라져 버린다. 그리하여 그들을 실어 나르는 마차는, 몇 가지 목적을 지닌 돌출 발판을 옆구리에 거느린 채, 저 유명한 포르탈[7]의 마차처럼 낡아 간다. 그들의 집은 여전히 캐시미어 천으로 치장되고, 부인네들은 보석이 박힌 목걸이와 귀고리를 달고 산다. 그들의 사치는 언제나 그렇듯이 일종의 저축 성격을 띤다. 집안의 모든 것들은 사치스럽고, 저택 정면의 회랑 위에는 이런 구절이 적혀 있다. '용건은 문지기에게'. 만일 그들이 숫자로 계량화되어 사회적 총계로 합산이 된다면, 그들은 단순히 단위에 불과하게 될 것이다.

이 계급 구성원들의 삶은 남작 칭호에 의해 좌우되고, 우아함은 멋진 깃털 장식을 한 키 큰 사냥 시종이나 페도 극장[8]의 칸막이 좌석에 의해 결정된다.

여기까지가 바쁜 삶이다. 고급 공무원, 고위 성직자, 장성, 대지주, 장관, 시종[9]과 왕족들은 무위하는 사람들의 범주에 들어가며, 우아한 삶을 영위한다.

어느 철학자는 사회 집단에 대한 이 슬픈 분석을 마치면서, 사람들이 마치 뱀을 만나기라도 한 양 몸을 피하며 서로의 곁을 지나치게 하는 수많은 편견들에 상당한 혐오감을 느껴, 다음과 같이 중얼거렸다. "나는 어떤 나라를 내 임의대로 지어낸 것이 아니라, 있는 그대로를 받아들였을 뿐이니……."

블록화된 사회에 대한 이러한 개관은, 우리의 첫 번째 아포리즘의 태동에 도움을 줄 수 있을 터인데, 그것은 다음과 같은 것들이다.

⁋ 1 : 문명적이든 원시적이든, 삶의 목적은 휴식이다.

---

7) 루이 18세의 주치의였던 포르탈(Portal, Antoine de, 1742~1832)을 말한다. 그는 1820년에 왕립의학아카데미를 창설했다. 검소한 생활로 유명했다.

8) 페도 극장(Théâtre Feydeau)는 1714년에 창립한 파라의 오페라 코미크 극장(Opéra-Comique)을 말한다. 『카르멘』, 『마농』 따위의 원작이 초연되었다.

9) (저자 주) 시종은 우아한 삶에 필수적인 일종의 휴대품이다.

⁋ 2 : 절대적 휴식은 권태를 낳는다.

⁋ 3 : 우아한 삶은, 말의 넓은 의미에서, 휴식에 활기를 불어넣는 기술이다.

⁋ 4 : 일에 길들여진 인간은 우아한 삶을 이해할 수 없다.

⁋ 5 : 결론. 우아해지기 위해서는 일을 경유하지 않는 휴식을 향유할 줄 알아야 한다. 달리 말하자면, 복권에 당첨되거나, 백만장자의 아들이거나, 왕족이거나, 한직에 있거나, 부정(不正)하게 겸직을 하거나 해야 한다.

Ⅱ. 예술가의 삶에 대하여

예술가는 예외적인 존재이다. 아무 일도 하지 않는 것이 그의 일이다. 그의 일은 휴식하는 것이다. 그는 우아하게 차려입기도 하고 아무렇게나 차려입기도 한다. 그는 자신의 입맛에 따라 농부의 작업복을 걸치기도 하고, 유행하는 남성용 예복을 걸치기도 한다. 그는 법칙을 따르지 않는다. 그는 법칙을 부과한다. 아무것도 하지 않으려고 골몰하든 얽매이지 않는 것처럼 하면서 걸작을 감상하든, 나무로 된 재갈을 물린 말 한 마리를 몰든 사치스럽게 사륜마차 브리스카(britschka)[10]를 몰든, 수중에 25 상팀[11]밖에 없든 두 손 가득히 금화를 가지고 있든, 그는 하나의 위대한 사상의 표현이고 그가 속해 있는 사회를 지배한다.

필[12] 장관이 샤토브리앙[13] 자작의 집에 들어갔을 때 그는 떡갈나무

---

10) 러시아의 경(輕) 사륜마차 브리스카(briska)를 말한다.

11) 상팀(centime)은 100분의 1프랑을 말한다.

12) 로버트 필(Peel, Robert, 1788~1850), 영국의 정치가. 8년간 내무장관으로 재직하며 사형을 감형하고 근대적 경찰 제도의 기초를 확립하였다. 그 후 2차례에 걸쳐 총리로 재임하면서 재정을 개혁하고 곡물법을 폐지하였으며 자유무역을 촉진하였다. 탄력성 있는 정책으로 토리당을 보수당이라는 근대 정당으로 탈바꿈시키는 데 크게 공헌하였다.

로 만들어진 가구들로 온통 둘러싸인 집무실로 인도되었다. 샤토브리앙보다 수십 배 부자였던 그는 이 단순한 가구들 때문에 영국에 과잉 공급되어 포화 상태에 이른 순금과 순은 가구들이 단박에 초라해짐을 느껴졌다.

예술가는 늘 위대하다. 그는 자신만의 삶과 우아함을 지니고 있다. 그의 모든 것은 그의 지성과 명예를 반영한다. 예술가들은 열이면 열 다 새로운 생각들로 가득한 특색 있는 삶을 영위한다. 그들에게 유행은 강압적으로 이루어져서는 안 되는 것이다. 이 길들여지지 않는 존재들은 모든 것을 그들의 방식대로 만든다. 그들이 중국 · 일본 의상을 입은 도자기 인형을 재빨리 낚아챈 이유는 그것을 변형하기 위해서이다.

이런 생각에서 다음과 같은 유럽의 아포리즘이 도출된다.

⁋ 6 : 예술가는 그의 의지에 따라, 또는 자신의 능력에 따라 삶을 영위한다.

Ⅲ. 우아한 삶에 대하여

만약 우리가 여기서 우아한 삶에 대한 정의를 빠뜨린다면 이 시론은 쓸모없는 시론이 될 것이다. 마치 정의를 내리지 않는 시론이 두 다리가 절단된 장교와 같은 것처럼 말이다. 그는 이제 간신히 움직일 수밖에 없을 것이다. 정의를 내린다는 것은 요약한다는 것이다. 이제 그럼 요약해 보도록 하자.

---

13) 샤토브리앙(Chateaubriand, François René de, 1768~1848). 프랑스의 작가 · 정치가. 화려하고 정열적인 문체로 낭만주의 문학의 선구자가 되었다. 작품에 『아탈라』, 『르네』, 『기독교의 정수(精髓)』 따위가 있다.

우아한 삶에 대한 여러 가지 정의

우아한 삶이란 외적이고 물질적인 삶의 완성이다. 또는 자신의 돈을 지적으로 소비하는 기술이다. 또는 다른 사람들처럼 모든 것을 하면서도 다른 사람들처럼 어떤 것도 하지 않는 법을 우리에게 가르쳐주는 학문이다.

조금 더 나은 방식으로 정의하자면 우리가 본래 가지고 있고 우리를 둘러싸고 있는 모든 것들 속에서 매력과 취향을 발전시키는 것이다.

좀 더 논리적으로 말하자면 자신의 재산을 자랑스럽게 여기는 법을 아는 것이다.

친애하는 우리의 친구 A-Z[14]에 따르자면 귀족의 고결함을 사물들 속으로 옮긴 것이다.

P. T. 스미스[15]에 따르면 우아한 삶이란 산업을 풍요롭게 하는 원동력이다.

자코토[16] 씨(氏)는 우아한 삶에 대한 시론은 쓸모없다고 생각했다.

---

14) 지라르댕(Girardin, Émile de, 1806~1881)을 말한다. 프랑스의 저널리스트. 프랑스의 신문 경영자 · 정치가. 저렴한 신문을 발간해 엄청난 발행 부수로 성공을 거두어 '언론의 나폴레옹'이라고 불렸다. 1836년에 보수파의 기관지 『프레스 La Presse』를 창간하였고, 독창적이고 대담한 모험으로 프랑스 대중 신문의 개척자가 되었다.

15) 『국부론*An Inquiry into the Nature and Causes of the Wealth of Nations*』의 저자 애덤 스미스(Adam Smith)를 말하는 것 같다. 그는 사회 전체를 분업이 행해지는 거대한 작업장으로 보고 상업, 농업 외에 공업의 중요성을 파악했다. 그는 생산적 노동과 비생산적 노동을 구분했다. "국왕과 관리와 목사와 금리생활자는 새로운 부를 생산하지 않으며, 농업과 공업에 종사하는 사람들의 노동만이 새로운 부를 생산한다."

16) 프랑스 부르고뉴 지방 출신의 교육자인 자코토(Jacotot, Joseph1770~1840)는 언어, 미술, 음악 등을 기초적인 책들을 통해서가 아니라 위대한 고전의 연구를 통해서 익힐 수 있다고 주장했다.

왜냐하면 『텔레마코스의 모험 *Télémaque*』[17] 안에 모두 다 들어있기 때문이다.[18]

쿠쟁[19] 씨의 말을 들어보면 그것은 다음과 같은 고상한 사유의 질서 속에 들어 있을 것이다. 이성의 사용은 필연적으로 감각, 상상력, 마음의 사용을 동반한다. 그것들은 원초적 직관, 동물성의 즉각적인 계시와 섞이면서 직관과 이성을 자신들의 색깔로 물들인다.[20]

생시몽[21]의 이론에 따르면, 큰 재산은 도둑질한 것이다. 이 원칙에 따르자면 우아한 삶이란 하나의 사회가 걸릴 수 있는 가장 큰 질병이다.

쇼드릭[22]은 "우아한 삶이란 자질구레하고 무의미한 천 조각이다."라고 말했다.

우아한 삶이란 우리의 세 번째 아포리즘[23]을 에둘러 표현한 이 하

---

17) 프랑스의 사상가 페늘롱(Fénelon, François de Salignac de La Mothe 1651~1715)이 지은 장편 소설. 주인공 텔레마코스가 트로이 전쟁에서 돌아오지 않는 아버지 오디세우스를 찾아 헤매는 모험 이야기로, 1699년에 발표하였다.

18) (저자 주) 살렌티니Salente 법法을 보라. (『텔레마코스의 모험』에 등장하는 살렌티니 섬의 법규를 말한다)

19) 쿠쟁(Cousin, Victor, 1792~1867). 프랑스의 철학자 · 정치가. 독일 관념론과 다른 여러 사상의 절충을 시도한 인물로, 철학과 종교의 조화를 설명하였다. 저서에 『근세 철학사 강의』, 『진선미에 대하여』 따위가 있다.

20) (저자 주) '우아한 삶'이란 말이 수수께끼 같은 말이 아니라는 사실은 『철학사 강좌 *Cours de l'histoire de la philosophie*』 44쪽을 보면 알 수 있다.

21) 생시몽(Saint-Simon, Claude-Henri de Rouvroy, 1760~1825)은 당시 분열되고 있던 계급들 사이의 극한 대립을 막기 위하여-즉, 새로운 사회 내의 갈등적인 원칙들을 제거하기 위하여- 좀 더 세속화된 형태의 종교적 가치가 그들을 도덕적으로 통합하여야 한다고 보았다. 그는 종교가 "가장 가난한 계급의 상태를 가장 빠르게 개선한다는 대의를 향해 사회를 이끌어야 한다."라는 주장을 폈다.

22) 1830년대 프랑스 신문에 자주 등장하는 쇼드릭 뒤클로(Chodruc-Duclos)라는 인물은 긴 수염에 누더기를 걸치고 다녔다. 파리의 팔레 루아얄(Palais Royale)에 살았던 그는 현대판 디오게네스로 불리기도 했다.

위의 정의들을 물론 모두 포함한다. 그러나 우리가 생각하기에 우아한 삶은 좀 더 중요한 질문들을 함축하고 있다. 우리가 선택한 '요약'이라는 방식에 충실하기 위해 좀 더 논의를 발전시켜 보자.

국민을 부유하게 만드는 것은 이룰 수 없는 불가능한 정치적인 이상이다. 국가는 필연적으로 생산하는 사람과 소비하는 사람으로 구성되어 있다. 씨를 뿌리고, 나무를 심고, 물을 주고, 수확을 하는 사람이 어떻게 정확하게 가장 덜 먹는 사람이 될 수 있겠는가? 이런 결과는 상대적으로 밝히기 쉬운 비밀이다. 그러나 많은 사람들은 이것을 신의 섭리에 의한 위대한 생각으로 간주하길 좋아한다. 우리는 인류가 어떤 길을 밟아왔는지 살펴보는 시점에서 그에 대한 설명을 추후에 제공할 생각이다. 현재는 귀족적이라는 비난을 무릅쓰고서라도 우리는 솔직히 다음과 같이 말할 것이다. 사회의 최하위 계층에 있는 사람은 신에게 자신의 불행한 운명에 대한 설명을 요구해서는 안 된다. 그가 할 수 있는 것이라곤 자신의 운명에 가래침을 뱉는 것밖에 없다.

법률 문서를 조금이나마 들여다 본 사람의 눈으로 보자면 전적으로 철학적이고 기독교적인 이러한 지적은 문제를 깨끗이 해결하는 것처럼 보일 것이다. 논의를 좀 더 진행해 보자.

따라서 사회가 존재한 이래 정부라는 것은 부유한 자와 가난한 자 사이에서 체결된 늘 필요한 하나의 계약이었다. 소위 몽고메리(Montgomery)식 배분[24]이라고 불리는 것에서 야기된 이러한 내부적 투쟁은 문명인들에게 재산(fortune)에 대한 열정을 불러일으켰다. 여

---

23) "우아한 삶은, 말의 넓은 의미에서, 휴식에 활기를 불어넣는 기술이다."

24) 한쪽이 모든 것을 가지면 다른 쪽은 아무것도 가지지 못하게 된다.

기서 재산이라는 것은 모든 사적인 야심을 전형적으로 나타내는 표현이다. 왜냐하면 고통스럽고 모욕적인 입장에 속하지 않겠다는 욕망에서 유래한 것이 노블레스, 귀족 계급, 특권계급, 매혹적인 남자와 여자들이기 때문이다.

그러나 인간이 도처에서 보물 따먹기 기둥을 보게 하고, 그 기둥의 4분의 1, 3분의 1, 2분의 1이라도 올라앉게 하는 이러한 종류의 욕망은 필연적으로 과도하게 이기심을 발전시키고 허영심을 야기한다. 그렇지만 허영심이란 매일 나들이옷을 입는 것에 불과하므로, 인간은 저마다 광장의 행인들을 교육할 책임이 있음을 보여주는 하나의 기호를 자기 권력의 표본으로 가질 필요성을 느끼게 된다. 광장에서 그는 거대한 보물 따먹기 기둥 위에 앉아 있고, 기둥의 끝에는 왕들이 그와 같은 일들을 하고 있다. 그리고 이렇게 해서 귀족 가문의 문장(紋章)들, 같은 색의 옷들, 모자, 긴 머리, 풍향계, 뒤축이 높고 붉은 구두, 굴뚝의 갓, 탑 형태의 비둘기 집[25], (교회에서 사용하는 것과 같은) 사각형 방석, 종교 의식에 사용하는 향, 귀족의 성 앞에 붙이는 전치사 de, 리본, 호화로운 머리띠, 얼굴에 붙이는 애교점, 립스틱, 권위를 나타내는 관(冠), 끝이 뾰족하게 쳐들린 구두, 챙 없는 둥근 모자, 법관들이 걸치는 긴 옷, 다람쥐 모피, 진홍색 천, 뒤축에 붙이는 박차 등은 많든 적든 간에 차례차례 한 인간이 취할 수 있는 휴식의 물질적 표식이 되었다. 또는 그가 만족시킬 권리가 있는 일시적 욕망이 되었고, 낭비할 수 있는 사람, 돈, 생각, 노고(勞苦)가 되었다. 그리하여 지나가는 사람은 단지 바라보는 것만으로도 무위도식하는 자와 일하는 자를, 쓸모가 있는 자와 쓸모가 없는 자

25) 풍향계, 굴뚝의 갓, 탑 형태의 비둘기 집은 귀족 저택의 특징이었다.

를 구별할 수 있다.

그런데 갑자기 일어난 혁명은 14세기 동안 만들어진 이 모든 의상을 폭력적으로 낚아채고선 종이 지폐로 만들어 버렸고, 이러한 변화는 한 나라를 휩쓸어 버릴 가장 큰 불행 중 하나를 몰고 왔다. 바쁜 삶을 살아가는 사람들(노동자)은 혼자 일하는 것에 대해 진저리가 났다. 그들은 아무것도 할 줄 모르고 무위도식하며 놀고먹을 줄만 아는 보잘 것 없는 부자들과 균등하게 고통과 이득을 나누기로 결정했다.

온 세상 사람들이 이 투쟁을 지켜보았다. 그리고 노동자들이 무위도식하는 자들로 변신하자마자, 이 체제에 대해 가장 열광했던 자들이 이 체제를 인정하지 않고, 전복적이고 위험하며 불쾌하고 불합리한 것이라고 비난하기까지 했다.

그래서 바로 이 순간부터 사회는 재정립되었고, 남작과 백작 등의 귀족 칭호가 다시 붙여졌으며, 몸은 새로운 띠로 장식되었다. 그리고 예전에 문장(紋章) 속의 진주 장식들이 "사탄아 물러가라!(vade retro, Satanas !)"라는 말을 나타낸 것처럼, 이제는 수탉의 깃털[26]이 혁명 후에 불쌍한 백성들에게 다음과 같이 가르치는 임무를 맡게 되었다. "얼간이 같은 부르주아 놈들아 물러가라!"(Arrière de nous, PÉQUINS !) 매우 철학적인 나라인 프랑스는 이 마지막 시도를 통해 국민들이 세운 옛 체제의 정당성, 유용성, 안정성을 실험한 후에 몇몇 군인들의 도움을 얻어 스스로 원래의 원칙으로 되돌아 왔다. 그 원칙이란 하나님이 (살고 있는) 지금의 세상에 계곡, 산, 참나무, 풀들을 생겨나게 한 원칙이다.

---

26) 법제심의원 위원, 상원의원, 입법기관의 위원들이 머리장식에 사용한 깃털들을 말한다.

1120년[27]처럼 서력(西曆)[28] 1804년에도 한 남자 또는 한 여자가 자신의 동포들을 바라보면서 다음과 같이 말하는 것이 매우 기분 좋은 일이라는 것이 인정되었다. "나는 저들보다 위에 있고, 나는 저들에게 잘 사는 것을 뽐내고, 저들을 보호하며, 저들을 지배한다. 사람들은 내가 그들을 지배하고 보호하며 그들에게 잘 사는 것을 뽐내는 것을 잘 알고 있다. 왜냐하면 잘 사는 것을 뽐내고, 사람들을 보호하고 지배하는 자는, 뽐내지 못하고 보호받고 지배받는 자들과는 다른 방식으로 말하고 먹고 마시고 자고 기침하고 옷을 입고 생활을 즐기기 때문이다.

그리고 우아한 삶이 갑자기 나타났다.

그리고 우아함 삶은 "나는 과시하고, 보호하고, 나는……" 등의 완벽하게 도덕적 · 종교적 · 군주제적 · 문학적 · 헌법적 · 자기본위적인 독백에 의해 매우 화려하고 새롭고 오래되고 오만하고 세련된 모습으로, 그리고 전적으로지지 · 수정 · 증대 · 소생된 모습으로 발전한다. 왜냐하면 재능과 권력과 돈을 가진 사람들이 행동하고 살아가는 원칙은 통속적인 삶을 사는 사람들의 원칙과 전혀 다르기 때문이다.

그리고 아무도 통속적이길 원하지 않는다.

따라서 우아한 삶은 본질적으로 태도의 과학이다.

우리가 보기에 이제 질문은 충분히 정리된 것 같다. 또한 라베즈[29]

---

27) 제1제정이 시작된 1804년과 달리 1120년은 역사적으로 특별한 의미가 있는 해는 아니다. 발자크는 단지 귀족 계급이 7백여 년의 오랜 역사를 지녔다는 것을 강조하기 위해 특정한 해를 언급했을 뿐이다.

28) 서양의 기독교에서 쓰기 시작한, 해와 달과 날을 정하고 계산하는 방법.

29) 라베즈 백작(Comte Ravez, 1770?~1849)은 1819~1828년 사이에 프랑스 의회의 의장으로 활동했다. 1825년 의원의 임기를 7년으로 정했다. 명철한 의식과 문제를 요약하는 기술 때문에 적대자들에게까지 높은 평가를 받았다.

백작이 7년 임기의 제1 의회에서 했던 질문처럼 섬세하게 제기되었다.

그러나 어떤 부류가 우아한 삶을 시작할 것이며, 모든 한가한 자들이 그 원칙을 따를 능력이 있는가?

여기에 모든 의심을 풀어 줄 아포리즘이 두 개 있다. 그것은 우리가 우아함과 품위를 관찰하는 출발점이 될 것이다.

⁋ 7 : 우아한 삶을 살기 위해서는 켄타우로스[30]나 2인승 2륜 경마차인 틸버리를 소유한 인간처럼 완벽해야 한다.

⁋ 8 : 우아한 삶을 살기 위해서는 부자가 되거나 부자로 태어나는 것만으로 충분하지 않고 그것에 대한 감각이 있어야 한다. 우리 이전에 솔론[31]이 말했다. 왕자가 되는 것을 배우지 않았다면 왕자인 체하지 말라고.

---

30) 그리스신화에 나오는 반인반마(半人半馬)의 형상을 하고 있는 전설적인 동물. 여기서는 말과 하나가 된 기수(騎手)를 말한다.

31) 솔론 (Solon, BC 640 ?~BC 560 ?) 아테네의 정치가이자 시인. 집정관 겸 조정자로 선정되어 정권을 위임받은 후, '솔론의 개혁'이라 일컫는 여러 개혁을 단행하였다. 에레게이아 기타의 시형(詩形)으로 쓴 서정시가 단편적으로 전해진다.

제2장 우아한 삶에 대한 감각

사회의 진보에 대한 완전한 합의만이 우아한 삶에 대한 감각을 불러일으킬 수 있다. 이러한 삶의 방식은 그 자체로 이미 남성적인 신생(新生) 조직에 의해 만들어진 새로운 관계와 요구의 표현이 아닌가? 따라서 우아한 삶에 대한 감각을 설명하고 그것이 모든 사람들에게 받아들여진 과정을 규명하기 위해서는, 우아한 삶이 생성된 원인과 프랑스 혁명의 움직임 자체를 연관 지어 살펴볼 필요가 있다. 왜냐하면 그 이전에는 우아한 삶이란 존재하지 않았기 때문이다.

사실 옛날에 귀족들은 자기 마음대로 살았고, 항상 별도의 존재였다. 단지 멋을 부리는 귀족들 사이에서 궁정인(courtisan, 宮廷人)의 방식이 우아하고 품위 있는 삶을 추구하던 자리를 대신하였을 뿐이다. 게다가 궁정의 '기품'은 카트린 드 메디시스[32]에 와서야 나타났다. 프랑스에 세련된 사치품, 우아한 태도, 화려한 옷차림(toilette)을 도입한 것은 두 명의 이탈리아 출신 여왕이었다. 카트린 여왕이 에티켓을 도입하고[33] 왕권을 지적 우월성으로 꾸미면서 시작했던 작업을 에스파냐 출신 여왕 두 명[34]이 계승하였는데, 이것은 프랑스 궁정을 무어인[35]과 이탈리아가 창안한 섬세함을 감정(鑑定)하고 대신

---

32) 메디시스(Catherine de Médicis, 1519~1589). 프랑스 왕 앙리 2세의 왕비. 메디치가 출신으로, 샤를 9세의 섭정을 하였다. 종교 전쟁 때에 왕권 유지를 위하여 애썼으며, 성(聖)바르톨로메오 축일의 학살을 계획하였다.

33) (저자 주) 샤를 9세에게 보낸 편지를 보라.

34) 안 도트리치(Anne d'Autriche)와 마리 테레즈 도트리치(Marie Thérèse d'Autriche)를 말한다.

전파하는 곳으로 만들 만큼 강하게 영향을 미쳤다.

그러나 루이 15세[36] 시대까지 궁정인과 귀족 사이의 구별은 몸에 꼭 끼는 저고리의 가격, 반장화의 벌어진 간격, 주름 장식깃, 머리(털)의 사향 냄새, 새로운 단어의 사용 등의 차이로밖에 드러나지 않았다. 매우 개인적인 이러한 사치는 삶의 방식과 조화를 이루지 못했다. 일생 동안 옷차림과 장신구 등에 10만 에퀴(écu) 정도 퍼부으면 충분하였다. 그리고 지방 귀족은 옷을 잘 못 입을 때도 있었지만, 오늘날 우리의 찬탄의 대상이며 현재의 재산으로는 도저히 감당하지 못할 훌륭한 건축물을 세울 줄도 알았다. 반면에 잘 차려입은 궁정인은 자기 집에 부인 두 명을 들이는 것조차 힘들어했다. 하지만 터무니없이 비싼 가격으로 구입한 벤베누토 첼리니[37]가 만든 소금 그릇이 긴 의자로 둘러싸인 테이블 위에 종종 오르곤 했다.

자, 그러면 물질적 삶에서 정신적 삶으로 옮겨 검토를 계속해 보자. 귀족은 빚을 질 수 있고, 술집에서 살 수도 있고, 읽지 못하거나 말하지 못하거나, 무식하거나 바보 같거나, 성격이 안 좋거나, 어리석은 말을 할 수도 있다. 하지만 그는 귀족으로 남을 것이다. 사형

---

35) 8세기경에 이베리아 반도를 정복한 이슬람교도를 막연히 부르던 말. 본디는 모리타니아, 알제리, 튀니지 등지의 베르베르 인을 주체로 하는 여러 원주민 부족을 가리켰다. 인종학적 의미는 없으며, 11세기 이후 북아프리카나 아시아의 이슬람교도를 뜻하는 말로 쓰였다가 15세기경부터는 회교도를 이르는 말이 되었다.

36) 루이 15세(Louis XV, 1710~1774). 프랑스 부르봉 왕조의 왕(재위 1715~1774). 엄격한 의식이나 정치를 싫어하여 사생활에만 몰두하였다. 1745년 이후 많은 여인을 가까이하여 나라 살림을 소홀히 하고 나라 재정에 큰 손실을 냈으며, 이로 인해 국민들에게 많은 비난을 받았다.

37) 첼리니(Cellini, Benvenuto, 1500~1571). 이탈리아의 조각가 · 금세공가. 미켈란젤로의 제자로, 「황금의 소금 그릇」을 만들었다. 작품에 「페르세우스 상(Perseus像)」 따위가 있다.

집행인과 법률도 귀족과 촌사람[38]—분주하게 사는 사람들이 경탄할 만한 타입—을 차별한다. 목을 매다는 대신에 목을 자르면서 말이다. 사람들은 그것을 프랑스에서의 '로마 시민'(civis romanus)이라고 말했다. 왜냐하면 사실상 노예였던 골 족(les Gaulois)[39]은 마치 존재하지 않았던 것처럼 '로마 시민' 앞에 있었기 때문이다.

귀족에 대한 이와 같은 견해는 너무 당연시되어 신분 높은 여인이 마치 황소들 앞에서 옷을 입는 것처럼 사람들 앞에서 옷을 입고, 부르주아들의 돈을 가로채면서도 수치스럽게 여기지 않는[40] 지경에 이르렀다. 에그몽 백작 부인(Comtesse d'Egmont)[41]은 평민을 좋아했으면서도 부정(不貞)을 저지르지 않았다고 여겼고, 숄느 부인(Mme Chaulnes)은 공작 부인이 천한 평민에게는 나이를 알 수 없는 존재라고 주장했다. 졸리 드 플뢰리[42] 씨(氏)는 2천만 명의 사람들이 부역(賦役)에 처해진 일을 국가적인 하나의 사고로 간주하는 것이 논리적이라고 생각했다.

---

38) 원문에는 "자크 보놈(Jacques Bonhomme)"라고 되어 있다. Bonhomme는 중세의 서민, 백성을 뜻하는 말인데, 일반적으로 Jacques Bonhomme는 촌사람, 서민을 나타낸다.

39) 프랑스인들의 선조인 골 족(갈리아 인)은 기원전 6세기부터, 프랑스를 포함한 유럽 북부를 지배하던 켈트 족의 일부이다. 당시 사람들이 그랬던 것처럼 발자크도 프랑크 족과 골 족을 구분하면서, 프랑크 족의 후예인 귀족들에게 정복에 기초한 소유를 인정했으며, 왕권이나 지방 권력의 잠식에 대항해 귀족들을 옹호했다.

40) (저자 주) 바리에르(Barrière) 씨(氏)의 최근의 저서에 나오는 탈라르(Tallard) 공작 부인의 대화를 읽어보시오.

41) 리슐리외 장군(Maréchal Richelieu)의 딸이다.

42) 졸리 드 플뢰리(Jean-François Joly de Fleury, 1718~1802)는 1781년 5월 24일 네케(Necker)의 뒤를 이어 재무총감 자리에 올랐다. 세금을 너무 올려 인기가 없었던 그는 1783년 사임한다.

오늘날 1120년 또는 1804년의 귀족들은 더 이상 아무것도 대표하지 못한다. 프랑스 혁명은 특권에 대한 하나의 사회 운동에 불과했다. 하지만 혁명이 아무런 임무도 수행하지 못한 것은 아니었다. 왜냐하면 비록 세습적 특권의 마지막 부분인 귀족원 의원[43]이 소수의 지배 집단이 되었다 하더라도, 그것이 결코 혐오스러운 권리들로 뒤덮인 귀족 계급이 되지는 않을 것이기 때문이다. 그러나 1789년의 운동이 사회 질서에 명백하게 진보의 흔적을 남겼음에도 불구하고, 부(富)의 불평등을 초래했던 악습들은 새로운 형태로 다시 생겨났다. 우리는 우스꽝스럽고 타락한 예전의 봉건 제도 대신에 돈, 권력, 재능의 3중의 귀족 계급을 가지게 되지 않았는가? 정당성을 확보한 이 새로운 귀족 계급은 은행의 귀족화, 재능 있는 자들의 목표 달성에 디딤돌이 되는 신문과 법정의 정치화 및 상업화를 강요하면서 대중들에게 엄청난 영향력을 행사한다. 이처럼 입헌군주제로의 회귀를 통해 기만적이고 정략적인 평등을 전적으로 축성(祝聖)하면서 결국 악(惡)을 일반화하고 말았다. 왜냐하면 우리는 부유한 자들의 민주주의 시대에 살고 있기 때문이다. 그것을 인정할 것인가? 18세기에 벌어진 주요한 대립은 제3 신분과 나머지 계급[44]과의 일대일의 대결이었다. 거기에서 인민(peuple)은 약삭빠른 자들의 조수(助手)에 불과했다. 그리고 1830년 10월에도 여전히 부유한 자와 가난한 자의 두 부류의 인간만이 존재했다. 마차를 타고 다니는 인간과 걸어 다니는 인간, 한가로움을 누릴 권리를 지불한 인간과 그것을 획득하려는 인간들 말이다. 사회는 두 개의 항(項)으로 표현되지만 명제는 옛날과

---

43) 1814-1848년의 프랑스 귀족원 의원(pair de France)을 말한다.

44) 성직자와 귀족 계급을 말한다.

다름이 없었다. 사람들은 여전히 안락한 생활과 권력을 예전에 귀족들을 만들어 낸 우연에 기대고 있다는 것이다. 왜냐하면 세습 재산이 타고난 행운인 것처럼 재능 또한 체질(organisation)에 따른 행운이라고 보았기 때문이다.

따라서 무위도식하는 자들은 늘 자신의 동포들을 지배한다. 그는 사물들을 살피고 뒤집어 본 후에 사람들과 놀고 싶은 욕구를 느낀다. 하지만 삶의 안정성이 확보된 한가한 자가 홀로 연구하고 관찰하고 비교할 때, 부유한 자는 자신의 지성에 유리하도록 인간 마음에 내재해 있는 침략의 성향을 발휘한다. 그때에 돈, 권력, 재능의 3중 권력은 부유한 자에게 제국을 독점할 수 있는 권리를 보장한다. 왜냐하면 사상으로 무장한 인간이 철갑옷을 입은 영주들을 대체하였기 때문이다. 영주들의 악(惡)은 범위가 확장되면서 자신의 힘을 잃고 말았다. 재능이 이제 우리 문명의 주축이 되어 버린 것이다. 그리고 바로 그것이 우리 선조들이 피땀 흘려 획득한 진보이다.

귀족 계급과 부르주아 계급은 한쪽의 우아함·훌륭한 취향·수준 높은 정치의 전통과 다른 한쪽의 학문과 예술 분야의 눈부신 성취를 공유하게 될 것이다. 그리고 두 계급 모두 인민을 이끌면서 그들을 문명화와 광명의 길로 인도할 것이다. 그러나 이렇게 세력이 확장된 특권 계급을 구성하는 사상과 권력과 산업의 왕자들 또한 예전의 귀족들처럼 자신들의 지배력의 정도(程度)를 선포하고 싶은 주체할 수 없는 욕구를 느끼게 된다. 오늘날에도 여전히 사회적 인간은 구별되는 점을 찾고자 자신의 재능을 혹사시키고 있다. 이러한 감정은 정신의 욕구, 일종의 갈증이라고 할 수 있다. 왜냐하면 미개인조차도 깃털·문신·잘 다듬어진 활과 코리 조개[45]를 지니고 있고, 채색 유리를 가지기 위해 투쟁하기 때문이다. 19세기 인간이 인간을 착취하던 것을 지성이 인간을 착취하는[46] 것으로 바꾸려는 사상의 영향을 받으며 전진했듯이, 우리의 우월성을 지속적으로 알리는 일도 이 고도의 철학의 영향을 받아들인 후에 진행해야 할 것이며 물질보다는 정신의 성격을 훨씬 더 띠어야 할 것이다.

무기력하고 바보 같은 프랑스 인민들은 얼마 전까지도 죽은 종교의 의식을 계속했고 사라져 없어진 국왕의 깃발을 들었다. 이제 인간들은 각자 궐기하여 스스로의 힘에 의지할 것이다. 한가한 자는 더 이상 단순한 숭배의 대상이 아니라 진정한 신이 될 것이다. 재산의 표현은 그가 하는 일의 결과로 생겨날 것이고, 개인적 상승의 증거는 삶 전반에서 발견될 것이다. 왜냐하면 군주와 인민들은 새롭게 등장한 이 강력한 징조가 더 이상 권력의 대용이 되지 않을 것임을 이해하기 때문이다. 이제 더 이상 이미지로 시스템을 재현하기 위해

---

45) 인도와 세네갈 등지에서 화폐로 사용되던 조개류.

46) (저자 주) 인간에 의해 이루어진 가장 최근의 진보를 반영하고 있는 이 형이상학적 표현은 사회의 구조를 설명하고 개인적 삶의 방식에 의해 생긴 현상들의 원인을 찾는 데 도움을 줄 수 있을 것이다. 분주한 삶이 인간에 의한 물질의 추구 또는 인간에 의한 인간의 착취이고, 예술가의 삶 그리고 우아한 삶이 사상에 의한 인간의 착취를 전제하고 있는 만큼, 이 표현을 노동 속에서 발휘된 지성에 어느 정도 적용해 본다면, 부(富)의 차이를 납득하기가 쉬울 것이다. 사실 정치나 재정, 기계 분야에서 결과는 (증명해 봐야 알겠지만) 수단의 위력에 따라 달라진다. 이러한 시스템이 우리 모두를 부자로 만들어 줄 수 있을까? 우리는 그렇게 생각하지 않는다. 자코토 씨(氏)의 성공에도 불구하고 지성이 평등하다고 믿는 것은 잘못이다. 그것은 단지 힘·연습·완성이 유사할 때만 가능한데, 인간의 신체 구조상으로는 불가능하다, 왜냐하면, 특히 문명인에게서 같은 성질을 지닌 두 개의 조직을 모이게 하는 것은 어렵기 때문이다. 이런 엄청난 사실은 스턴(Sterne)이 모든 과학과 철학의 선두에 '분만 기술'(art d'accoucher)을 놓은 것이 옳았다는 것을 증명하는 것이다. 그래서 인간은 한편은 늘 가난하게 다른 한편은 늘 부유하게 있는 것이다. 단지 탁월한 지성만이 진보의 길에 있기 때문에 대중의 행복은 증대될 것이다. 베이컨·데카르트·벨의 영향으로 사상이 유럽을 지배했던 16세기 이래 문명의 역사가 그 점을 보여주고 있다.

황제의 옷을 입은 나폴레옹의 세 가지 모습에만 호소하지 않아도 된다. 우리는 작은 녹색 유니폼을 입고, 삼각모를 쓰고, 팔짱을 낀 그를 도처에서 본다. 황제의 사기 야바위꾼 모습이 없을 때 비로소 나폴레옹은 시적이고 진실하다. 그 자신을 위해 만들어진 기둥[47] 위에서 끌어내리면서 그의 적들은 (결과적으로) 그를 키웠다. 왕위의 요란한 장식이 벗겨지면서 나폴레옹은 위대해졌다. 그는 자신의 시대의 상징, 미래의 사상이 되었다. 강한 인간은 늘 단순하고 냉정하다.

양피지 조각[48]이 아무런 역할도 하지 못하고, 부유한 목욕탕 시종[49]의 사생아와 재능 있는 사람이 백작의 아들과 같은 권리를 가지게 된 이상, 우리는 우리의 내면적 가치에 의해서만 다른 사람들과 구별될 수 있다. 우리 사회에서 차이는 사라졌다. 단지 뉘앙스만 남아 있을 뿐이다. 따라서 예절과 태도의 우아함, 뭐라 말할 수 없는 것(le je-ne-sais-quoi)만이 한가한 자와 분주한 자를 구분하는 유일한 방책(防柵)을 이룬다. 만약 특권이 존재한다면 그것은 도덕적 우월성에서 나온 것이다. 그로 말미암아 사람들은 교육, 언어의 정확성, 태도의 우아함, 자연스러운 옷차림 스타일, 거실 꾸미기, 요컨대 한 사람에게서 나타나는 모든 것의 완벽한 상태에 높은 가치를 부여하는 부이다. 우리는 관습과 사유의 흔적을 우리를 둘러싸고 있는 모든

---

47) 1812년 파리 방돔 광장의 원주(圓柱) 꼭대기에 로마 황제의 복장을 한 나폴레옹의 동상이 세워진다. 이 동상은 1814년 4월 8일에 철거된다. 1833년 7월 28일, 그 자리에 작은 모자를 쓰고 프록코트 차림을 한 '작은 하사'(le Petit Caporal : 나폴레옹의 별명)의 동상이 세워지게 된다.

48) 귀족 출신임을 증명하는 사본을 말한다.

49) baigneur는 공중목욕탕에서 일하는 사람을 뜻하는 말이다. 여기서 발자크는 파리의 터키식 목욕탕 주인, 또는 디에프(Dieppe)에 있는 베리 공작 부인의 목욕탕 시종을 생각한 것 같다.

것, 우리에게 속해 있는 모든 것 위에 남기는 것이 아닐까? “말해 봐라, 걸어봐라, 먹어봐라, 옷을 입어봐라, 그러면 나는 네가 누구인지를 말해주겠다”라는 새로운 격언이 궁정식 표현인 옛날의 특권적 격언들을 대체하였다. 오늘날 리슐리외 장군[50] 같은 사람이 존재하기는 불가능하다. 만약 사람들에게 신망을 잃는다면 귀족원 의원이나 심지어 군주라 할지라도 100 에퀴짜리 선거인(選擧人)보다 더 밑으로 추락할 수 있다. 어느 누구에게도 격에 맞지 않거나 타락하는 것이 허용되지 않기 때문이다. 많은 것들이 사상의 영향을 받으면 받을수록 삶의 모습은 더 고귀해지고, 세련되어지고, 더 커진다.

바로 그렇게 완만한 경사로를 통해서 프랑스 혁명의 기독교는 봉건제의 다신교를 전복시켰고, 또한 그런 계통을 통해 진정한 감각이 권력의 물질적이고 변화하는 기호에까지 나타나게 되었다. 우리가 어떻게 우리가 출발했던 지점, 즉 황금 송아지[51]를 숭배했던 시절로 다시 돌아가게 되었는지를 보라. 다만 우리가 섬기는 우상은 말을 하고, 걷고, 생각을 한다. 한 마디로 그것은 거인이다. 그리고 우리 불쌍한 촌사람들은 오래도록 일자무식으로 남아있다. 인민에 의한 혁명은 오늘날 불가능하다. 만약 몇몇 왕들이 다시 한번 실각한다면 그것은, 적어도 프랑스에서는, 지식 계급의 차가운 멸시 때문일 것이다.

우리의 삶을 우아함을 기준으로 구분하기 위해서 귀족으로 태어났거나 복권에 당첨되는 것만으로는 이제 충분하지 않다. 정말로 아름답고 좋은 것—전체적으로 우리의 외관이나 운명과 일치하는 것—을

---

50) 리슐리외 장군(Maréchal Richelieu)은 무례한 태도와 자유사상가적인 방탕한 생활로 유명하다.

51) 황금 송아지(veau d'or)는 출애굽기에서 금전과 권력을 상징한다.

늘 고르게 하는 정의할 수 없는 능력(아마도 우리의 감각 정신)을 타고나야만 할 것이다. 이것은 오로지 끊임없는 연습을 통해서 (사물들 간의) 관계를 발견하고, 결과를 예상하며, 사물 · 말 · 생각 · 사람의 자리나 영향력을 추측할 수 있는 섬세한 직감(tact exquis)이다. 요약하자면 우아한 삶이란 사물에 시(詩)를 부여하는 질서와 조화에 대한 고상한 생각이다. 여기에서 다음과 같은 아포리즘이 나온다.

⁋ 9 : 부자는 만들어지지만 우아한 인간은 타고난다.

그와 같은 기반에 근거해서, 높은 곳에서 내려다보면, '우아한 삶'이란 체계는 신문에서 사상가들이 빈정거리는 것처럼 일시적인 농담이나 의미 없는 말이 아니다. 반대로 '우아한 삶'이란 사회 구조의 가장 엄격한 추론에 기초를 두고 있다. 그것은 부를 즐길 줄 알고 지식으로 얻은 혜택에 유리하도록 그들의 신분 상승에 대해 용서를 구할 줄 아는 상류 사람들의 습관과 풍습이 아닐까? 우아한 삶이란 그것이 모든 장르의 사치를 다 나타내고 있다는 점에서 한 나라가 이룰 수 있는 발전의 표현이 아닌가. 끝으로 우아한 삶이 완벽에 가깝게 다듬어진 인간 본성의 표시라면, 모든 인간은 그것을 연구하고 그 비밀을 간파하길 갈망해야 하지 않을까?

그러므로 이제 더 이상 유행과 패션의 '일시적인' 가르침을 경멸하거나 수용하는 데에 무관심할 수는 없다. 왜냐하면 "정신은 물질도 움직일 수 있기"[52] 때문이다. 다시 말하면 한 인간의 정신은 그가

52) 제1부 총론에 등장한 베르길리우스의 경구 "멘스 아기타트 모렘"(Mens agitat molem ; L'esprit meut la matière)을 말한다.

지팡이를 들고 있는 스타일로 짐작할 수 있다는 것이다. '구별'은 일반적인 것이 되면 가치가 떨어지고, 소멸한다. 그러나 그 소식을 분명히 알리는 책임을 맡고 있는 강력한 힘이 있으니, 그것은 바로 여론(opinion)이다. 그런데 유행과 패션은 의상 분야에 있어서의 여론이었을 뿐이다. 의상은 모든 상징 가운데 가장 강력한 것이므로, 혁명 또한 유행과 패션의 문제, 생사(生絲)와 나사(螺絲), 비단을 짜던 사람들과 비단으로 짠 옷을 입던 사람들 사이의 논쟁이었다. 그러나 오늘날 유행과 패션은 더 이상 개인의 사치에 국한되지 않는다. 일반적인 진보의 목적이었던 생활의 소재(素材)들은 엄청나게 발전하였다. 백과사전을 만드는 것만이 우리의 유일한 욕구는 아니다. 우리가 키우는 동물들의 생활도 우리의 광범위한 지식과 결부되어 있다. 이처럼 우아한 삶의 법칙들을 규정하면서 유행과 패션은 모든 예술을 아우른다. 그것은 작품과 저서의 원칙이다. 그것은 발견을 확인해 주고 인간의 행복을 풍요롭게 하는 발명들에 표시를 해주는 만장일치의 도장이 아닌가? 그것은 인간의 재능에 경의를 표하는 것이며, 늘 이익을 가져다주는 보상이 아닌가? 진보를 받아들이고, 진보를 알리면서 우아한 삶은 모든 분야의 선두에 위치한다. 말하자면 음악·문학·데생·건축의 혁명을 일으키는 것이다. 우아한 삶은 외적인 삶의 차원에서 우리 사유의 표현을 좌지우지하는 양도할 수 없는 원칙들의 집합이라는 점에서 일종의 '사물의 형이상학'이다.

제3장 우아한 삶에 대한 논의 및 계획

"나는 삼촌을 보러 피에르퐁(Pierrefond)에 갔다 왔습니다. 그는 부자이고, 말 여러 필을 소유하고 있습니다. 그는 단지 호랑이가 뭔지, 젊은 마부가 뭔지, 브리스카[53]가 뭔지 모를 뿐입니다. 그는 여전히 카브리올레라는 화려한 1두 2륜 마차를 타고 다닙니다."

- "뭐라고요!" 벽난로를 장식하고 있는 「고문당하고 있는 비너스」 아래 자신의 파이프를 내려놓으며 우리의 친애하는 친구가 갑자기 외쳤다. "아니, 인류 전체와 관련되는 것이라면 만민법(droit des gens)의 법규라는 것이 있습니다. 나라에는 정치법이, 우리의 이해관계에는 민법이, 분쟁 조정을 위해서는 소송법이, 자유를 유지하기 위해서는 예심 제도가, 분실을 위해서는 형법이, 산업에는 통상법이, 시골에는 시골법이, 군인에게는 군대법이, 흑인에게는 흑인노예법[54]이, 나무에는 삼림법이, 깃발 장식의 조개에는 해양법이 있습니다. 어떻든 궁정이 몰락하고, 우리가 왕과 삼촌과 조카와 군마(軍馬)의 목숨과 발자국을 위해서까지 많은 눈물을 흘린 이래 우리는 모든 것을 일정한 공식으로 만들었습니다."

- "아니 그래서요?" 우리의 친애하는 친구가 숨을 돌리는 것을 알아차리지 못하고 A-Z씨(氏)가 말했다.

- 친애하는 친구가 다시 말을 이어갔다. "이러한 법규들이 만들어졌을 때 일종의 가축 전염병(그는 전염병이라고 말하려 했습니다) 같

---

53) 러시아의 경(輕) 사륜마차 브리스카(briska)를 말한다.

54) 코드 누아르((code noir, 흑인 노예법) : 1685년 재상 콜베르(Colbert)에 의해 기획되어 루이14세의 이름으로 공포된 이 칙령은 프랑스 해외 식민지에서의 노예제를 규정하고 있다.

은 것이 철자 오류를 자주 범하는 사람들을 사로잡았습니다. 그래서 우리는 법규로 범벅이 되고 말았습니다. 예절, 미식, 연극, 교양 있는 신사, 여성, 보상금, 소작인, 행정 등 모두가 자신의 법규를 가졌습니다. 그리고 법규화(codification)[55]는 하나의 특별한 학문이라고 주장한 생시몽의 사상은 수많은 책들의 중심을 이루었습니다. 식자공이 실수를 한 걸까요? 뜻을 알 수 없는 codafication으로 잘못 읽은 것은 아닐까요? 어떻든 상관없습니다."

- "여러분에게 요구합니다." 청중 가운데 한 사람을 응시하면서 그에게 다가가 다시 말을 덧붙였다. "우아한 삶이 이 모든 작가와 사상가들 속에서 입법자를 발견하지 못했다는 것이 진실로 기적이 아닌가요? 현재까지 출간된 매뉴얼들, 전원 감시원·시장·납세자 등이 쓴 모든 매뉴얼들은 유행과 패션에 관한 개론서에 비한다면 하찮은 것들이 아닌가요? 삶을 시적으로 만드는 원칙들을 담은 출판물은 엄청나게 유용한 것이 아닐까요? 지방에 있는 대부분의 소작지나 경작지, 집이나 농가들이 난장판이고, 가축들 특히 말이 프랑스에서 기독교 국민에 어울리지 않는 대접을 받고 있고, 안락의자(confortable), 불멸의 퓌마드(Fumade)[56] 라이터, 르마르(Lemare)[57] 커피포트, 저렴한 양탄자 등이 파리에서 60리 떨어진 곳에 있는 사람들에게는 전혀 알려지지 않은 물건이라 하더라도, 현대 과학의 도움으로 탄생한 평범한 발명품들을 우리가 가지고 있지 않다는 것이 작은 물건에 대한

---

55) (저자 주) 『주최자*L'Organisateur*』라는 신문을 보라.

56) 퓌마드(Fumade). 약사이며 인(燐)을 함유한 라이터를 발명했다.

57) 르마르(Lemare, Pierre-Alexandre, 1766-1835). 프랑스의 문법학자. 그가 만든 커피포트는 1830년경에 많은 사람들이 사용했다. 압력솥과 실용적인 요리용 화덕을 발명하기도 했다.

우리의 무지 때문이라는 것은 분명합니다. 우아함은 모든 것과 관련되어 있습니다. 우아함은 국민들에게 사치의 취향을 불어 넣으면서 한 나라의 국민들을 덜 가난하게 만드는 것을 목표로 합니다. 하나의 위대한 격언이 다음과 같이 확실히 말해주고 있습니다.

⁋ 10 : 사람들이 획득하는 부(富)는 사람들이 스스로 만든 욕구에 비례한다.

우아함은 한 나라의 경치를 더욱 아름답게 하고, 농업을 기술적으로 개량합니다. 왜냐하면 가축이 지낼 곳과 먹을 것에 정성을 기울이면 좋은 품종과 좋은 제품이 나오기 때문입니다. 브르타뉴 지방을 가보십시오. 그들이 소, 말, 양, 그리고 자신의 아이들을 어떤 구덩이에서 재우는지 보게 될 것입니다. 그리고 당신은 만들어야 할 모든 책들 가운데 우아함에 대한 개론서야말로 모든 사람을 도와주는 것이며, 가장 국민을 위한 것임을 인정하게 될 것입니다. 만약 한 장관이 루이 18세의 테이블 위에 자신의 손수건과 코담배 갑을 내려놓았다든지, 한 우아한 젊은이가 나이든 시골 의사의 집에서 면도할 때 사용한 거울이 그를 뇌졸증 환자처럼 보이게 한다면, 그리고 당신의 삼촌이 아직도 카브리올레라는 1두 2륜 마차를 타고 다닌다면, 그것은 분명히 유행과 패션에 관한 권위 있는 책이 없기 때문입니다."

우리의 친애하는 친구는 능란한 화술로 오랫동안 말을 했다. 몇몇 사람들은 그가 수다스럽다고 했을지도 모른다. 그는 다음과 같이 말하며 끝을 맺었다. "우아함은 삶을 극화(劇化)합니다."

그런데 이 말에 갑자기 장내가 술렁거렸다. 명민한 A-Z 씨(氏)가 반박했다. 극(劇)은 우아함을 풍습화하려는 그런 획일적인 책에서 얻어지는 것이 아니라고. 영국과 에스파냐를 비교하면서 A-Z 씨(氏)는 자신의 주장을 뒷받침하기 위해 두 나라의 관습이 보여주고 있는 지역적 색채를 제시하였다. 그는 다음과 같은 말로 마무리하였다.

"여러분! 조금 전에 말한 부분에 결함이 있다는 것을 쉽게 설명할 수 있습니다. 젊은 사람이건 늙은 사람이건 도대체 누가 무모하게 그런 엄청난 책임을 지려고 하겠습니까? 우아한 삶에 대한 개론서를 쓰기 위해서는 상상할 수 없을 만큼의 광적인 자존심(amour-propre)이 있어야 할 것입니다. 그것은 자신들도 주저하며 모색하지만 우아함의 축복에는 도달하지 못하는 파리의 멋쟁이들을 지배할 정도가 되어야 한다는 것인데……."

그 순간 차(茶)에 정통한 사교계의 멋진 여신들을 칭송하는 소리가 들려오고, 계시라고 볼 수 있는 뭔가가 사람들의 머리에 떠올랐다. 라 모드(La Mode) 지(誌)의 멋쟁이[58] 편집자 가운데 한 사람[59]이 일어나 자신의 동료들을 의기양양하게 쳐다보며 말했다.

"그런 사람이 있습니다."

사람들은 이 말에 웃음을 터트렸지만, 이내 조용히 존경의 뜻을 표하고 말았다. 그가 "브러멀……"이라고 했기 때문이다.

"브러멀[60]입니다. 그는 현재 불로뉴[61]에 있습니다. 패션의 족장인

---

58) (저자 주) 옷을 잘 차려 입었다는 것을 말한다.

59) 『파리의 비밀』의 작가 외젠느 쉬(Eugène Sue, 1804~57)일 가능성이 많다. 그는 프랑스 신문 소설의 대표적 인물이다.

60) 조지 브러멀(George Brummell, 1778-1840)은 상류사회 인사를 만나 벼락부자가 된 평민 집안의 아들이었는데, 훗날 조지4세가 된 영국 황태자 휘하에 있는 경기병 연대에 기수로 들어갔다가 황태자의 총애를 받게 된다. 그가 황태자의 눈길을 끌었던 것은 세련된 옷차림과 무심한듯한 나른한 매너 때문이었는데, 이러한 특질을 통해서 그는 사교계의 총아가 된다. 그는 스스로 『우아함의 심판관 *Arbitre de l' légance*』이라는 책을 쓰기도 했다. 그러나 조지4세가 뚱뚱해져서 댄디가 될 가망성이 없어지자, 이 우아함의 심판관은 궁궐 밖으로 내쫓긴다. 왕을 "뚱땡이 벤Big Ben"이라고 놀렸던 것도 失寵의 원인이 되었다. 그는 프랑스의 한 요양원에서 죽었다.

그가 자신의 조국에 엄청난 도움을 주었는데도 그는 배은망덕한 수많은 빚쟁이 때문에 영국에서 쫓겨났지요."

브러멀이라는 이름 덕분에 우아한 삶에 대한 개론서의 출판은 쉬워졌고, 모든 사람들은 만장일치로 그것을 인류를 위한 큰 선행으로, 진보의 길로 내디딘 거대한 발자국으로 받아들였다.

여기서 우리가 브러멀에게 우아한 삶에 대한 철학적 추론을 빚지고 있다고 덧붙여 말하는 것은 부질없는 일이리라. 그 철학적 추론을 통해 우리는 이전의 두 장(章)에서 우아한 삶이 모든 인간 사회의 완성과 얼마나 밀접한 관련이 있는지를 보여줄 수 있었다. 영국식 사치의 영원한 창조자, 브러멀의 오랜 친구들은 불완전한 번역을 통해서라도 그의 사상에 담긴 숭고한 철학이 인정받기를 바란다.

우리가 이 유행과 패션의 왕자를 만났을 때 우리를 사로잡았던 감정을 표현하기는 쉽지 않은 것 같다. 아마도 그것은 존경과 환희였을 것이다. 가구와 조끼의 철학을 처음으로 생각해 내고, 판탈롱과 멋(grâce)과 마구(馬具)에 대한 격언들을 우리에게 남겨준 그 사람을 만났을 때 어떻게 떨리지 않을 수 있겠는가?

게다가 조지 4세의 절친한 친구였던 이 사람에 대해 어떻게 찬미해 마지않을 수 있겠는가? 그는 영국 상류 사회에 유행의 규범을 제시하고, 영국의 황태자에게 잘 차려입은 장교들[62]보다 훨씬 앞서 보이는 옷차림과 편안함(confortabilisme)을 제공했다. 그는 유행과 패션이 발휘한 영향력의 살아 있는 증거가 아닌가? 그러나 현재 브러

61) 발자크가 잘못 알고 있다. 당시 브러멀은 프랑스 북서쪽 항구도시인 불로뉴가 아니라 도버 해협 쪽에 있는 작은 도시 칼레(Calais)에 있었다.

62) (저자 주) 조지 4세는 잘 차려 입은 군인을 보면 늘 잊지 않고 그를 알아보았고 앞으로 나오게 했다. 그리고 우아하지 않은 사람들을 만날 때면 불편한 감정을 숨기지 않았다.

멀이 인생의 고초를 겪고 있고, 불로뉴가 세인트 헬레나[63]의 바위라고 생각하면 만감(萬感)이 교차한다.

우리가 브러멀을 만났을 때는 그는 잠자리에서 일어난 뒤였다. 입고 있던 실내복에는 그가 불행했던 흔적이 묻어 있었다. 그러나 모두 규범에 일치했고, 집안에 있는 소품들과 훌륭하게 조화를 이루고 있었다. 늙고 초라했지만 브러멀은 브러멀이었다. 다만 조지 4세처럼 약간 살이 쪄 모델 같은 몸의 균형이 깨어져 있었다. 그리고 댄디즘의 옛 신(神)은 가발을 쓰고 있었다. 끔찍한 교훈이었다. 브러멀이 이렇게 되다니. 취해서 인사불성인 상태로 집달리에게 붙잡혀 의사당을 나오던 셰리든[64]의 모습이 아니던가?

가발 쓴 브러멀, 정원사 차림의 나폴레옹, 노망 든 칸트(Kant)[65], 혁명가들의 붉은 모자를 쓴 루이 16세, 쉐르부르(Cherbourg)의 샤를 10세[66]…… 이것이 우리 시대의 가장 유명한 다섯 가지 광경이다.

위대한 브러멀은 완벽한 태도로 우리를 맞이했다. 그의 겸손함은 우리를 사로잡았다. 우리가 사도처럼 수행했던 그의 업적을 칭송하자 그는 기분이 좋은 것 같았다. 그러나 그는 우리에게 고맙다고 말하면서도 자신이 그처럼 어려운 임무를 수행할 만큼 충분한 능력을 가지고 있다고 생각하지 않는다고 고백했다. 그는 우리에게 다음과 같이 말했다.

---

63) 남대서양에 위치한 영국의 해외 영토이다. 나폴레옹이 이 섬으로 유배온 것으로 유명하다.

64) 셰리든(Sheridan, Richard Brinsley, 1751~1816). 아일랜드 태생의 영국 정치가·극작가. 주로 풍속 희극을 창작하였으며, 휘그당원으로 추밀 고문관 등을 역임하였다. 작품에 『듀에너』, 『험담꾼들』 따위가 있다.

65) 칸트가 노망들었다는 것은 과장된 것이다.

66) 1830년 7월 혁명 이후 실각한 샤를 10세는 8월 15일 대서양 연안의 쉐르부르를 통해 영국으로 도망쳤다.

"다행히 저는 이곳 불로뉴에 몇몇 엘리트 신사들을 친구로 가지고 있습니다. 그들은 영국에서 생각하기 힘들 정도로 후한 방식으로 우아한 삶을 영위하고 있습니다." 그는 모자를 벗으면서 "불행한 용기에게도 경의를 표하기를"이라고 덧붙였고, 익살꾼만큼 쾌활하게 우리를 바라보았다. 그리고 다시 말을 이어갔다.

"우리는 여기서 저명하고 경험 많은 사람들을 모시고 위원회를 만들 수 있을 것입니다. 겉으로는 매우 경박해 보이는 이 우아한 삶의 가장 심각한 문제들에 대한 최종적인 결정을 내리기 위해서 말입니다. 그리고 파리에 있는 당신의 친구들이 우리의 규범을 받아들이거나 내칠 때 당신의 시도가 기념비적인 성격을 띠기를 우리 모두 기원합시다."

이렇게 말하고 나서 그는 우리에게 차를 함께 마시자고 제안했다. 우리는 그의 제안을 받아들였다. 약간 살이 쪘지만 우아한 한 부인이 옆방에서 나와 차 시중을 들었다. 우리는 브러멀도 자신만의 커닝햄 백작 부인[67]과 함께 있음을 알아차렸다. 그 순간에는 오직 왕관의 숫자만이 그의 친구 조지 4세와 그를 구분해 주었다. 하지만 이제 그 둘은 모두 사망했거나 또는 거의 사망했다.[68]

우리의 첫 번째 회담은 점심시간 동안 이루어졌다. 우리가 찾은 결론은 브러멀을 기념하는 일이 파리에 행운을 가져다 줄 것이라는 것이었다.

우리가 몰두하고 있었던 문제는 우리가 진행하는 시도의 사활이 걸린 문제였다.

만약 우아한 삶에 대한 감각이 어느 정도 평탄한 조직에서 생겨나

67) 조지 4세의 정부(情婦). 브러멀의 동반자 이야기는 발자크가 지어낸 것 같다.

68) 조지 4세는 1830년 6월 26일에 사망했다. 브러멀은 8년을 더 살았다.

야 한다면, 인간이 두 개의 계급으로 나눠지는 결과가 나오게 된다. 즉 시인과 산문 작가, 우아한 사람들과 보통의 사람들로 말이다. 그렇게 되면 '개론'은 필요가 없다. 전자는 모든 것을 알고 있고, 후자는 아무것도 배울 수 없기 때문이다.

그러나 브러멀과 기념비적인 대화를 한 후에 우리는 다음과 같은 위로의 아포리즘이 생겨나는 것을 보았다.

⁋ 11 : 우아함이 예술보다는 감정이긴 하지만, 그것은 또한 직관과 습관에서 생겨나는 것이다.

"그렇습니다." 브러멀의 충실한 친구인 윌리엄 크래드…… 크(William Crad…k)[69]가 외쳤다. "소지주인 시골 향사(鄕士, country-gentlemen), 상인, 은행가 등 소심한 사람들을 안심시켜야 합니다. 귀족 계급의 자녀들이 모두 우아함의 감각, 삶에 시적 특징을 부여하는 데 소용될 취향을 가지고 태어나는 것은 아닙니다. 그러나 각 나라의 귀족 계급은 예절과 뛰어난 화합적 생활 방식에 의해 다른 사람들과 구별되었습니다. 그렇다면 그는 어떤 특권을 가지고 있습니까? 교육과 습관입니다. 태어날 때부터 조화롭고 우아한 주변 분위기의 세례를 받고, 훌륭한 전통의 언어와 품행을 지닌 어머니에 의해 양육되면서, 대(大)귀족의 자녀들은 학문·예술의 기초와 쉽게 친해집니다. 그처럼 좋은 환경을 뿌리치려면 웬만큼 까다로운 성격이 아니고서는 불가능합니다. 따라서 일반 사람들이 보기에 가장 끔찍한 광경은 부르주아보다 못한 귀족일 것입니다.

---

69) 버클리 크레이븐(Berkeley Craven)을 말한다. 발자크가 브러멀의 친구를 당시 파리에 있는 영국 대사관의 무관인 크래덕(Craddock) 대령이라고 말한 것은 실수인 것 같다.

모든 지적 능력이 동등하지 않은 것처럼 우리의 감각이 동등한 경우도 드뭅니다. 지적 능력이란 내면의 완성으로부터 생기는 것이기 때문입니다. 그렇긴 하지만 우리의 모습을 훌륭하게 만들면 우리의 지성도 동등해질 수 있습니다. 인간의 다리는 얼굴보다 훨씬 더 서로 닮았습니다. 쭉 뻗은 형태를 제공하는 이 신체 기관의 외형 덕택입니다. 그러므로 예민한 사물의 완성이라 할 수 있는 우아함은 습관에 의해 모든 사람들이 도달할 수 있는 것이어야 합니다. 우아함에 대한 연구는 우리가 하는 것만큼이나 부유한 자에게 장화를 잘 신게, 긴 바지를 잘 입게 해 줄 수 있고, 부(富)를 우아하게 소비하는 방법을 가르쳐 줄 수 있을 것입니다. 나머지 것에 대해서도 마찬가지입니다."

브러멀은 가볍게 눈살을 찌푸렸다. 우리는 그가 예전에 부자들을 복종하게 했던 그런 선지자적인 소리를 들려줄 작정이라는 것을 짐작할 수 있었다. 그가 말했다.

"격언은 진실한 것입니다. 나는 먼저 발언한 사람의 생각 일부에 대해서 동의합니다. 그러나 나는 우아한 삶과 통속적인 삶을 나누는 경계를 이처럼 제거하는 것에 대해서는 전혀 동의하지 않습니다. 그리고 우아한 삶의 신전 문을 모든 사람들에게 개방하는 것에 대해서도 동의하지 않습니다."

"아닙니다." 브러멀이 탁자를 주먹으로 내려치면서 외쳤다. "아닙니다. 발이라고 해서 다 장화를 신거나, 긴 바지를 입을 수 있는 것은 아닙니다. 절름발이도 있고, 기형적인 사람도 있고, 비열한 인간도 있지 않습니까? 우리가 살아가면서 수없이 되뇌는 다음과 같은 격언이 바로 그 점을 말해주고 있지 않습니까?

⁋ 12 : 한 인간보다 인간 전체를 덜 닮은 것은 아무것도 없다.

그러므로 습관에 의해 우아한 삶에 도달할 수 있다는 희망을 초심자에게 주는 그런 우호적인 원칙을 만든 후에 예외도 있다는 것을 인정합시다. 그리고 그 방법을 솔직하게 찾아봅시다.“

많이 노력하고, 진지하게 토론하고, 수많이 관찰을 한 후 우리는 다음과 같은 격언들을 작성하였다.

⁋ 13 : 우아한 삶을 영위하기 위해서는 적어도 레토릭(수사학) 정도는 갖춰야 한다.

⁋ 14 : 소매상, 사업가, 고전학 교수들은 우아한 삶에서 제외한다.

⁋ 15 : 구두쇠는 거절한다.

⁋ 16 : 40세에 이를 때까지 (법원에) 파산 신고를 못해 봤거나, (허리) 둘레가 36푸스[70]가 넘는 은행가는 우아한 삶에서 탈락된다. 그는 우아한 삶의 천국을 볼 수는 있지만 거기에 들어갈 수는 없다.

⁋ 17 : 파리에 자주 오지 않는 사람은 결코 완전하게 우아한 사람이 될 수 없다.

⁋ 18 : 무례한 인간은 우아한 삶에서 말을 건네기조차 싫은 나병 환자 같은 존재이다.[71]

“그만 하십시오.” 브러멀이 말했다. “만일 우리가 아포리즘을 더 추가할 수 있게 된다면 개론서 제2부의 대상인 일반 규범들을 가르칠 수 있겠지요. 하지만 그것은 실현성이 희박합니다.”

그는 스스로 학문의 경계를 정하길 거절하면서 우리 책에 대해 다

70) 푸스(pouce)는 옛 길이의 단위(약 2.7㎝)이다.

71) (저자 주) 예절의 가장 시시한 규칙까지 아는 것도 우리 교양의 한 요소이므로, 이 기회를 빌어 골티에 사제에게 경의를 표하고자 한다. 그가 쓴 예절에 관한 책은 이 분야에 있어 가장 완벽한 책이요, 훌륭한 도덕 개론서라고 할 수 있다. 이 작은 책은 J. 르누아르(Renouard) 서점에 있다.

음과 같이 지적하였다.

“만일 우아한 삶을 구성하는 사상의 물질적 표현들을 모두 세심하게 검토한다면, 당신은 아마도 나처럼 어떤 사물과 우리의 인격 사이에 밀접한 연관이 있다는 사실에 충격을 받을 겁니다. 말과 발걸음, 태도는 인간에게서 직접적으로 유래하는, 전적으로 우아함의 법칙에 속하는 행위입니다. 식사 테이블(table), 하인, 말(馬), 마차, 가구, 살림은 말하자면 개인에게서 간접적으로 파생되는 것입니다. 삶의 이런 액세서리들이 우리가 우리에게서 유래하는 모든 것에 남기는 우아함의 흔적을 담고 있는 것이라 하더라도, 그것들은 어떻게 보면 사상의 중추와는 거리가 먼 것 같고, 우아함의 원대한 이론 속에서 이차적인 자리를 차지하는 것 같습니다. 우리 시대를 움직이게 하는 위대한 사상을 패션에 무지한 형제들의 생활 태도에 아마도 영향을 미칠 목적을 지닌 책에 반영하는 것이 자연스럽지 않겠습니까? 여기서 인정합시다. 지성(intelligence)과 직접적으로 연관을 맺을 모든 규범들은 우리가 만들 귀족의 백과사전 분류에서 첫 번째 자리를 차지할 것이라는 것을.”

브러멀이 덧붙여 말을 했다. “그러나 여러분! 그것은 다른 것들보다 우위에 있는 하나의 사실일 뿐입니다. 인간은 움직이고 말하고 걷고 먹기 전에 옷을 입습니다. 유행과 패션, 태도, 대화 등에 속하는 행위들은 우리의 옷차림의 결과에 지나지 않습니다. 찬탄할 만한 관찰자인 스턴은 수염을 깎은 사람의 생각은 수염이 있는 사람의 생각과 같지 않다고 매우 재치 있게 말했습니다.[72] 우리 모두는 의복의

---

72) 영국 소설가 스턴(Sterne, Laurence, 1713~1768)의 작품 『트리스트럼 샌디*Tristram Shandy*』에 등장하는 다음 부분을 참조할 것. “수염이 꺼칠꺼칠한 사람들의 사고(思考)는, 한번 깎을 때마다 7년 간의 명쾌함과 젊음이 더해지며, 모두 깎아 버리는 불상사만 피한다면, 부단한 면도로, 고상함의 절정에 도달할 수 있다 — 호메로스가 수염을 그렇게 기르고 어떻게 글을 쓸 수 있었는지, 정말 알 수 없는 노릇이다.(제9권)

영향을 받습니다. 멋있게 차려입은 예술가는 더 이상 일을 하지 않습니다. 실내복을 입은 여인과 무도회에 가기 위해 단장을 한 여인은 서로 다릅니다. 아마도 당신은 두 명의 여인이라고 할 것입니다."

여기서 브러멀은 한숨을 쉬었다. 그리고 다시 말을 이었다. "아침의 우리 태도와 저녁의 우리 태도는 전혀 다릅니다. 나에게 우정을 베풀어줘 영광스럽게 생각하는 조지 4세는 대관식 다음 날보다 대관식 날을 훨씬 더 중요하다고 분명히 생각했습니다. 그러므로 옷차림은 사회적 인간이 느끼는 가장 거대한 변화이며, 모든 생활 방식에 강하게 영향력을 미치는 것입니다. 그런데 내가 당신의 책을 이렇게 정리하라고 한다고 해서 책의 논리를 침해한다고 생각하지는 않습니다."

"책의 제2부에서 우아한 삶의 일반 원리들을 규정한 다음, 제3부에서는 개인에게서 직접적으로 유래하는 것들을 다루어야 할 것입니다. 물론 옷차림은 서두에서 다뤄져야 하겠지요. 그리고 끝으로 제4부에서는 인격에서 직접적으로 유래하고, 내가 부차적이라 생각하는 것들을 다루어야 할 것입니다."

우리는 옷차림에 대한 브러멀의 편애를 이해할 수 있다. 그것이 자신의 명성을 드높였기 때문이다. 바로 그것이 이 위대한 인물의 오류일지도 모른다. 우리는 그의 논지를 반박하지 않기로 했다. 그리고 우아함을 연구하는 모든 나라의 학자들이 브러멀의 분류를 거부할 위험을 무릅쓰고, 우리는 브러멀과 뜻을 함께하기로 했다.

소수의 저명한 애호가들로 구성된 우리 모임은 만장일치로 제2부에서 우아함의 일반 원리를 다루기로 결정했다.

인격에서 직접적으로 유래하는 것들을 다룰 제3부는 여러 장(章)으로 나누어졌다.

첫 번째 장은 "모든 부분에 있어서의 옷차림"을 포함하게 될 것이고, 첫 번째 문단은 남성의 옷차림을, 두 번째 문단은 여성의 옷차림을 다루게 될 것이다. 세 번째 문단은 향수와 목욕 그리고 머리 모양에 대한 에세이를 제공할 것이다.

다른 장에서는 발걸음과 태도에 대한 완벽한 이론을 제시할 것이다.

우리의 가장 친한 친구인 쉬(E. Sue)는 우아한 스타일과 독창적인 발상, 뛰어나게 화합적인 생활 방식으로 유명한데, 그는 "무례함과 도덕 · 종교 · 정치 · 예술 · 문학의 관계에 대하여"라는 장(章)을 맡아서 논평해 주기로 약속했다.

제3부의 마지막 두 장에 대해서는 논쟁이 뜨거웠다. '태도'(manières)에 관한 장을 '대화'에 관한 장 앞에 위치시키느냐가 문제가 되었다.

브러멀은 즉흥 연설로 이 논쟁에 마침표를 찍었다. 그가 한 연설의 전문을 소개할 수 없어서 아쉽다. 그는 다음과 같이 마무리했다.

"여러분, 만일 우리가 영국에 있다면, 말보다 행동이 먼저 필요했을 것입니다. 나의 동포들은 일반적으로 과묵하기 때문입니다. 그러나 나는 몇 차례의 경험을 통해 프랑스에서는 행동하기 전에 늘 말을 많이 한다는 것을 알게 되었습니다."

액세서리를 다루게 될 제4부는 살림, 가구, 식사, 말(馬), 하인, 마차, 가구, 등에 대한 내용을 포함할 것입니다. 그리고 우리는 "도시나 시골에서 손님을 맞이하는 법", "다른 사람 집에서 처신하는 법"으로 개론서의 마지막을 장식할 것이다.

이렇게 해서 우리는 모든 학문 분야의 광범위하고 보편적인 지식들을 포괄하게 될 것이다. 그 속에는 우리 삶의 모든 순간들, 깨어 있을 때의 우리의 모든 행동을 지배하는 것들, 그리고 잠잘 때의 도구 등에 관한 내용도 포함되어 있을 것이다.

제2부 일반 원리

"부인, 불쾌하기 짝이 없는 완벽이란 것이 있다는 사실을 생각해 보십시오."

『덕성에 관한 연구』, 저자의 미간행 저서

IV. 교리

가톨릭 교회는 7가지 원죄[73]를 인정했지만 그리스도교 윤리의 기본으로 꼽는 7가지 덕 중에서는 3가지 덕(德)[74]만을 받아들였다.[75] 따라서 우리는 우리를 위로해 주는 세 가지 원천에 대해 일곱 가지 회한의 원리를 가지게 되었다. 3대 7, 즉 10이라는 통탄할 문제를 가지게 된 것이다. 아빌라의 성테레사[76]나 아시시의 성프란체스코[77]를

73) 시기, 탐식, 화, 게으름, 탐욕, 정욕, 자만을 말한다.

74) 3가지 대신덕(大神德)은 믿음과 소망과 사랑이다.

75) 그리스도교 윤리의 기본으로 꼽는 7가지 덕. 인간의 보편적 자질에서 우러나오는 것으로 고대 이방 세계에서 가르쳤던 4가지의 '자연적 덕'(신중 · 절제 · 용기 · 정의)과 그리스도교에서 정한 것으로 하느님의 특별한 선물로 생기는 3가지 '신학적 덕'(믿음 · 소망 · 사랑)이 있다. 일반적으로 덕은 "생활과 행동을 윤리의 원칙에 일치하는 것"이라고 정의되어왔으므로 이 7가지 덕은 이러한 윤리의 원칙을 따를 때 취하는 태도와 성향을 뜻한다. 이것을 전통적으로 7가지로 생각하는 것은 정반대되는 7가지 중대한 죄와 함께 7이라는 숫자가 인간 행동의 전 영역을 포괄한다고 여겼기 때문이다.

제외하고 어떤 인간도 이런 숙명적 제안의 결과를 피할 수 없었다.

엄격성에도 불구하고 이 교리는 가톨릭 세계를 지배하는 것처럼 우아함의 세계도 지배한다. 악(惡)은 타협안을 (단순히) 약속에 따라 규정하고 있지만 선(善)은 엄격한 방침을 따른다. 이런 불변의 법칙에서 우리는 다음과 같은 『의식의 경우』[78] 사전에 승인을 받은 경구를 추출해 낼 수 있을 것이다.

⁋ 19 : 선은 오직 한 가지 유행만을 가지고 있지만 악은 수천 가지 유행을 가지고 있다.

이처럼 우아한 삶은 일곱 가지 중대한 죄와 세 가지 큰 덕을 가지고 있다. 그렇다 우아함은 삼위일체[79], 자유, 덕성처럼 하나이며 불가분이다. 그로부터 우리의 일반 아포리즘 가운데 가장 중요한 경구들이 도출된다.

---

76) 예수의 성테레사(Saint Teresa of Jesus)라고도 함. 본명은 Teresa de Cepeda y Ahumada(1515~1582). 로마 가톨릭의 대표적인 신비주의자 가운데 하나로서, 고전적인 신앙서를 썼으며, 원시 카르멜회의 엄격하고 명상적인 성격을 강조하고 되살린 '카르멜회 개혁'을 시작한 인물이다. 1970년 교황 파울루스 6세에게서 여성으로는 최초로 교회 박사라는 칭호를 받았다.

77) 아시시의 성프란체스코(San Francesco d'Assisi, 1181/1182~1226))는 로마 가톨릭의 수도사이다. 13세기 초에 프란체스코회(프란체스코 수도회) 설립으로 세속화된 로마 가톨릭교회의 개혁 운동을 이끈 교회 개혁가이기도 하다.

78) 장 퐁타(Jean Pontas)가 만든 『의식 용어 사전Le Dictionnaire des cas de conscience』을 말한다.

79) 예수 그리스도가 계시(啓示)한 하느님은 성부(聖父)·성자(聖子) 및 성령(聖靈)의 세 위격(位格)을 가지며, 이 세 위격은 동일한 본질을 공유하고, 유일한 실체로서 존재한다는 교리이다. 하느님 아버지[聖父]인 유일신(唯一神)은 그의 독생자(獨生者:聖子)를 이 세상에 보내어 성령(보혜사)으로써 인류를 구원한다는 것이다. 이 교의는 325년 니케아 공의회(公議會)에서 교회의 정통 신조로 공인되었으며, 451년 칼케돈 공의회에서 추인됨으로써 그리스도교의 정식 교의로 확립되었다.

⁋ 20 : 우아함을 이루는 근본적인 원리는 통일성이다.

⁋ 21 : 적확성, 조화, 상대적인 단순함 없이 통일성이란 있을 수 없다.

우아함을 만들어내는 것은 단순함보다는 조화, 조화보다는 적확성이다. 그것은 세 가지 큰 덕성 사이의 신비로운 조화에서 나온다. 우아함을 도처에서 갑자기 창조하는 것은 선천적으로 탁월한 정신의 비밀이다. 화장이나 집, 낯선 사람과의 대화나 태도를 더럽히는 모든 나쁜 취향들을 분석하면서 관찰자는 이 나쁜 취향들이 통일성의 세 가지 원리에 더 혹은 덜 민감하게 위배된다는 것을 알게 될 것이다.

외부의 삶은 인간을 나타내는 일종의 조직된 체계이다. 그것은 달팽이의 색깔이 자신의 껍질 위에 재생되는 것과 마찬가지이다. 우아한 삶 속에서는 모든 것이 서로 연결되어 있고 서로 통해 있다. 퀴비에[80] 씨가 어떤 동물의 이마뼈, 턱뼈 혹은 넓적다리뼈를 보았을 때, 설령 그것이 노아의 대홍수 이전의 것이라 하더라도, 모든 생물체를 귀납적으로 추론할 수 있지 않은가? 또한 한 개체를 도마뱀류, 유대류[81], 육식류, 초식류 등으로 분류하여 재구성하지 않는가? 이 사람은 절대 틀린 적이 없다. 그의 재능은 그에게 동물적인 삶의 단일한 원리를 밝혀 주었다.

---

80) 퀴비에(Cuvier, Georges-Léopold-Chrêtien-Frédéric-Dagobert, 1769~1832). 프랑스의 동물학자 · 정치가. 동물계의 분류표를 만들었으며, 고생물학을 창시하였다. 라마르크의 진화론을 부정하고 천변지이설(天變地異說)을 주창하여 종(種)은 변하지 않음을 주장하였다.

81) 유대류(有袋類) : 머리는 작고 너비가 좁다. 원시적인 태생 포유동물로, 태반이 없거나 있어도 매우 불완전하며, 새끼는 발육이 불완전한 상태로 태어난다. 새끼는 보통 어미의 배에 있는 육아낭 속에서 젖을 먹고 자라는데, 젖꼭지는 육아낭 안에 있다. 코알라, 붉은 캥거루, 땅속에 사는 주머니두더지 등 형태와 생태가 매우 다양하다.

그와 마찬가지로 우아한 삶에 있어서도 박차[82]가 말을 추측하게 하는 것처럼 단 하나의 의자가 가구 전체를 결정짓는다. 어떻게 몸단장을 했는지에 따라 그가 어떤 귀족 계급인지 어떤 훌륭한 취향을 가졌는지를 보여준다. 각각의 재산은 바닥이 있고 정상이 있다. 우아함의 조르주 퀴비에 같은 이들은 절대로 잘못된 판단을 내리는 위험에 자신을 노출하지 않는다. 그들은 당신에게 수집 미술품, 순종 말, 사보느리 카펫[83], 반투명 비단 커튼, 모자이크 장식된 벽난로, 에트루리아[84] 꽃병, 다비드[85]의 끌에서 막 빠져나온 조각상 위에 걸려 있는 추시계에 할애된 돈이 얼마인지를 말해 줄 것이다. 끝으로 그

82) 말을 탈 때에 신는 구두의 뒤축에 달려 있는 물건. 톱니바퀴 모양으로 쇠로 만들어 말의 배를 차서 빨리 달리게 한다.

83) 프랑스 사보느리(Savonnerie) 공방에서 제작된 보풀 있는 대형 프랑스산(産) 바닥깔개를 말한다. 사보느리 공방은 17세기 파리의 샤요에 있는 오스피스 드 라 사보느리 왕궁에서 쓸 것과 왕실의 선물로 쓸 카펫을 조달하기 위해 왕명으로 세워졌다. 처음에는 궁정에, 그 후에는 정부 청사에 카펫과 의자 방석 및 그와 비슷한 직조품들을 제공했다. 이 카펫의 무늬는 꽃 장식과 르네상스 건축의 구상을 따서 창안된 것이었고 그 가운데 많은 것들이 고블랭의 태피스트리를 디자인한 작가들이 그린 회화와 만화에 바탕을 두었다. 1826년 회사가 합병되면서 사보느리 공방은 파리 근처 고블랭의 작업장으로 옮겨졌다.

84) 이탈리아 중부에 있는, 고대 에트루리아 인이 살던 지역. 종교적 동맹으로 맺은 열두 개의 도시로 이루어졌으며 왕국까지 세웠다가 로마에게 정복되었다. 지금의 토스카나 지방이다.

85) 프랑스 조각가 다비드 당제(David d'Angers, Pierre-Jean, 1789-1856)를 말한다. 19세기 초 프랑스 조각의 주류였던 신고전주의 양식을 반대했다. 조각공의 아들로 태어난 다비드는 17세 때 주머니에 단돈 11프랑을 가지고 필리프 로랑 롤랑에게 배우기 위해 파리로 갔다. 1년 반에 걸친 노력 끝에 앙제 시 당국으로부터 소액의 연금을 받게 되었다. 1811년 '로마상'(Prix de Rome)을 받고 이탈리아로 가서 안토니오 카노바의 작업실에서 한동안 일했고 런던에서 잠시 체류한 후 1816년 파리에 돌아와 중요한 작업 의뢰를 많이 받았다. 정치적으로 항상 급진파였던 그는 1851년 12월 쿠데타가 일어나자 잠시 프랑스를 떠나야 했다. 당대의 많은 유명인사들이 다비드에게 흉상이나 메달 제작을 의뢰했다. 앙제에 있는 다비드 박물관은 원작 또는 모조품으로 된 그의 작품을 거의 완벽하게 수집해 놓았다.

들에게 양복걸이를 가져다주어라. 그러면 규방인지, 방인지, 궁전인지를 유추해 낼 것이다.

통일성을 엄격하게 요구받은 이 모든 것들은 우리가 살아가는 데 필요한 모든 액세서리들을 서로 맞물리게 만든다. 훌륭한 취향을 가진 사람은 예술가처럼 사소한 것에 대해서도 평가를 내리기 때문이다. 전체가 완벽할수록 부정확한 어법은 더욱 심해진다. 마르티네 촛대[86]에 값비싼 양초(bougie)를 꽂으려 하는 사람은 바보이거나 천재이다. 유행의 이 위대한 원리를 잘 이해한 사람은 유명한 T 부인[87]이다. 덕분에 우리는 다음과 같은 경구를 가지게 되었다.

⁋ 22 : 어떤 집의 문지방을 넘어 보면 우리는 그 집 안주인의 성향을 알 수 있다.

당신의 재산을 보여주는 이 광대하고 영원한 이미지가 당신 재산의 불충실한 견본이 되어서는 결코 안 된다. 왜냐하면 당신은 인색함(avarice)과 무능함(impuissance)이라는 두 암초 사이에 놓이게 될 것이기 때문이다. 너무 검소한 것처럼 너무 천박해도 통일성을 준수하지 않는 것이 된다. 아무리 별거 아니더라도 통일성은 당신의 창조력과 당신의 겉모습이 조화를 이루도록 해 준다.

중요한 실수 하나가 얼굴 모습 전체를 망쳐 놓을 수 있다.

---

86) 철이나 구리로 만든 마르티네 촛대(martinet)는 철이나 구리로 만든 손잡이 하나 달린 평평하고 작은 촛대인데 1830년경에는 소시민들이 사용하는 유행이 지난 것으로 평가받았다.

87) 19세기 초 유럽 은행계에서 재간이 뛰어나기로 유명했던 인물로, 나폴레옹의 '백일천하'를 돕기도 했던 프랑스의 저명한 은행가 우브라르(Gabriel-Julien Ouvrard, 1770-1846)가 활동했던 시대에 호화로운 패션으로 유명했던 탈리앙(Mme Tallien) 부인을 말한다.

이런 명제의 첫 번째 항(項)인 인색함은 이미 심판을 받았다. 그러나 수치스러운 악덕으로 비난받지 않기 때문에 많은 사람들이 두 가지 결과를 다 얻으려고 하는 것이 있다. 그것은 바로 돈을 아끼면서 우아한 삶을 살아가려고 한다는 것이다. 돈을 아끼면서 우아한 삶을 살 수 있다. 하지만 결국 그들은 우스꽝스러운 존재가 되고 만다. 그들은 늘 용수철과 평형추, 바닥의 홈과 같은 무대 장치들을 보이게 내버려 두는 서투른 무대 장치가와 같지 않은가? 그들은 다음과 같은 지식의 가장 중요한 두 경구를 잊어버린 것이다.

⁋ 23 : 우아함의 가장 중요한 효과는 수단과 방법을 감추는 것이다.
⁋ 24 : 아끼려는 모습은 어떤 것이든 우아하지 못하다.

사실 절약은 하나의 수단이다. 그것은 관리의 신경(nerf)과 같다(경제적으로 운영한다는 것은 굉장히 중요하다). 그러나 그것은 기계 장치의 톱니바퀴를 유연하고 부드럽게 해주는 기름과 흡사하다. 그것을 눈으로 보거나 느껴서는 안 된다.

인색한 사람들이 받아야 할 벌은 이런 장애뿐만 아니라 다른 것도 있다. 생활의 발전을 제한하면서 그들은 자신들의 영역에서 내려오게 된다. 그리고 자신들이 권력을 지니고 있음에도 불구하고 허영심 때문에 반대편의 암초로 달려가는 자들과 같은 수준에 스스로를 둔다. 이런 끔찍한 형제애에 대해 오싹해하지 않을 사람이 누가 있겠는가?

당신은 도시나 시골에서 반(半)귀족인 부르주아들을 숱하게 만나보지 않았는가? 『마티유 란스베르그*Mathieu Laensberg*』[88]에 따르면 그들은 과도하게 치장을 하고, 의복 및 장신구 등이 부족해서 그들의 사교 모임과 향락과 의무를 따져보지 않으면 안 될 처지에 놓인다. 모자의 노예가 된 부인들은 비를 두려워하고 신사들은 햇볕이나 먼지를 두려워한다. 기상 관측에 쓰는 청우계처럼 민감한 그들은 스스로 날씨를 알아맞히고, 구름을 보면 전부 자리를 뜬다. 비에 젖고 진흙투성이가 된 그들은 자신들의 누추한 집에서 서로를 비난한다. 도처에서 궁색한 그들은 아무것도 즐기지 못한다.

이 이론은 다음과 같은 경구로 요약될 수 있을 것이다. 그것은 마차에 앉기 위해 치마를 걷어 올려야 하는 여인네부터 (이탈리아의) 희가극 가수(bouffes)를 원하는 독일의 어린 왕자에 이르기까지 모든 사람에게 적용될 수 있는 것이다.

⁋ 25 : 여유는 외적인 삶과 자신이 가지고 있는 재산 사이의 조화에서 생겨난다.

인간은 오로지 이러한 원칙을 철저한 지켜 자신의 가장 사소한 행동에까지 자유를 발휘할 수 있다. 우아함은 자유 없이 존재할 수 없을 것이다. 만약 그가 욕망을 자신이 가지고 있는 권력에 따라 조절한다면, 그는 자신의 영역 안에 머물러 있을 것이다. 권력을 상실할지 모른다는 두려움을 가지지 않기 위해서 말이다. 우리가 흔히 안락에 대한 의식(conscience du bien-être)이라고 부르는 이러한 안전 위주의 행위는 잘못 이해된 허영심이 야기하는 모든 폭풍우에서 우리를 보호해 줄 것이다.

이처럼 우아한 삶의 전문가는 자신의 양탄자 위에 녹색 천으로 된

88) 점성가 마티외 란스베르그(Mathieu Laensbergh)가 창간한 『리에주 연감Almanach de Liège』(1635년)의 전통을 이어받아 루앙에서 발행된 잡지를 말한다.

기다란 길을 만들지 않는다. 그리고 그들은 천식을 앓는 늙은 삼촌의 방문을 두려워하지 않는다. 그들은 말을 타고 산책을 하기 위해서 온도계를 쳐다보지 않는다. 마찬가지로 재산이 주는 혜택만큼이나 부담에도 복종하는 물질적 손해에 불쾌해하지 않는 것 같다. 왜냐하면 그들에게 모든 것은 돈으로 보상되거나 또는 사람들이 겪는 다소간의 고통으로 해결되기 때문이다. 꽃병을 놓거나 새장 시계를 설치하거나 (등받이 없는) 긴 의자를 커버로 덮거나, 광택제를 봉지에 넣는 일은 큰 촛대를 사기 위해 저축을 한 후 곧바로 두꺼운 천으로 옷차림을 하는 선량한 사람들과 흡사하지 않은가? 훌륭한 취향을 가진 사람은 그가 소유하고 있는 모든 것을 누려야 한다. 퐁트넬[89]이 말한 것처럼 "그는 지나치게 존경받으려 하는 것들을 좋아하지 않는다." 자연의 예처럼 그는 매일 자신의 화려함을 쌓는 일을 두려워하지 않는다. 그는 광채를 다시 만들어낼 수 있다. 그래서 그는 뤽상부르의 베테랑들[90]처럼 가구들이 방향을 바꾸기 위해 수없이 받침 부분을 움직여 가면서 봉사 정신을 발휘하길 원하지 않는다. 그리고 그는 결코 물건 가격이 너무 비싸다고 불평하지 않는다. 왜냐하면 그는 모든 것을 내다보고 있기 때문이다. 바쁜 삶을 사는 사람에게 집으로 사람들을 초대하는 일은 장엄하고 무게 있는 축제이다. 그는 축제에서 사람들에게 보여주기 위해 정기 간행물들을 풀어 놓고, 장롱을 비우고 청동 가구를 덮은 천들을 벗긴다. 그러나 우아한 삶을 사는 사람은 언제나 사

89) 퐁트넬(Fontenelle, Bernard Le Bovier de, 1657~1757). 프랑스의 사상가 · 문학가. 18세기 계몽사상의 선구자로, 처음에는 시 · 비극 등 문학 작품에 관여하였다가 나중에는 미신을 타파하고 과학적 사고를 보급하는 데에 힘썼다. 저서에 『세계 다수(多數) 문답』, 『신탁(神託)의 역사』 따위가 있다.

90) 뤽상부르 공원을 배회하는 수많은 파리의 노인을 말한다.

람들을 맞이할 줄 안다. 그는 갑작스러운 방문에도 놀라지 않는다. 그가 소중하게 생각하고 있는 격언은 가족적인 것인데, 그는 새로운 세계를 발견하는 것을 자랑으로 삼고 있다. 그는 셈페르 파라투스 (semper paratus, 언제고 준비되어 있는)[91], 즉 항상 준비가 되어 있으며, 항상 자신과 닮아 있다. 그의 집과 그가 만나는 사람, 마차와 그의 사치는 일요일이기 때문에 꾸며지거나 준비되는 것이 아니다. 그에게는 매일매일이 축제이다. 만약 큰 것과 작은 것을 비교하는 것이 허용된다면 우아한 삶을 사는 사람은 요크 공작이 도착했다는 소식을 듣고 태연하게 "그를 4호실로 안내하시오."라고 말했던 유명한 데생(Dessein)[92]과 같다.

그렇지 않으면 아브랑테스(Abrantès) 공작 부인과 같다고 할 수 있다. 그녀는 전날 나폴레옹에게서 베스트팔리아 여왕을 랭시(Raincy)에서 맞이해 달라는 부탁을 듣고 저택의 우두머리 급사장에게 "내일 나는 여왕을 맞이할 거야."라는 말을 한 후 다음 날 왕실에서 행하는 것과 같은 사냥과 호화로운 만찬과 무도회를 제공했다.

모든 우아한 사람은 자신의 생활 속에서 이런 여유로운 방식을 본받아야 한다. 끊임없이 탐구하고 세부적인 부분에 이르기까지 세련된 유행을 따르면 이런 놀랄 만한 결과를 쉽게 획득할 수 있을 것이다. 세심한 관심은 전체의 고상한 매력을 (영원히) 지속시킨다. 이런

---

91) 라스 카즈(Emmanuel de Las Cases, 1766~1842)가 남긴 말이다. 그는 세인트헬레나 섬에서 나폴레옹의 마지막 대화를 기록한 사람으로 유명한 프랑스의 역사가. 그가 남긴 『세인트-헬레나의 비망록』(1823)은 나폴레옹 신화의 탄생에 결정적인 역할을 했다.

92) 프랑스 북부, 도버 해협에 면한 항구 도시 칼레(Calais)에 유명한 호텔을 소유하고 있었던 사람이다. 이 호텔에 브러멀이 거주했다.

사실에서 다음과 같은 영국의 격언이 나왔다.

⁋ 26 : 유지하는 것은 우아함의 필요불가결한 조건이다.

유지하는 것은 매일매일 우리가 사물을 윤기 나게 만드는 청결함에 필수적인 조건일 뿐만 아니라 이 말은 하나의 시스템 전체를 표현한다.

유럽인의 의상은 옷감의 섬세함과 우아함이 금실로 짠 직물이나 고된 노동으로 점철된 중세의 문장을 넣은 긴 웃옷을 대체한 순간부터 거대한 혁명이 일상생활의 사물 사이에서 일어났다. 우리는 재산을 보존이 쉽지 않은 가구 등에 숨기는 대신에 거기에서 나오는 이자를 훨씬 가볍고 덜 비싸고 바꾸기 쉬운 물건들로 소비하게 되었다. 그리고 가족들은 재산[93]의 상속권을 박탈당하지 않게 되었다.

진보한 문명에서 발생한 이러한 계산은 영국에서 새롭게 발전한다. 편안하고 안락한 분야에서 일상의 물건들은 무엇보다 유행에 따라 변하고 유행의 변덕에 종속되는 커다란 옷으로 간주되었다. 부자들은 매년 그들의 말과 마차, 가구를 바꾸었다. 다이아몬드 같은 것도 새로 세공되었다. 모든 것이 새로운 형태를 띠게 되었다. 마찬가지로 아무리 사소한 가구라도 이런 생각 속에서 만들어졌다. 원료들은 조심스럽게 모습을 감추기 시작했다. 우리는 아직 이 정도의 학

---

93) [저자 주] 사실이 천박하기 때문에 우리가 여기서 인용하는 바송피에르(Bassompierre)의 의복은 현재의 화폐 단위로 볼 때 10만 에큐(역주 : 19세기의 5프랑 은화)가 나갈 정도로 비싸다. 오늘날에는 가장 우아한 사람도 자신의 옷차림을 위해 15,000프랑을 쓰지는 않는다. 그리고 그는 계절마다 옷을 바꿔 입는다. 사용된 돈의 차이는 사치의 차이를 보인다. 그 차이는 여성들의 옷차림에도 적용되며 우리 학문의 모든 분야에도 적용된다는 사실을 관찰할 수 있다.

문에 도달하지는 못했다. 하지만 그럼에도 불구하고 우리는 몇몇 분야에서 발전했다. 제정 시대의 무거운 목공 세공품들은 완전히 유죄 선고를 받았고, 육중한 마차와 예술가와 훌륭한 취향을 가진 사람 둘 다를 만족시키지 못했던 불완전한 걸작품인 조각들도 마찬가지로 유죄 선고를 받았다. 우리는 마침내 우아하고 단순한 길로 나아가게 되었다. 아직 우리의 소박한 재산이 변화를 자주 추구하지는 못하게 해도 우리는 적어도 현재의 풍습을 지배하는 다음과 같은 경구를 이해할 수는 있을 것이다.

⁋ 27 : 사치는 우아함보다 덜 돈이 든다.

그리고 우리는 조상들이 가구의 획득을 재산 투자라고 생각했던 것에 근거한 그런 시스템에서 멀어지려고 한다. 왜냐하면 우리는 콩스탕탱[94]이 자신의 유명한 포르나리나(Fornarina)를 재현했던 술잔을 수집가에게 보여주는 것보다 아름다운 단색의 도자기로 시중을 받으면서 식사를 하는 것이 훨씬 우아하고 안락하다는 것을 본능적으로 느끼기 때문이다. 예술은 경이로운 것들을 만들어 낸다. 개인은 그것을 왕들에게 맡겨두어야 한다. 훌륭한 건축물도 마찬가지다. 그것은 국가에 속할 뿐이다. 자신의 삶 전체에 우월한 생활을 보여주는 견본들을 도입하려는 어리석은 사람은 존재하지 않은 것을 나타내려고 한다. 그리고 그는 우리가 비난했던 우스꽝스러운 사람들의 무능함에 빠지게 된다. 그래서 우리는 규모의 강박관념에 사로잡힌 사람들을 계몽하기 위해 다음과 같은 격언을 만들었다.

---

94) 콩스탕탱(Constantin, Abraham, 1785-1855). 제네바 출신의 도자기 화가. 그의 작품 '포르나리나'는 세브르 박물관에 보관되어 있다.

⁋ 28 : 우아한 삶은 자존심을 솜씨 좋게 발전시킨 것이다. 따라서 지나치게 허영심을 드러내는 모든 것은 우아한 삶에 있어 필요 없는 군더더기라고 할 수 있다.

이것은 참으로 놀라운 일이다. 학문의 모든 일반 원칙은 우리가 표방한 중요한 원칙에서 파생된 명제에 불과하다. 왜냐하면 유지하고 보존하는 것 그리고 관련 법칙들은 어떻게 보면 통일성의 즉각적인 결과이기 때문이다.

수많은 사람들이 우리가 숭배하는 경구들의 횡포 때문에 엄청난 낭비를 일삼았다고 반박했다.

사람들은 우리에게 물었다. 도대체 어느 정도의 재산이 있어야 당신들의 이론을 만족시킬 수 있습니까? 가구가 새로 갖춰지고, 마차가 수리되고, 벽지와 규방의 비단이 새로 바뀐 다음 날 유행을 따르는 우아한 사람은 포마드를 바른 자신의 머리를 무례하게 벽지에 문지르기 위해서 오지 않을까? 화가 잔뜩 난 남자가 양탄자를 더럽히기 위해서 일부러 오지는 않을까? 어설픈 사람이 나타나서 마차를 들이받지는 않을까? 무례한 사람이 나타나서 규방의 신성한 문턱을 넘는 것을 영원히 막을 수는 없지 않은가?

여자들은 자신들을 적절하게 옹호하는 방법을 알고 있으며 그럴듯하게 포장해서 주장을 하기도 하는데 그런 주장들은 다음과 같은 경구에 의해 산산조각이 나고 말 것이다.

⁋ 29 : 품위 있는 남자는 모든 것을 자신이 지배하고 있다고 생각하지 않는다. 그는 그 재량권을 타인에게 맡겨야 한다고 생각한다.

우아한 사람은 완전히 왕처럼 말하지 않는다. 예를 들면 그는 '우리의' 마차, '우리의' 궁전, '우리의' 성, '우리의' 말이라고 하지 않는다. 그러나 그는 왕과 같은 섬세함으로 자신의 모든 행동에 흔적을 남길 줄 안다. 왕과 같은 섬세함이란 매우 탁월한 은유라고 할 수 있는데 그 덕분에 그는 자신을 둘러싸고 있는 모든 것을 자기에게 유리하게 만드는 것 같다. 마찬가지로 이런 고귀한 이론은 그전 것보다 결코 중요하지 않다고 할 수 없는 다음과 같은 격언을 내포하고 있다.

⁋ 30 : 당신의 집에 어떤 사람을 받아들인다는 것은 그가 당신의 영역에 거주할 자격이 있는 사람이라는 것을 가정하는 것이다.

그러므로 철없는 부인들이 우리의 절대적인 교리에 대해 그 해명을 요구할 소위 말해 불행이라는 것은 단지 용서할 수 없는 요령 부족 때문에 생긴 것이라고 할 수 있다. 한 집안의 여주인은 존경이나 배려가 부족하다는 점에 대해 불평할 수 있을까? 그것은 그녀의 잘못이 아닌가? 훌륭한 사람들에게는 그들 스스로 식별되는 그런 석공과 같은 기호가 존재하지 않을까? 만약 자신과 대등한 사람들만 친한 사람들로 받아들인다면 우아한 인간은 사고가 생길까 두려워하지 않아도 된다. 혹시라도 불시에 누가 찾아오면 그것은 어느 누구도 면제받을 수 없는 운수(運數)인 것이다. 대기실은 하나의 기관이다. 귀족 계급이 엄청나게 발전했던 영국에서 면회실(parloir)이 없는 집은 거의 없다. 이 방은 아랫사람들에게 면담을 허락하는 목적으로 만들어진 것이다. 아무 일도 하지 않고 무위도식하는 사람과 분주한 사람을 많든 적든 구분 짓게 해주는 것은 에티켓(etiquette)이다. 의식(儀式) 자체를 비웃는 철학자나, 불평가, 또는 매사를 웃음거리로 만드는 사람들은 자신들에게 식료품을 공급해 주는 사람을, 설사 그가 유명한 콜레주의 유권자라고 하더라도, 그들이 후작에게 보이는 친절과 같은 정도의 친절을 보이면서 집으로 들이지는 않는다. 그렇기 때문에 유행을 따르는 우아한 사람들이 노동자들을 경멸하라는 법은 없다. 오히려 그들은 노동자들에 대해 "그들은 존경받은 만한 사람들입니다."라며 사회적 존경을 드러내는 표현을 사용한다.

우아한 사람에게 공장 노동자 계층을 조롱한다는 것은 꿀로 파리에게 고통을 주는 것이나 작업하고 있는 예술가를 방해하는 것만큼이나 어리석은 짓이다. 그것은 잘못된 태도라고 할 수 있다.

따라서 살롱은 우아한 걸음걸이를 가진 사람들의 것이다. 그것은 군함이 "항해하기 좋은 발"[95]을 가지고 있는 사람들의 것인 것과 마찬가지이다. 만약 당신이 우리의 전제 원리를 거부한다면 그 결과 전체도 받아들여야 할 것이다.

이런 원리에서 다음과 같은 근본적인 경구가 나왔다.

⁋ 31 : 우아한 삶에 있어 우월성(supériorité)이란 더 이상 존재하지 않는다. 거기에서는 서로 대등하게 의논한다.

품위 있는 남자는 어느 누구에게도 "영광스럽게도 나는……"이라고 말하지 않는다. 그는 어느 누구의 공손한 종복(從僕)도 아니다[96]. 오늘날 새로운 양식을 결정짓는 것은 예법(convenances)이라는 감정이다. 훌륭한 취향을 가진 사람들은 그것을 상황에 맞게 자기 것으로

---

95) 원문의 avoir le pied marin을 직역한 것이다. "배 멀미를 하지 않다" 또는 "흔들리는 배 위에서 균형을 잡다"는 뜻을 가지고 있다.

96) 원문의 le très humble serviteur를 직역한 것이다. 이 표현은 흔히 편지 말미에서 배상(拜上), "Yours truly" "From"의 뜻으로 많이 사용된다.

만들 줄 안다. 이런 관점에서 우리는 비생산적인 사고를 하는 사람들에게 『몽테스키외의 편지』[97]를 읽어 보라고 권한다. 이 유명한 작가는 방법에 있어서 보기 드물게 유연한 재능을 발휘했다. 그는 "나는 …… 할 영광을 가지게 되었습니다."라는 표현에 대한 혐오 때문에 그는 사소하고 짤막한 편지라도 갖가지 재능을 발휘하게 편지를 마무리했다. 우아한 삶을 영위하는 사람들은 한 나라의 자연적 귀족 계급을 나타낸다. 그들은 서로 가장 완벽한 평등에 대해 경의를 표할 의무가 있다. 재능, 돈, 권력은 동일한 권력을 준다. 그렇기 때문에 당신이 서투르게 머리를 가볍게 받은, 겉으로 보기에 약해 보이고 누추해 보이는 사람이 곧바로 국가의 우두머리가 되기도 하고, 당신이 비굴할 정도로 공손하게 인사를 건넨 사람이 내일이면 권력 없이 재산만 있는 허망한 신세로 될 수도 있는 것이다.

지금까지 우리의 교리는 사물의 형태보다 정신과 관련된 내용을 더 포함하고 있었다. 어떻게 보면 우아한 삶의 미학을 소개한 것이라고 할 수 있다. 세부적인 것을 지배하는 일반 법칙들을 탐구하면서 우리는 건축의 진정한 원칙과 우리가 앞으로 제시해야 할 원칙 사이에 유사성이 있다는 사실에 놀랐다. 그리하여 우리는 혹시 우아한 삶을 영위하는 데 소용되는 사물들이 건축 분야에 대부분 속해 있는 것이 아닌지 자문했다. 옷, 침대, 승합마차의 객석은 집이 인간과 인간이 사용하기 위한 물건들을 덮고 있는 커다란 옷인 것처럼 인간의 안식처이다. 탈레랑이 말한 것처럼 우리는 수많은 베일로 우리를 가리려는 노력에도 불구하고 그것을 뚫고 나오는 생각이나 삶

97) 1827년에 출간된 몽테스키외의 선집에 수록된 『가족에게 보내는 편지*Lettres familières*』를 말한다.

을 감추기 위해 심지어 언어에 이르기까지 모든 것을 사용하는 것 같다.

이러한 규칙에 과도하게 중요성을 부여하고 싶지는 않지만 우리는 여기서 그 규칙들 가운데 몇 가지를 적어보고자 한다.

⁋ 32 : 우아함은 수단이 목적과 어울리길 절대적으로 원한다.

이 원칙에서 그것의 즉각적 결과라고 할 수 있는 다음과 같은 경구가 나온다.

⁋ 33 : 훌륭한 취향을 가진 사람은 항상 자신이 필요한 것을 최소한으로 줄일 줄 알아야 한다.

⁋ 34 : 각각의 사물들은 원래의 모습대로 보여주어야 한다.

⁋ 35 : 지나친 장식은 (오히려) 해가 된다.

⁋ 36 : 장식은 고상하게 이루어져야 한다.

⁋ 37 : 어쨌든 너무 다양한 색은 나쁜 취향에 속한다.

우리는 여기서 몇몇 경구들의 적용을 통해 그것들이 정당하다는 것을 보여주기 위해 노력하지는 않을 것이다. 왜냐하면 다음에 이어질 두 부분에서 각각의 세부적인 것에 대한 효과를 지적하면서 경구들의 결과를 더 합리적으로 설명할 수 있기 때문이다. 이런 관찰을 통해 우리는 해당 부분에서 하부적인 각각의 구분을 지배하는 일반 원칙들을 추출할 수 있을 것이다. 우리는 그 원칙들이 특히 소재를 다루는 각 장의 첫 부분에 요약의 형태로 자리 잡는 것이 좋다고 생각한다.

게다가 우리가 앞서 선포했고 따라서 우리가 자주 참조할 규범들에 대해 많은 사람들은 평범하다고 생각할 수도 있을 것이다. 우리는 필요한 경우 이 비난을 하나의 칭찬으로 간주할 것이다. 물론 우리보다는 우아함을 탐구하는 많은 학자들이 관련 법칙들을 훨씬 더 잘 작성하고 추론하고 논리적으로 잘 연결할 것이다. 그러나 우리가 제시한 법칙들이 단순하긴 하지만, 우리는 반드시 패션의 새 신봉자들에게 훌륭한 취향은 법칙의 적용보다 인식에서 나온다는 것을 깨닫게 할 것이다. 인간은 이 학문을 모국어를 말하는 것처럼 수월하게 실천해야 할 것이다. 우아함의 세계에서 더듬거리는 것은 위험한 일이다. 당신은 아직 완전히 우아함을 체득하지 못한 사람들이 우아함을 추구한다는 사실에서 피로감을 느끼고, 말할 때마다 그들의 작은 사전을 꺼내는 가련한 영국인들처럼, 셔츠에 작은 주름이 진 것을 보고 거북해하고, 예의바른 행동을 익히기 위해 피땀을 흘리며 노력하는 것을 자주 보지 않았는가? 당신이 우아함 병에 걸린 멍청이라면 우리의 스물세 번째 아포리즘에서 다음과 같은, 당신을 영원히 비난하는 또 다른 원칙이 나왔음을 기억해야 한다.

⁋ 38 : 갈고 닦은 우아함이 진정한 우아함이라고 하는 것은 가발이 머리털이라는 것과 같다.

엄혹한 결과이지만 이 격언은 다음과 같은 파생 명제를 내포한다.

⁋ 39 : 댄디즘은 우아한 삶의 이단(異端)이다.

사실 댄디즘은 유행과 패션(mode)에 대한 가식(假飾)이다. 스스로를 댄디로 만들면서 인간은 규방의 가구가 되고, 말 위에, 소파 위에 포즈를 잡고, 자신의 지팡이 끝을 물어뜯거나 빠는 엄청나게 기발한 마네킹이 된다. 생각하는 존재? …… 그건 결코 아니다. 유행과 패션 속에서 유행과 패션만을 보는 인간은 어리석은 인간이다. 우아한 삶은 사고나 학문을 추방하지 않는다. 오히려 보통의 것과 차별을 두어 신성화한다. 우아한 삶은 단지 시간을 향유하는 법만을 배워서는 안 되며, 시간을 매우 고매한 사고의 차원에서 사용해야 한다.

우리의 『시론』의 제2부를 시작하면서 우리는 우리의 교리와 기독교의 교리 사이에 몇 가지 유사성이 있음을 발견했다. 그런 이유로 우리는 신학에서 스콜라학파 용어를 빌려와 제2부를 마무리하고자 한다. 그 용어들은 우리의 원칙을 다소 행복해하며 적용할 줄 아는 사람들이 획득했던 결과들을 설명하는 데 적합한 것이다.

새로운 사람이 등장했다. 그는 의복 및 장신구에 대한 취향이 훌륭하다. 그는 손님 접대를 매우 능숙하게 했다. 그가 함께하는 사람들은 거칠지 않고 세련되었다. 그는 아주 훌륭한 저녁을 대접했다. 그는 유행과 패션, 정치, 신조어, 일시적으로 통용되는 것들에 대해서도 잘 알고 있으며, 심지어 그것들을 자신이 만들어내기까지 했다. 끝으로 그가 가지고 있는 모든 것은 어김없이 안락하고 쾌적한 것이었다. 어떻게 보면 그는 우아함의 '감리교 신자'(méthodiste)라고 할 수 있다. 그는 시대(siècle)와 동일 선상에서 걷는다. 우아하지도 않고 불쾌하지도 않은 당신 같은 사람은 그에게서 어떤 무례한 말도 찾아내지 못할 것이다. 그리고 그에게서는 우아하지 않은 어떤 제스처도 새어 나오지 않는다. 이런 식의 묘사는 끝이 없을 것 같다. 이 사람은 '충분히 우아하다'.

우리 모두는 여기서 스스로를 불쾌하게 만들지 않으면서 그 자신에 대해 말하게 하는 비법을 소유하고 있는 사랑스러운 이기주의자의 모습을 알아차리지 못하는 것일까? 그의 모든 것은 우아하고 신선하고 세련되고 심지어는 시적이기까지 하다. 그는 사람들이 자기를 부러워하게 한다. 그의 쾌락과 사치에 당신을 전적으로 연관짓게 되면 당신의 재산이 축나지 않을까 걱정된다. 말을 하면서 그가 보이는 호의는 완벽에 가까운 예의바름이다. 그에게 우정은 그 풍요로움을 너무나 잘 알고 있는 하나의 주제이다. 그는 우정이라는 주제를 변주해서 각자의 기분에 맞게 들려준다.

그의 삶은 끝없는 개성들로 점철되어 있다. 그는 자신의 방식이나 태도들 때문에 그 개성들에 대해 용서를 받는다. 그는 예술가들과 함께 있을 때는 예술가로, 노인과 함께 있을 때는 노인으로, 아이들과 함께 있을 때는 아이로 사람들의 환심을 사는 것이 아니라 그들을 유혹한다. 그는 자신의 이익으로 우리를 자극하고 그 계산으로 우리를 즐겁게 한다. 그는 자신이 무료하기 때문에 우리를 보살피고 우리를 달콤한 말로 꼬인다. 그리고 만약 그가 우리를 가지고 놀았다는 사실을 알게 된다 하더라도 우리는 내일이면 우리를 속여 달라고 그에게 달려갈 것이다. 이 사람은 '본질적으로 우아하다'.

그는 아름다운 목소리를 가졌고 그가 말할 때는 그의 태도 속에 깃들어 있는 매력이 발휘된다. 그는 말할 줄 알고 침묵할 줄 안다. 그는 당신에게 세심하게 신경을 쓴다. 적절한 대화가 이루어질 수 있도록 주제를 잘 다룬다. 그가 구사하는 단어들은 잘 선택된 것들이고, 그의 언어는 순수하며, 농담을 해도 애무하는 것 같고 비판을 해도 어느 누구의 마음도 상하게 하지 않는다. 멍청한 자들이 하는 것처럼 무지한 확신으로 상대방을 반박하지 않고, 당신과 함께 상식(常識)과 진리를 모색한다. 그는 말다툼을 벌이지도 않지만 지루하게 설명을 늘어놓지도 않는다. 그는 토론을 이끌기를 즐기면서도 적당한 때로 멈출 줄도 안다. 그는 한결같은 기질을 가지고 있으며, 상냥하고 얼굴에는 웃음을 띠고 있다. 그의 친절은 강요된 것이 아니며 그의 배려는 비굴하지 않다. 그는 타인에게 보이는 존경을 감미로운 그늘에 불과한 것으로 만든다. 그는 당신을 결코 피곤하게 하지 않으며 그와 당신에 대해 만족하게 내버려 둔다. 알 수 없는 힘에 의해 그의 영역 속으로 끌려간 당신은 그의 정신이 대단히 고매하고 그를 둘러싸고 있는 사물들도 마찬가지임을 발견하게 된다. 모든 것이 당신의 눈을 즐겁게 하고, 당신은 그곳에서 고향의 공기를 마시는 것처럼 숨을 쉰다. 당신과 사적인 대화를 나눌 때 그는 순진한 어조로 당신의 마음을 사로잡는다. 그는 자연스럽다. 애써 노력하거나 사치를 부리거나 과시하지 않는다. 그의 감정은 진심이기 때문에 살아있다. 그는 솔직하다. 그렇다고 다른 사람의 자존심을 상하게 하는 일은 없다. 그는 하느님이 그러하셨던 것처럼 사람들을 받아들인다. 결함이 있는 자들과 어리석은 자들을 용서하고 모든 연령대를 이해하며 어떤 것에 대해서도 화를 내지 않는다. 왜냐하면 그는 모든 것을 예견할 수 있는 직감을 가지고 있기 때문이다. 그는 위로하기 전에 은혜를 베푼다. 그는 부드럽고 유쾌하다. 당신은 그를 사랑하지 않을 수 없을 것이다. 당신은 그를 하나의 표본으로 삼을 것이며 그를 숭배하게 될 것이다.

이 사람은 신적이며 상반적인[98] 우아함을 가지고 있다.

샤를 노디에는 이런 이상적인 존재를 자신의 글에서 마술과 같은 솜씨로 그려낸 우아한 인물 우데(Oudet)[99]를 통해 구현했다. 그러나

98) 인간의 자유의지에 의한 행위를 돕는 신의 상반적(相伴的) 은총에서 나온 표현이다.

작가의 설명을 읽는 것으로는 부족하다. 노디에가 직접 그의 특징을 이야기하는 것을 들어야 한다. 글로 표현되기에는 너무도 사적인 것이기 때문이다. 직접 들어보면 당신은 이런 선택받은 존재들의 마술 같은 힘을 이해하게 될 것이다.

사람의 마음을 끄는 이런 매혹적인 힘은 우아한 삶의 커다란 목표이다. 우리 모두는 그런 힘을 탈취하기 위해 노력해야 한다. 그러나 성공하기는 쉽지 않을 것이다. 왜냐하면 성공하기 위해서는 아름다운 영혼을 가져야 하기 때문이다. 그런 힘을 행사하는 사람들은 행복할 지어다. 자연과 사람들…… 모두 우리에게 미소 짓는 것을 보는 것은 아름다운 일이다.

지금까지 우리는 우아한 삶에 대한 것을 전체적으로 훑어보았다. 이제 세부적인 것들에 전념할 때가 되었다.

---

99) 나폴레옹 정부의 붕괴를 목적으로 결성된 비밀 조직에 대한 역사를 기술하면서 노디에가 소개한 자크 조제프 우데(Jacques-Joseph Oudet) 대령을 말한다. 우데는 노디에와 동향이며, 이 비밀 조직에 속해 있던 말레(Mallet) 장군의 제1 부관이었다.

제3부 사람에게서 발현한 사물들

이 모든 어리석은 짓들을 하지 않고도 재능 있는 사람이 될 수 있다고 생각하십니까? — "네 그렇습니다. 그렇지만 당신은 제법 사랑스러운, 잘 또는 잘못 자란 재능 있는 사람이 될 것입니다."라고 그녀가 말했다.

— 살롱에서 이야기를 나누는 무명씨(無名氏)

V. 모든 분야의 옷차림에 대해서

우리는 한 젊은 작가[100]가 철학적으로 사고하는 덕분에 유행과 패션의 가장 경박한 질문에 대해서 진지하게 생각해 보게 되었다. 그것을 격언으로 표현하면 다음과 같다.

⁋ 40 : 옷차림은 사회의 표현이다.

이 격언은 우리의 모든 교리를 요약하고 있으며, 달리 다른 표현을 찾아볼 수 없을 정도로 우리의 교리를 거의 다 내포하고 있다.

시대마다 민족들이 옷을 어떻게 입었는지를 탐구하길 원하는 학자나 우아한 삶을 영위하는 사람은 이처럼 의상을 통해 가장 생동감

100) 『라모드*La Mode*』의 정기 기고가였던 이폴리트 오제(Hippolyte Auger)를 말한다.

있고 민족적으로 진짜 같은 역사를 만들어낼 수 있을 것이다. 프랑크 족의 긴 머리, 삭발한 성직자의 머리[101], 중세 농노의 짧게 깎은 머리, 포포캉부(Popocambou)의 가발[102], 귀족들의 화장분, 1790년의 직물 등을 설명하는 것은 우리나라의 주요 혁명들을 말하는 것이 아닐까? 중세의 뾰족 구두[103], 동냥 주머니[104], 두건(chaperon)[105], 휘장이나 장식 리본, 살대(pannier)[106], 고래 뼈의 테(vertugadin)[107], 장갑, 가면, 벨벳이 어떻게 생겨났는지를 묻는 것은, 사치와 관련된 법의 엄청난 미로 속으로 뛰어드는 것이며, 야만적인 중세가 유럽에 도입한 거친 풍속에 대항해서 문명이 벌인 싸움터로 뛰어드는 것이다. 성직자들이 짧은 바지를 입지 못하게 하고, 곧이어 긴 바지도 걸치지 못하게 한 것, 보베 성당의 참사회원들이 쓰던 가발이 약 반세기 동안 파리 고등법원에 통용되었던 것은 표면적으로 하찮은 것으로 보인다. 그러나 이것들은 관련 집단의 생각이나 이익을 표현했다. 아랫부분이든, 상반신이든, 윗부분이든 의복의 한 부분에 일어난 변화를 통해 당신은 사회적으로 진보했는지, 시스템이 후퇴했는지, 격렬한 싸움이 일어났는지를 알 수 있을 것이다. 때때로 구두가 특권을 나타내기도 했고, 두건이나 헝겊 모자 또는 모자가 혁명을 가리

---

101) 성직자가 머리 한 가운데를 둥글게 깎은 모양

102) 샤를 노디에의 『보헤미아 왕과 일곱 개의 성 이야기*Histoire du roi de Bohème et de ses sept châteaux*』에 등장하는 톰북투의 왕 포포캉부 르슈벨뤼(Popocambou-le-Chevelu)가 쓰고 있던 가발을 말한다.

103) 중세 말의 끝이 뾰족하게 쳐들린 구두

104) 동냥 줄 돈을 넣고 허리에 차고 다니던 것

105) 어깨까지 덮이는 모자의 일종

106) 치마를 둥그렇게 퍼지게 하는 살대

107) 17-18세기 여성이 스커트를 불룩하게 하는 데 쓰던 것

키기도 했다. 자수(刺繡)나 현장(懸章)[108]이 그런 역할을 한 적도 있었다. 리본이나 짚으로 만든 장식이 정당이나 파벌을 나타내기 했다. 착용 여부에 따라 당신은 십자군, 신교도, 기즈 가문[109], 신성 동맹[110], 베아른 사람[111], 프롱드 당원[112]으로 분류되었다.

당신은 녹색 헝겊 모자를 쓰고 있나요? …… 그렇다면 당신은 명예 따위와는 상관없는 사람입니다.

당신은 겉옷에 휘장 대신에 노란색 수레바퀴를(수레바퀴 모양)을 달고 있나요? 그렇다면 기독교도에게 내기를 거십시오. 유태인이라면 야간 통행금지 시간에 당신의 거처로 돌아가시오. 그러지 않으면 벌금형에 처해질 것입니다. 만약 당신이 정열적인 눈처럼 반짝이는 금빛 고리, 굉장한 목걸이, 귀걸이를 가지고 있다면 조심하십시오. 도시를 지키는 군인이 당신을 발견한다면, 당신은 돈 있는 늙은이들의 등을 쳐 먹고 풍기를 문란하게 한다는 혐의로 체포될 것입니다.

당신이 희고 고운 손을 가지고 있다면?…… 당신은 "자크 보놈[113]

---

108) 오른쪽 어깨에서 왼쪽 겨드랑이에 걸쳐 두르는 띠.

109) 가톨릭 동맹의 과격파 가톨릭교도들을 이끌던 16세기 프랑스 최고의 권문세가

110) 가톨릭 동맹이라고도 함. 16세기말 프랑스 종교 전쟁 당시에 로마 가톨릭 신자들이 모여 만든 단체.

111) 프랑스 남서부의 산간 지방. 1589년 나바라 왕국의 엔리케 3세가 프랑스의 앙리 4세가 되면서 베아른은 프랑스 왕의 소유지가 되었다.

112) 프롱드 난은 1648~1653년에 걸쳐 일어난 프랑스의 내란이다. 섭정 모후(母后) 안 도트리슈와 재상 마자랭을 중심으로 한 궁정파에 대항해 파리고등법원과 관리들이 일으킨 반란이다. 흔히 귀족 최후의 저항이자 시민계급 최초의 혁명이라고 말한다.

113) 자크 보놈(Jacques Bonhomme)은 '촌뜨기'라는 뜻이다. 백년전쟁 당시 귀족들은 농민을 업신여겨 자크, 또는 자크 보놈이라고 불렀다. 농민 폭동으로 유명한 자크리(Jacquerie)라는 말은 농민의 대표적인 이름이었던 자크를 집합명사화한 호칭이다.

만세! 귀족들에게 죽음을!"이란 외침 아래 참수형을 당할 것입니다.

당신이 성안드레아[114] 십자가를 가지고 있다면? 걱정하지 말고 파리로 들어가십시오. 부르고뉴 공작 장(Jean)[115]이 그곳을 지배하고 있습니다.

삼색휘장(cocarde tricolore)[116]을 달고 있다면? 얼른 도망가십시오. 마르세유 의용군들이 당신을 죽이려고 할 것입니다. 워털루의 대포[117]들이 혁명의 전사자들과 부르봉 왕가의 늙은이들을 모욕했기 때문입니다.

---

114) 안드레아(Saint-André)는 사도, 특히 예수 그리스도의 열두 제자들 가운데 한 사람이며 베드로의 동생이다. 그리스 어에서 유래한 이름으로, '사내다움' 또는 '용기'를 뜻한다. 형과 달리 성실하고 온건하며 신중한 성격의 인물로, 러시아에 최초로 복음을 전파했다고 한다. 로마 제국의 속주인 마케도니아의 이남 지역에서 체포되어 X자 형태의 십자가에 못 박혀 순교하였다. 안드레아가 자신이 매달릴 십자가로 X자형 십자가를 선택한 이유는 그리스 어로 X는 그리스도라는 단어의 첫 글자이기 때문이다. 형장에 끌려갔을 당시 안드레아는 십자가 앞에 무릎을 꿇고 양손을 높이 쳐들면서 "오, 영광의 십자가여! 너를 통하여 우리를 구속하신 주님께서는 지금 나를 부르시는가! 속히 나를 이 세상에서 끌어올려 주님의 곁으로 가게 해 다오"라고 하며 기쁨에 넘치는 기도를 바쳤다고 한다. 그래서 그를 묘사한 그림이나 조각상에는 십자가를 든 모습이 많다.

115) 발루아 가문 출신의 제2대 부르고뉴 공작(1404~19). 별칭은 Jean sans peur (대담한 장, John the Fearless). 15세기 초 프랑스 사태에서 중요한 역할을 했다.

116) 프랑스 혁명 초기에 삼색은 휘장의 형태로 먼저 사용되었다. 1789년 7월 바스티유 함락 직전 파리에서는 동요의 기운이 감돌고 있었다. 당시 구성된 민병대는 파리의 옛 색깔인 적색과 청색으로 이루어진 이색휘장 형태의 독특한 표식을 착용했다. 7월 17일 파리에 입성한 루이 16세는 새로운 민병대를 인정하였다. 그는 청색과 적색의 휘장을 높이 들었고 민병대장이었던 라파예트가 왕을 상징하는 백색을 추가한 것으로 보인다. 1794년 2월 15일 법은 삼색기를 국기로 정하였다.

117) 프랑스의 영웅 나폴레옹은 워털루 전투에서 대포를 중요한 위치에 배치해 놓은 후 승리를 장담했다고 한다. 그런데 작전 개시 바로 전날 밤에 소나기가 쏟아져서 대포 바퀴가 진흙 구덩이에서 빠져 움직일 수 없게 되었다. 결국 나폴레옹은 그 전투에서 패배하고 말았다.

만약 옷차림이 실제로 인간 전체일 수 있겠습니까? 즉 자신의 정치적 견해를 지닌 인간, 자신의 실존에 대한 텍스트를 지닌 인간, 규정할 수 없는 인간이 아니라 옷차림이 스타일 가운데 가장 의미심장한 스타일일 수 있겠습니까? 오늘날에도 여전히 '외관 생리학'[118]은 갈과 라바터에 의해 예술의 한 분야로 발전한 것입니다. 비록 현재 우리 모두가 거의 같은 방법으로 옷을 입고 있지만 조금만 더 자세히 관찰해 보면 군중 속에서, 집회 한가운데에서, 극장에서, 산책길에서, 마레 지구나 생 제르맹 데 프레, 라틴 구역이나 쇼세 당탱의 남자들, 무산자와 지주, 소비자와 생산자, 변호사, 군인, 말하는 자와 행동하는 자들을 쉽게 찾아낼 수 있다. 우리 군대의 지사들(知事, intendants)이 소속 연대 병사들의 유니폼을 식별하는 것보다 더 빠르게 생리학자들은 한 인간에게 제기된 특징들이 사치와 노동 또는 비참함 때문인지 아닌지를 구분한다.

옷걸이를 원하는 곳에 세워놓고 옷들을 걸어놓으시오. 잘하셨습니다. 당신이 아무것도 볼 줄 모르는 바보처럼 걷는 것이 아니라면, 당신은 그의 낡은 소매와, 담배를 피우거나 휴식을 취하기 위해 자주 기댄 의자 때문에 등에 생긴 수평 줄무늬를 통해 그가 관리임을 알아맞힐 수 있을 것이다. 당신은 수첩 때문에 불룩해진 주머니를 통해 그가 사업가라며 감탄하게 될 것이다. 자주 손을 넣고 다녀 다해진 바지 주머니를 통해 그가 산책을 했음을 짐작할 수 있을 것이다. 마치 집어넣을 상자가 늘 부족하다고 불평하는 것처럼 항상 커

---

118) 발자크가 '외관생리학(vestignomie)'이라 명명한 이것은 독일의 의사로서 골상학의 창시자인 갈(Franz Joseph Gall, 1758~1828)과 스위스의 작가이자 철학자로 얼굴 모습을 통해 성격을 알아내는 방법에 관한 책인 『인상학』의 저자인 라바터(Johan Kaspar Lavater, 1741-1801)가 학문으로 정립한 것이다.

다랗게 열려 있는 주머니를 통해 그가 가게 주인임을 알 수 있을 것이다. 그리고 다소 낡았지만 분칠을 하고 공들여 치장해서 다소 깨끗해진 깃, 색이 약간 바랜 단춧구멍, 축 늘어진 연미복의 꼬리, 새 아마포의 질김 등은 어떤 직업이나 풍습 또는 습관을 정확하게 진단할 수 있게 한다. 여기에 댄디(dandy)의 새로운 옷, 봉급 이외의 수입으로 생활하는 사람들이 입고 있는 엘뵈프(Elbeuf)[119]산 나사(羅紗)로 만든 옷, 무허가 중개인의 짧은 르뎅고트(redingote)[120], 금단추가 달린 시대에 뒤떨어진 리옹 사람의 연미복 또는 구두쇠의 때 묻은 스펜서(spencer)[121]가 있다.

옷차림을 우아한 삶의 극치라고 생각한 브러멀의 주장은 옳았다. 왜냐하면 옷차림은 여론을 파악하고 결정하고 지배하기 때문이다. 바로 그것이 불행이라고 할 수 있을 것이다. 그러나 어차피 세상은 그렇게 흘러간다. 바보들이 많은 곳에서 바보짓은 영속한다. 그렇다면 다음과 같은 경구에 담긴 생각을 인지해야 한다.

⁋ 41 : 옷차림에 무관심한 것은 도덕적 자살이다.

만약 옷차림이 한 남자 전체를 나타낸다면 여자의 경우에는 훨씬 더 중요하다. 화장에 생긴 약간의 오류는 비록 이름은 알려지지 않았더라도 귀부인을 사회의 가장 낮은 계층의 여자로 전락시킬 수 있다.

---

119) 프랑스 북서부 오트노르망디 지방 센마리팀 주에 있는 도시. 루앙에서 남쪽으로 19㎞ 떨어진 곳, 센 강의 좌안에 있다. 프랑스의 모직물 및 직물 제조업 중심지 가운데 하나이다.

120) 승마용 코트에서 유래한 상반신이 꼭 맞고 앞단이 둥글게 재단된 것이 특징이다.

121) 19세기 초에 유행한 짧은 외투

의상의 과학이 형성하고 있는 진지한 질문 전체에 대해 성찰하면서 우리는 몇몇 원칙들이 어떻게 보면 모든 나라의 남자뿐만 아니라 여자들의 옷차림을 지배하고 있다는 사실에 놀랐다. 그리고 우리는 의복의 법칙을 수립하기 위해서는 우리가 옷을 입는 순서를 따를 필요가 있다고 생각했다. 그리고 몇몇 행동들이 전체의 주조를 이루고 있다는 것도 알게 되었다. 왜냐하면 한 인간이 말하고 행동하기 전에 옷을 입는 것처럼 그는 옷을 입기 전에 몸을 씻기 때문이다. 이 장(章, chapitre)의 구분은 따라서 분명한 관찰의 결과이며, 그것은 다음과 같은 의복 재료의 배열에 따라 결정된 것이다.

1. 옷차림의 보편적 원칙
2. 옷차림과 관련된 청결함에 대하여
3. 남자의 옷차림
4. 여자의 옷차림
5. 옷의 변화와 장(章, chapitre)의 요약

1. 옷차림의 보편적 원칙

인부들처럼 매일 무관심하게 더럽고 냄새나는 옷을 똑같이 걸치는 사람들이 아무것도 보지 못하고 체험하지 못하고 요리의 가치와 여성의 힘도 알지 못하고 아름다운 말이나 어리석은 말조차 해보지 못하고 세상을 살아가는 멍청이들만큼이나 많다. 그러나 어쩌랴! 그들을 용서해라. 왜냐하면 그들은 자신들이 하는 짓이 어떤 짓인지조차 모르고 있기 때문이다.

만약 그들이 우아한 삶을 살도록 하는 것이 문제라면 그들은 언젠가 우리의 모든 지식이 들어 있는 다음과 같은 경구들을 이해할 것이다.

⁋ 42 : 야만적인 사람은 옷으로 덮고, 부자와 멍청한 사람은 옷으로 치장하고 우아한 사람은 옷을 입는다.

⁋ 43 : 옷차림은 과학인 동시에 예술이며, 습관인 동시에 감각이다.

사실 옷차림 속에 진지한 과학이 있음을 인식하지 못하는 사십 세 여자가 어디 있겠는가? 만약 당신이 옷을 걸치는 데 익숙하지 않다면 당신은 옷에는 우아함이 존재한다고 고백하지는 못할 것이다. 궁정 드레스로 회색 작업복을 입는 것만큼 우스꽝스러운 일이 있을까? 옷차림에 대한 감각으로 말하자면…… 사교계의 사람들 가운데 금이나 옷감, 비단 그리고 가장 사치스럽고 일본의 신불(神佛) 같은 분위기를 낼 수 있는 그런 물건들을 아낌없이 쓸 수 있는 사람들이 얼마나 될까? 그런 사실에서 다음과 같은 매우 진실한, 퇴역한 멋쟁이나 유혹의 고수들도 항상 연구해야 할 경구가 나왔다.

⁋ 44 : 옷차림은 무엇을 걸치느냐가 아니라 어떻게 걸치느냐에 달려 있다.

마찬가지로 우리가 파악해야 할 것은 누더기 옷 그 자체가 아니라 누더기 옷의 정신이 아닌가. 지방뿐만 아니라 파리에 사는 많은 사람들조차 새로운 유행이라는 이름으로 에스파니아 공작 부인이 저지른 다음과 같은 실수를 범할 수 있을 것이다. 그녀는 어떤 용도인지는 모르지만 아주 귀한 변기 하나를 받았다. 오랜 고민 끝에 그녀는 그 형태를 보고 식탁 위에 놓일 것이라고 막연하게 예상했다. 그리고 송로(松露)를 넣은 스튜를 담아 손님들에게 내 놓았다. 그녀는 필수품의 위생 개념과 도금한 도자기를 연결시키지 못한 것이다.

오늘날 우리는 옷을 너무 많이 변화시켜 버려 솔직히 옷이라고 할 만한 것이 없을 지경이다. 위대한 귀족이건 서민이건, 유럽의 모든 가정은 중세와 절대군주 시대처럼 옷 위에 보석 장식을 하는 것보다 얇은 고급 직물을 걸치고 말을 소유하는 것이 훨씬 낫다는 사실을 본능적으로 알아차렸기 때문에 나사를 받아들였다. 옷차림으로 한정해서 말한다면 우아함은 옷차림의 세세한 부분에 이르기까지 극도로 신경을 쓴다. 사치의 단순성보다 단순성의 사치라고 할 수 있다. 물론 다른 종류의 우아함도 있다. 그러나 그것은 옷차림에서의 허영심일 뿐이다. 우아함으로 인해 몇몇 여인들은 눈에 띄기 위해서 이상한 옷감을 걸치게 되었고, 매듭을 묶기 위해 다이아몬드 브로치를 이용하게 되었으며, 리본 매듭에 반짝이는 고리를 달게 되었다. 또한 유행을 따르지 않으면 고통을 받는 사람들은 엄청난 연금을 받은 자들인데, 그들은 망사르드식 지붕을 가진 집에 살면서 최신식 스타일을 뽐내고 싶어 했다. 그들은 아침에는 셔츠에 보석 장식을 하고 바지에 금단추를 달고 줄로 사치스러운 안경을 잡아매고서 저녁에는 타바르(Tabar)[122]에 식사를 하러 간다. 얼마나 많은 파리의 탄탈로스[123]들이 다음과 같은 경구를, 아마도 의도적으로, 무시하는지 모를 일이다.

⁋ 45 : 옷차림은 절대 사치가 되어서는 안 된다.

많은 사람들, 심지어 우리가 탁월한 지성을 인정하고 교육이나 마

122) 1829년에 『상업 연감*Almanach du commerce*』에 등재된 파리의 유명한 레스토랑.

123) 그리스 신화에 나오는 왕. 제우스의 아들이자 펠롭스의 아버지이다. 거부(巨富)였으나 너무 오만하여 지옥으로 떨어져 영원히 목마름과 배고픔의 고통을 받게 되었다고 한다. 영어로 '애타게 하면서 괴롭히다'라는 뜻의 tantalize는 여기서 유래된 말이다.

음에 있어서도 우월하다고 생각하는 사람조차도 발을 치장하는 것과 마차를 치장하는 것의 차이를 잘 알지 못한다.

우아함을 관찰하고자 하는 사람들에게, 우아함에 정통한 사람들에게, 파리의 거리에서 탁월하게 우아한 여인들을 만나는 일은 이루 말할 수 없는 기쁨이다. 그녀들은 옷차림의 감각에서 그녀들의 이름과 지위, 재산을 드러내면서도, 저속한 사람들의 눈에는 아무것도 아닌 것처럼 보이고, 예술가나 산책을 즐기는 사람들에게는 전적으로 한편의 시(詩)처럼 보인다. 그것은 옷 색깔과 디자인 사이의 완벽한 조화이고, 솜씨 좋은 하녀의 능숙한 손놀림을 보여주는 장식의 마무리이다. 여인의 이런 고상한 힘들은 보행자의 겸허한 역할에 절묘하게 순응한다. 왜냐하면 그것은 의복이나 장신구에 허용된 대담함을 무수히 경험한 데서 나오는 것이기 때문이다. 호화롭고 사치스러운 사륜마차에 익숙한 사람들만이 걸어서 가기 위해서는 어떻게 입어야 하는지를 알고 있다.

다음과 같은 경구들은 바로 이런 파리의 매혹적인 여신들 덕분에 나온 것이다.

⁋ 46 : 의복이나 장신구는 여인이 도전하고 싶어 하는 것 전체에서 하나의 여권과 같다.

⁋ 47 : 걸어 다니는 자는 편견에 대해 끊임없이 도전해야 한다.

그 결과 다음 경구는 무엇보다 평범한 보행자들의 옷차림의 원리를 지배해야 한다.

⁋ 48 : 강렬한 인상만을 추구하려드는 모든 것은 모든 소란스러운 것처럼 나쁜 취향에 속한다.

게다가 브러멀은 여기에 대해서 가장 경탄할 만한 격언을 남겼다. 영국도 그의 말에 찬사를 보냈다.

⁋ 49 : 만약 지나가는 사람이 당신을 주의 깊게 본다면 당신은 옷을 잘 차려입은 것이 아니다. 너무 잘 차려입었거나, 너무 부자연스럽거나 지나치게 멋을 부린 것이다.

이 불후의 금언에 따르면, 걸어 다니는 자는 사람들의 눈에 띄지 않아야 한다. 평범하면서도 동시에 고상하게 보이고, 아는 사람들에게는 인정을 받고, 군중들에게는 진가를 인정받지 못하게 되면 성공이다. 뮈라(Murat)는 자신을 프랑코니 왕(Roi-Franconi)[124)]이라고 불렀는데, 이 점에 대해서는 세상이 거들먹거리는 별 것 아닌 자를 추종한다고 혹독하게 비판해야 한다. 그는 바보보다 더 못한 사람이다. 지나치게 치장하는 것은 치장을 제대로 하지 않는 것보다 더 큰 죄악이다. 다음의 경구는 아마도 잰 체하는 여인네들을 떨게 할 것이다.

⁋ 50 : 유행을 앞지르는 것은 추하고 우스꽝스러워지는 것이다.

이제 남은 것은 숙고하거나 관찰하기를 게을리한 사람들 사이에 잘못된 경험이 퍼뜨린 오류 가운데 가장 심각한 오류를 깨는 것이다. 우리는 설명 없이 단호하게 최종 결정을 내릴 것이다. 여자들에게는 음미할 수 있도록, 살롱의 철학자들에게는 논의할 수 있도록 배려할 것이다.

---

124) 19세기 프랑스의 곡마사 앙투안 프랑코니(Antoine Franconi, 1738~1836)를 말한다. 그는 서커스를 연상시키는 번쩍거리고 화려한 옷으로도 유명했다. 나폴레옹이 가장 아끼던 원수(元帥)들 가운데 한 사람이었던 뮈라(Gioacchino Murat, 1767~1815)는 자신을 프랑코니에 비유했다.

⁋ 51 : 옷은 유약과 같다. 그것은 모든 것을 두드러지게 한다. 옷차림은 신체의 결함을 가리기 위해서보다는 신체의 장점을 강조하기 위해서 발명되었다.

그리하여 자연스럽게 다음과 같은 파생 명제가 나왔다.

⁋ 52 : 옷차림이 감추려고 하는 모든 것, 자연이나 유행이 명령하거나 원하는 것보다 더 부풀리려고 하는 모든 것은 늘 잘못된 것으로 추정된다.

마찬가지로 거짓이나 착각을 목표로 하는 모든 유행은 본질적으로 일시적이며 나쁜 취향이다.

정확한 판례에서 유래하고, 관찰에 의거하며, 남자 또는 여자의 자존심의 가장 엄격한 계산에 기인한 이 원칙들에 따르면, 제대로 형성되지 못해 몸이 굽었거나 꼽추이거나 절름발이인 여자는 예의상 자신의 결점을 감추려고 노력해야 한다. 그러나 그녀가 가장 가벼운 착각이라도 불러일으킬 수 있다고 생각한다면 그녀는 여자 이하의 존재가 될 것이다. 드 라발리에(de Lavallière) 양(孃)은 우아하게 다리를 절었다. 그보다 더 많은 절름발이 여인들이 매력적인 정신과 놀랍도록 풍요롭고 열정적인 마음으로 자신의 결점을 숨길 줄 알았다. 여자들이 자신들의 결점이 이점이 될 수 있다는 사실을 언제 이해할 수 있을까! 완벽한 남자 또는 완벽한 여자란 가장 무가치한 존재들이다.

우리는 모든 나라에 적용될 수 있는 이 예비적 성찰들을 다음과 같은, 설명이 불필요한 경구로 마무리하고자 한다.

⁋ 53 : 신체가 찢어진 것은 불행이지만 도덕적 흠은 죄악이다.

조지 브러멀과 댄디즘에 대하여

Du dandysme et de George Brummell

쥘 바르베 도르비이

Jules Barbey d'Aurevilly

"열정적인 사람들에게 사랑받는 것보다 냉정한 사람들의 환심을 사는 일이 더 어렵다."

(「왕녀론」)

I

모든 감정은 저마다의 쓰임새를 가지고 있다. 그런데 그중에서 모든 사람이 한결같이 마뜩해하지 않는 감정이 하나 있으니, 그것은 허영심(la vanité)이다. 모럴리스트들은 너나없이 자신들의 책에서 그것에 비난을 퍼부었다. 허영심이 우리 영혼 속에 얼마나 너른 자리를 차지하고 있는지를 아주 잘 입증해낸 모럴리스트들조차도 말이다. 하루에도 수십 번씩 자신들의 삶과 그 방식을 들여다보아야 하므로, 나름대로의 방식으로 모럴리스트라고 할 수 있는 사교계 사람들 또한, 모든 감정들 중에서 최하의 감정이라는, 허영심이라는 이 감정에 내려진 그 책들의 선고를 답습했다.

우리는 사람을 억압하듯 사물을 억압할 수 있다. 허영심이 우리 정신의 감정 서열에서 맨 아래에 있는 감정이라는 것은 과연 진실에 부합하는 것일까? 그리고 허영심이 최하의 감정이라면, 그것은 자신에게 합당한 자리에 있는 것일 텐데, 우리는 왜 그렇게 그것을 경멸하는 것일까?...

그런데 과연 허영심이 최하의 감정이기는 한 것인가? 감정의 가치는 그것이 사회적으로 얼마만큼 중요한가에 따라 정해진다. 도대체 감정의 질서 속에서, 크게는 명예욕, 작게는 허영심이라고 불리는, 타인의 찬동을 구하려는 이 불안한 추구, 관객의 환호를 받으려는 이 해소되지 않는 갈증보다 사회생활을 하는 데 있어서 더 유용한 감정이 무엇이란 말인가? 사랑? 우정? 그도 아니면 자존심? 헤아릴 수 없이 많은 미묘한 의미들과 그 부산물들로 이루어진 사랑, 우정, 그리고 자존심은 한 사람의 타인에 대한, 또는 몇 사람의 타인에 대한, 또는 자기 자신에 대한 편애에서 출발하며, 이 편애는 배타적이다. 하지만 허영심은 모든 사람을 겨냥한다. 허영심이 이따금 몇 사람만의 찬동을 택하기도 하는 것은, 그 자체가 늘 타인의 찬동을 추구하는 허영심의 기질인 동시에, 특정한 한 사람만을 겨냥한 찬동이 거부되었을 때 그것을 감내하게 해주는 명예가 되기 때문이다. 허영심은 그렇게 접혀버린 장미꽃잎 위에서는 두 번 다시 잠을 청하지 않는다. 사랑은 사랑하는 사람에게 말한다, 그대는 나의 온 우주라고. 우정 또한 말한다, 그대는 내게 만족을 준다고. 더 빈번하게는, 그대는 내게 위안을 준다고. 하지만 자존심의 경우는 말이 없다. 어느 눈부신 지성은 이렇게 말했다. "자존심은 맹목적이면서 아무 일도 하지 않는 고독한 제왕이다. 그의 왕관은 그의 눈 속에서 번쩍거린다."허영심은 사랑의 우주보다 더 넓은 우주를 거느리며, 우정에는 충분한 것도 그에게는 충분하지 않다. 자존심이 왕이라면, 그와 마찬가지로, 허영심은 여왕이다. 하지만 이 여왕은 통찰력이 뛰어나고 항상 분주하며 늘 많은 사람들에 둘러싸여 있다. 그녀의 왕관은 그것이 그녀를 더욱 돋보이게 하는 곳, 바로 그곳에 존재한다.

위대한 허영심의 소유자 조지 브러멀(George Brummell)에 대해, 그리고 우리가 너무 과소평가하고 있는 이 허영심의 열매인 댄디즘에 대해 말하기에 앞서, 우선 이러한 점들을 분명하게 해둘 필요가 있다.

II

허영심이 충족되고 또 그것이 겉으로 드러날 때, 허영심은 자만심(la fatuité)이 된다. 자만심이라는 말은, 겸양을 가장한 위선자들이, 말하자면 모든 사람이, 진실한 감정들을 두려워하여 만들어낸 다소 엉뚱한 말이다. 그러므로 아마 대부분의 사람들이 그렇게 생각하듯, 자만심이, 오로지 여성들과의 관계에서 나타나는 허영심에만 국한된다고 여기는 것은 잘못일 것이다. 물론 그렇지 않으며, 온갖 유형의 거들먹거리는 사람들이 있다. 가문이나 재물을 내세우거나 야심이나 학식을 앞세워서 말이다. 튀피에르(Tufiere)는 그러한 인물들 중의 한 명이며, 튀르카레(Turcaret)[1) 또한 그러하다. 하지만 프랑스에서는 여성들의 영향력이 크기 때문인지, 스스로를 거부할 수 없는 매력의 소유자라고 여기며 여성들의 환심을 사는 데 능한 남자들의 허영심에 특히 이 자만심이라는 말을 부여했다. 하지만, 여성이 존중받는 모든 민족에게서 공통적으로 나타나는 이 자만심은, 댄디즘(dandysme)이라는 말로 얼마 전부터 파리에 뿌리를 내리려는 노력을 기울여온 또다른 종류의 자만심과는 전혀 다른 것이다. 자만심이 인간의 보편적인 허영심의 형태라면, 댄디즘은 특별한, 그것도 아주 특별한 허영심, 즉 영국적 허영심의 형태인 것이다. 인간적이고 보편적인 모든 것은 볼테르의 언어[2)]속에 그 이름을 가지고 있으므로, 거기에 없는 것이라면, 우리는 부득이 그것을 거기에 등재시켜야만 한다. 댄디즘이라는 말은 프랑스어가 아니기 때문이다.

---

1) 극작가 알랭 르네 르사주(Alain René Lesage)의 연극 「튀르카레」의 주인공.

2) 프랑스어를 말한다.

댄디즘이라는 말은, 그것이 표현하는 것만큼이나, 우리에게는 낯선 것으로 남게 될 것이다. 우리는 모든 색깔을 다 보여줄 수 있지만, 아무리 변화무쌍한 카멜레온도 흰색을 보여줄 수는 없는 일이다. 그런데 어떤 민족에게 흰색은 그들의 독창성의 힘 그 자체인 것이다. 우리가 우리 고유의 재능이랄 수 있는 타문화를 흡수하는 힘을 훨씬 더 많이 갖게 된다 해도, 신이 우리에게 주신 이 재능이, 한 민족의 본질, 개성 그 자체를 구성하는, 즉 자기 자신이 되는 힘이라고 할 수 있는 이 또다른 힘, 이 또다른 재능을 지배하지는 못할 것이다. 그렇다! 우리가 댄디즘이라고 부르는 것을 만들어내는 것은—접시 닦는 보조요리사의 가슴 저 깊은 곳에까지 닻을 내리고 있는 허영심, 파스칼(Pascal)이 눈먼 무례함에 불과한 경멸을 퍼부었던—이 인간적 허영심 위에 새겨진 영국적 독창성의 힘이다. 이 허영심을 영국인들과 공유할 수 있는 방법은 없다. 그것은 마치 그들의 타고난 특성인 양 심오하다. 원숭이처럼 흉내를 낸다고 해서 닮아지는 게 아니다. 마치 어떤 연미복의 형태를 본뜨듯 분위기나 포즈를 취할 수는 있겠다. 하지만 연극놀이는 피곤한 것이고, 가면은 댄디즘의 피에스크[3]라 할 강단있는 사람들에게조차 쓰기 두려운 끔찍한 것이었으니, 설령 그 가면이 필요하다 해도, 우리의 사분사분한 젊은이들에게 그것이 어떠할지는 말할 필요도 없을 것이다. 그들이 들이쉬고 내쉬는 권태는 그들에게 댄디즘의 그릇된 반영만을 줄 뿐이다. 그들이 아무리 위악적인 포즈를 취한다 해도, 원한다면, 팔꿈치까지 오는 하얀 장갑을 낄 수도 있겠지만, 리슐리외[4]의 나라는 결코 브러멀 같은 인물을 배출해내지 못할 것이다.

---

3) Fiesque. 쉴러(Schiller)의 비극 속에 등장하는 인물.

4) Armand-Jean du Plessis Richelieu(1585~1642). 프랑스왕 루이 13세 때의 추기경 · 총리. 프랑스 절대주의의 기초를 쌓았다.

III

유명한 이 두 멋쟁이는 보편적인 인간의 허영심이라는 견지에서 보았을 때는 서로 닮은 것처럼 보일 수 있을 것이다. 그러나 그들은 인종의 생리학적인 면에서, 사회의 특질이라는 면에서 전혀 다르다. 리슐리외는 천둥처럼 감정을 분출해 낼 때면 가장 극단적인 데까지 가는 신경-다혈질의 프랑스 인종이다. 브러멀은 어머니인 바다처럼 창백하고, 점액질에 차가운 피를 알코올의 불꽃으로 덥히기 좋아하는, 북쪽 민족으로부터 내려왔다. 서로 기질이 다름에도 불구하고 둘 다 엄청난 허영심을 지니고 있으며 둘 다 그것을 자신들의 행동의 추진력으로 삼았다. 이러한 점에서는 둘 다, 허영심을 분류해 보고 용서하려 들기보다 단죄하려 들었던 도덕주의자들의 비난에 도전한 셈이다. 기독교와는 거리가 먼 이들의 마음속에도 여전히 굳건히 자리 잡고 있는, 속세란 경멸해야 할 곳이라는 기독교 사상 아래에서 천팔백 년 동안이나 짓눌려 온 허영심이라는 감정에 대해 생각해 본다면, 놀랄 만한 이유가 있을까? 게다가, 모든 영특한 사람들이 자신들의 재치를 속죄하려 하는 발걸음에는 지적인 선입견이 좀 있다는 건 사실이 아니던가? 미소 지을 줄 모르기 때문에 스스로가 진지한 사람이라고 생각하는 사악한 이들이 브러멀에 대해 수군거릴 기회를 놓치지 않았다는 사실이 이로서 설명된다. 샹포르(Chamfort)가 정치적인 이유 이상의 앙심을 품고 리슐리외를 미워했던 일이 이로서 설명된다. 리슐리외는 독이 묻은 크리스털 단검으로 찌르듯이, 자신의 재기 넘치고 독설을 품은 위트로 그를 공격했었던 것이다. 그래서 샹포르는, 자신은 무신론자였으면서, 기독교의 멍에를 짊어졌던 것이다. 자신도 허영심이 많았으나, 그는 남들을 즐겁게 해 주려는 욕망을 용서할 수가 없었던 것이다. 바로 그 일로 자신이 고통을 받았으니 말이다.

리슐리외가, 브러멀처럼, 브러멀보다도 더욱, 대중의 의견이 창조해낼 수 있는 모든 종류의 즐거움과 영광을 누렸기 때문이었다. 둘 다 자신의 허영심의 본능을 따름으로써 성공을 거두었다. (허영심이라는 이 말을 너무 두려워하지 말고 입 밖에 내는 법을 배우자.) 타인들이 야심이나 사랑, 그리고 비슷한 다른 본능들을 따름으로써 성공했던 것과 마찬가지였다. 하지만 비슷한 점은 여기까지이다. 그 둘은 기질이 서로 다를 뿐만 아니라, 그들이 일부를 구성하고 있던 사회, 그들 자신의 모습에서도 드러나며 동시에 그들을 대조시키는 사회의 모습도 달랐다. 리슐리외의 경우 사회는 즐거움을 위한 채워지지 않는 갈증 안에서 모든 규제를 끊어 버렸으며, 반면 브러멀이 살던 사회는 초조하게 그 규제를 갉아대고 있을 뿐이었다. 리슐리외의 사회는 방종하였으며, 브러멀의 사회는 위선적이었다. 리슐리외의 '어리석음'과 브러멀의 '댄디즘'이 지닌 차이가 가장 두드러지는 것은 이처럼 서로 다른 경향 안에서였다.

Ⅳ

브러멀은 진정 댄디에 불과할 따름이었다. 이와는 반대로, 리슐리외는 이름만 들어도 알 수 있는 그런 멋쟁이가 되기 전에는, 그 운명이 다해 가던 귀족 사회에서 대단히 고귀한 인물이었다. 그는 또한 군부 국가의 사령관이기도 하였다. 반항적인 의식이 두뇌와 더불어 제국을 통치하였으며 사회도덕이 즐거움을 가로막지 않던 시절 그는 매력적인 사람이었다. 우리가 알고 있는 리슐리외의 모습을 벗어나는 또 다른 리슐리외를 우리는 상상해 볼 수 있다. 그는 인생에서 지닐 수 있는 모든 권력을 자신의 손 안에 지니고 있었다. 그러나 댄디라는 점을 제외하면 브러멀에게는 무엇이 남는가? 그는 당대의, 그리고 전 역사를 통틀어, 최고의 댄디였으며 그 이상도 그 이하도 아니었다. 그는 정확하게, 순수하게, 그리고 감히 말하자면 거의 순진할 정도까지 댄디였던 것이다. 고상한 말로 사회라고 불리는 그 당시의 난장판에서, 운명은 거의 언제나 재능보다 위대했으며 이따금 재능이 자신의 운명을 앞서는 사람도 있었다. 그러나 예외적으로 브러멀에게 있어서만은 그가 타고난 바와 운명, 재능과 행운이 조화를 이루었다. 좀 더 총명했거나 더 열정적이었다면, 그는 셰리던[5]이 될 수 있었을 것이다. 좀 더 위대한 시인이었더라면 (그는 시인이었으므로) 바이런이 될 수 있었을 것이다. 좀 더 훌륭한 가문에 태어났더라면 그는 로드 야무스처럼, 역시 바이런처럼 될 수 있었을 것이다. 야무스(Yarmouth), 바이런(Byron), 셰리던, 그리고 모든 영광스러운 분야에서 이름을 날렸던 그 당시의 다른 많은 이들은 댄디였으나, 그 이상의 존재이기도 했다. 그러나 브러멀은 그런 이들이 가지고 있던 특별한 점, 어떤 이에게는 열정이나 재능이었으며 다른 이들에게는 고귀한 태생, 혹은 엄청난 부였던 어떤 것을 갖지 못하였다. 그는 이러한 빈곤으로 덕을 본 셈이었다. 자신을 남들과 구분시켜 줄 단 하나의 힘으로만 물러나, 그는 하나의 사상의 반열까지 올라섰던 것이다. 그는 댄디즘 그 자체였다.

5) 셰리던(Sheridan, Richard Brinsley, 1751~1816), 아일랜드 태생의 극작가 · 정치가

V

댄디즘은 정의내리기 어려운 만큼이나 설명하기도 어려운 것이다. 사물을 좁은 관점에서밖에 보지 못하는 이들은 댄디즘이 옷 입는 방식만을 특별히 가리킨다고, 의복과 외부적인 우아함이 지배하는 대담하고도 행복한 독재라고 상상할 것이다. 물론 그렇기는 하지만, 그 외에도 더 많은 것들이 있다.[6] 댄디즘은 살아가는 방식에 관한 총체

---

6) (원주) 이 점에 대해서는 모든 이가 혼동하고 있다, 심지어 영국인들마저도! 『의상 철학』의 저자인 토머스 칼라일은 최근에 『의복의 철학』 이라는 책에서 댄디즘과 댄디들에 관해 말해야만 할 필요가 있다고 생각했다. 그러나 칼라일은 술 취한 호가스 (영국의 풍속 화가 - 역주)같은 솜씨로, 유행하는 옷의 모습을 그려 놓고는, "이것이 댄디즘이다!" 라고 했다. 그것은 캐리커처라고도 할 수가 없다. 캐리커처는 모든 것을 과장하며 무엇도 감추지 않기 때문이다. 캐리커처는 현실에 대한 격분한 과장이며, 댄디즘은 사회적이고 인간적인 동시에 지성적인 것이다. 댄디즘은 저 혼자 걸어 다니는 한 벌의 옷이 아니다! 그 반대로, 댄디즘을 이루는 것은 그러한 옷들을 입는 특별한 방식이다. 후줄그레한 옷을 입어도 댄디가 될 수 있다. 스펜서 경은 정말로 한쪽 옷자락만 남은 연미복을 입고 있었던 예이다. 비록 그가 연미복의 한쪽 자락을 잘라내었고, 그 이후로 그러한 형태의 코트가 그의 이름으로 알려지게 되었던 것이 사실이지만 말이다. 믿을 수 없는 일처럼 보일지 모르지만, 한때 댄디들은 찢어진 옷에 대해 환상을 품었었다. 이 일은 브러멀의 영향 하에서 일어났다. 옷을 입기 전에 찢어지도록 한다는 이 지극히 댄디적인 생각을 떠올렸을 때, 그들은 뻔뻔스러움의 극치에 도달하여 의상이라는 한계 내에서는 그 이상 어떻게 더 나아갈지 모르는 지경에 다다랐었던 것이다. 그리하여 그들의 옷은 레이스의 일종, 구름이 되었다. 그들은 구름을 입고 신처럼 걸어 다니고 싶었던 것이다! 이 작업은 어렵고도 지루한 일이었다. 끝이 뾰족한 유리 조각이 사용되었다. 이 점에서 여러분은 진정한 댄디즘의 모습을 알 수 있을 것이다. 옷은 별것이 아니었으며, 사실상 거의 존재하지도 않았다.

또 다른 예가 있다. 브러멀은 촉촉한 모슬린처럼 손가락의 모양을 드러내는 장갑을 착용했다. 하지만 여기서 댄디즘은, 이 장갑에 마치 사람의 손 피부처럼 손톱이 달려 있을 만큼 완벽하다는 점에 깃들어 있는 것이 아니라, 네 명의 특별한 예술가들에 의해 제작되었으며 그 중 세 명은 손 부분을, 한 명은 엄지손가락 부분을 맡았다는 사실에 깃들어 있다.*

『영웅들』이라는 또다른 책을 썼으며 영웅 시인, 영웅 제왕, 영웅 문인, 영웅 사제, 영웅 예언자, 심지어 영웅 신까지 제시하고 있는 토머스 칼라일이라면, 우리에

적인 이론이며 물질적인 것만이 유일한 면모는 아니다. 그것은 전부 섬세한 면들로만 이루어진, 존재하는 방식이며, 매우 오래되고 문명화된 사회, 희극이 매우 드물어지고 예의범절은 지루하기 짝이 없을 뿐인 사회에서 늘상 일어나는 일과도 같다. 예의범절과 그로 인해 쌓인 지루함 사이의 대립이 사교 생활의 중심부에서 이렇게 격렬하게 느껴진 곳은, 성서와 법(法)이 이끄는 나라, 영국 말고는 없다. 그리고 아마, 클라리사 할로위(Clarisse Harlowe) 같은 소설가와 실존 인물인 레이디 바이런(lady Bayron) 같은 인물들을 탄생시킨 청교도 사회의 뿌리 깊은 독창성은, 밀턴의 작품에서 원죄와 죽음 간의 결투처럼 영원한 이 투쟁의 격렬함으부터 나오는 것일 터이다.[7)]

게 우아한 게으름의 영웅, 바로 영웅 댄디도 제시할 수 있었을 것이다. 그러나 칼라일은 그 점을 잊어버렸다. 게다가, 그가 『의상 철학』에서 '댄디 무리들 Dandiacal sect' 이라는 천박한 이름으로 부르고 있는 댄디에 관해 일반적으로 말하는 바는, 그의 혼란스러운 게르만 인다운 관점이 허락하는 한 충분히 명료하게, 영국인 장 폴이 브러멀에 관한 정확하고 냉정한 세부 사항을 조금도 관찰하지 않았다는 사실을 보여 준다. 그는, 어리석고도 진지한 리뷰에서 마치 브러멀에게 고용 거부당한 구두장이들과 양복장이들이 평가했을 법한 똑같은 방식으로 브러멀을 판단해 버린 하찮은 프랑스 역사가들이 지녔던 심오함으로 브러멀에 대해 말했던 것이다. 이 보잘 것 없는 당통들은 목욕하는 데에도 쓰지 않을 만한 윈저 비누에서 나온 펜나이프로 자신들의 가짜 흉상을 새겼던 것이다!

* (원주) 내가 어리석게도 주석에 또다른 주석을 단다는 위험을 무릅썼다는 사실을 명확히 해두고 싶으며, 여러분이 이해해 주길 간청하는 바이다. 카우니츠 수상 (역주 - 합스부르크 왕가 시대의 오스트리아 수상) 은 영국인이 아니었지만 (그는 사실 오스트리아 인이었다) 차분함, 냉담함, 무심함과 '장엄한 경솔함' 그리고 맹렬한 자기중심주의로 (그는 기품 있는 어조로 "내겐 친구가 없소." 라고 말하곤 했다.) 댄디에 매우 가깝다. 마리아 테레지아의 죽음이나 고뇌조차도 그를 일찍 일어나게 하거나, 그가 말로 다 할 수 없이 복잡한 몸단장에 바치는 시간을 일 분이라도 짧게 할 수 없었다. 카우니츠 수상이 알프레드 드 뮈세의 「안달루시아 인」처럼 새틴 코르셋을 입었기 때문에 댄디라는 것은 아니다. 그가 자기 머리카락을 정확히 마음에 드는 색조로 하기 위하여 줄줄이 늘어선 크고 많은 응접실의 방들을 지나다니며, '그러는 동안에' 분첩으로 무장한 시종들로 하여금 파우더를 뿌리게 하였기 때문이다.

투쟁에서의 승리가 거두어진다면, 우리가 댄디즘이라 부르는 삶의 방식은, 지금도 그것이 존재한다면 말이지만, 앞으로도 계속 존재해 나가기 위해 분명 상당한 변화를 겪을 것이다. 왜냐하면 댄디즘은 예의범절과 지루함 사이의 끝없는 투쟁에서 솟아났기 때문이다. 영국 사회의 심장부를 먹어들고 있는 이 지루함을 계속해서 고집하고, 이러한 질병에 집어삼켜진 다른 모든 사회처럼 자살과 타락이라는 서글픈 특권을 주어 보아야 소용없는 짓이다.8)

따라서, 댄디즘의 결과이자 중요한 특징 중의 하나는 — 다시 말해 가장 일반적인 특성은 — 항상 예상치 못한 일을 만들어내는 것, 규범의 굴레에 익숙해진 이들이 상식적으로 기대하지 못했던 일을 해낸다는 것이다. 영국의 토양이 생산해 낸 또 다른 열매인 기행(奇行)역시 이에 일조하지만 방식은 다르다. 기행은 억제되지 못하고 난폭하며 맹목적인 것이다. 기행은 제도화된 질서에 대항하는, 가끔은 자연에 대항하는 개인적인 혁명이다. 이 점에서는 광기에 근접한다. 댄디즘은 이와는 정반대로, 관습들을 여전히 존중하면서 그것들을 가지고 노는 것이다. 댄디즘은 관습이 지닌 힘을 인정하면서도 그 때문에 괴로워하고 이따금은 관습에 복수를 하며, 스스로에게 반대되는 이유로 그것들을 변호한다. 때로는 관습을 지배하고 때로는 관습에

---

7) (원주) 영국 사회가 탄생시킨 작가들 중에는 또한 미스 에지워스(Edgeworth), 미스 아이킨(Aikin) 등과 같은 여성 작가들이 있다. 미스 아이킨의 『엘리자베스의 회고록』은 주목할 만하다. 새침 떨고 꽉 막힌 자신의 문체와 의견으로 새침 떨고 꽉 막힌 사람들을 비판하고 있다.

8) (원주) 현대의 지루함은 분석의 소산이다. 하지만 세계에서 가장 풍요로운 영국 사회에 있어서는, 이러한 종류의 지루함 말고도, 우리 모두의 주인이며 로마 시대의 지루함이기도 한, 포만감에서 오는 지루함이 존재한다. 평균적인 다수의 사회들이 더욱 강한 영혼으로 이루어져 왔다면, 이는 티베리로부터 카프라에 왕조에 걸쳐 증식해 왔다.

지배받는 것이다. 이렇게 이중적이고 변화무쌍한 놀이를 즐기기 위해서는 우아함을 만들어 내는 모든 유연한 처신을 완벽하게 통제할 줄 알아야 한다. 프리즘의 모든 색조가 모여서 오팔을 만들어 내는 것과 마찬가지로 말이다.

브러멀은 바로 이러한 특성을 소유하고 있었다. 그는 천상에서 부여받은 우아함을 지니고 있었으며, 사회적인 속박은 종종 이를 망쳐놓곤 하였다. 따라서 그는 지루함을 못 견디는 사회의 변덕스러운 요구를 충족시킬 줄 알았고 엄격한 예절의 법칙 아래 너무도 엄격하게 숙이고 들었다. 그는 고지식한 사람들이 항상 잊곤 하는 진실을 증명해 냈다. 바로 환상의 날개는 잘려지더라도 반 이상이 다시 자라날 거라는 진실이다.[9] 그에게는 모든 일에 관심을 갖고 어떤 것도 더럽히지 않는 매력적인 친밀함이 있었다. 그는 당시의 권력 있고 높은 모든 사람들과 대등하게 살았으며, 신뢰를 얻어 그들과 같은 위치까지 올라갔다. 더욱 유능한 사람들도 쫓겨나고 말았을 만한 장소에서 그는 안전했다. 그의 대담함은 바로 판결이었다. 그는 안전하게 도끼날을 만져볼 수 있었다. 사람들은 그가 그렇게 자주 무시해왔던 바로 그 칼날이 마침내는 그에게 떨어졌다고들 말한다. 브러멀은 스스로의 몰락을 자청하며 자신과 같은 댄디, 왕족 댄디인 조지 4세 폐하의 허영심을 부채질하였다고 말이다. 그러나 그의 왕국은 너무나 위대했기 때문에, 원하기만 한다면 그는 왕국을 되찾을 수 있었다.

---

9) (원주) 미국 신문에서 마드무아젤 엘슬러(Elssler)가 오래된 영국 청교도들의 후손으로부터 받고 있는 열렬한 찬양을 보시라 — 의회당원(역주- 영국에서, 내란 시 왕당에 적대하여 머리를 짧게 깎았던 청교도의 별명)들의 고개를 돌아가게 만드는 춤추는 소녀의 엉덩이를!

VI

브러멀의 삶 전체는 하나의 영향력이었다. 말하자면 이를 말로는 설명할 수가 없다는 의미이다. 이 영향이 지속되는 동안 우리는 이를 민감하게 느낄 수 있으며, 멈추고 나면 그 결과를 기록할 수도 있다. 그러나 이러한 결과들이 그것들을 발생시킨 영향력과 동일한 성격을 지니고 있으며 더 이상은 존재하지 않게 되면, 이러한 결과들의 역사를 기록하기란 불가능해진다. 헤르쿨라네움[10]은 잿더미 아래에서 재발견되었다. 그러나 한 사회의 풍속 위에 뒤덮인 몇 년이라는 세월은 어떤 용암보다도 그것들을 깊이 파묻게 마련이다. 회고록들은 이러한 풍속의 역사를 기록하고 있지만 그저 근접하게 다가설 뿐 정확하지는 못하다. 이러한 이유로, 우리는 브러멀의 시대의 영국 사회를, 비록 살아 있는 모습이 아닌 적어도 세부적이고 명확한 모습으로라도 되찾을 수 없는 것이다…. 우리는 결코 브러멀이 그의 동시대인들에게 취했던 행동을 따라가 볼 수 없을 것이며, 자신은 나폴레옹 황제보다도 브러멀이 되겠노라고 했던 바이런의 말은 항상 아이러니컬한 의미이거나 우스꽝스러운 애정에서 나왔다고 여겨지게 될 것이다. 이러한 말이 지니는 진짜 의미는 사라져 버렸다.

그러나 「차일드 해럴드*Childe Harold*」의 저자[11]를 모욕할 것이 아니라 브러멀을 향한 이렇게 대담한 지지의 이유를 이해하려 해 보자. 시인이자 환상을 좇는 인간이었으며, 따라서 이러한 주제에 관해 잘 판단할 수 있었으므로, 바이런은 위선적이면서 스스로의 위선에

10) 베수비오 화산의 폭발로 폼페이와 함께 매몰되었던 고대 이탈리아의 도시.

11) 바이런을 말한다.

진력이 나 있던 사회를 이끌었던 브러멀의 제국에 큰 충격을 받았던 것이다. 한 개인의 독재로 이루어졌다는 이 제국은, 다른 어떤 종류의 전능한 힘보다도 그의 변덕스러운 재능에 꼭 어울렸다.

Ⅶ

그럼에도 브러멀의 일대기는 이와 비슷한 종류의 말들을 빌어 쓰이게 될 것이며, 그러한 말들 때문에 그의 일대기는 운명의 별난 신비스러움 때문이기라도 한 듯 이해하기 어려워질 것이다. 바이런이 보낸 찬사는 사실에 의해 뒷받침될 수가 없는데, 사실이란 본디 덧없는 성질을 지니고 있는 까닭으로 모두 사라져 버렸기 때문이다. 가장 위대한 이름이 지닌 커다란 중요성이며, 누구보다도 매혹적인 천재가 바친 경의는, 단지 수수께끼를 더욱 모호하게 만들 뿐이다. 사실 모든 사회에서 가장 흔적을 남기지 않는 부분, 가장 적게 남아 있는 부분, 너무 섬세해서 지속될 수 없는 향취만을 남기는 부분은 바로 풍속이다. 풍속은 전달될 수가 없는 것인데, 브러멀은 바로 이 풍속 덕택에 당대의 제왕이었던 것이다. 웅변가, 위대한 배우, 이야기꾼처럼 육체를 이용하여 육체에 호소했던 정신들이 늘 그래 왔듯이, 뷔퐁이 말한 것처럼, 브러멀 또한 남아 있는 것은 그의 이름뿐이며, 당대에 쓰인 모든 회고록에서 그의 이름은 신비스러운 광채로 빛나고 있다. 그가 채우고 있던 자리를 설명하기란 어려운 일이다. 그러나 볼 수는 있으며, 생각해볼 만한 가치가 충분히 있다.

아직 채 그려지지 않은 초상화를 위한 현재의 상세한 연구에 관해 말해 보자면, 지금까지 누구도 이 힘든 일을 시도했던 적이 없었다.

법이나 법에 대한 불복(不服)에 답하는 — 불복이란, 법을 일탈하는 행위인 까닭에 결국 법에 관한 것이라 말할 수 있으므로 — 이 영향력이 과연 무엇인지, 어떤 사상가도 진지하게 이해하려 들었던 적이 없었다. 이러한 일을 해 내기에, 심오한 사상가들은 섬세함이 부족하였으며, 섬세한 이들에게는 깊이가 부족하였던 것이다.

물론 시도하려 들었던 이들이 몇몇 있기는 하다. 브러멀이 살아 있던 시대에 이미, 두 유명한 작가의 펜이 가장자리가 은빛으로 둘러진 파르스름한 종이 위에 가볍게 몇 자를 그려내었으며, 이를 통해 브러멀의 모습이 드러난다. 그러나 너무나 진한 향이 나는 중국 잉크에 담근 너무나 가느다란 펜끝으로 쓰인 글이었다. 재기발랄한 가벼움과 무심한 통찰력이라는 면에서는 유쾌한 작품들이다. 이 두 소설은 『펠햄*Pelham*』[12)]과 『그랜비*Granby*』[13)]이다. 이들은 댄디즘을 교리로 나타내고 있으므로 어느 정도 브러멀의 모습에 가까이 다가서기는 한다. 그러나 작가는 과연, 실제 브러멀의 인생을 드러낼 수야 없다고 하더라도, 소설이 지닌 가능성 안에서 그의 모습을 그려내려는 의도를 지니고 있었던가? 『펠햄』의 경우는 그런 것 같지 않다. 『그랜비』의 경우는 좀 더 진실에 가깝다. 트레벡의 초상은 실제 인생으로부터 그려진 듯하다. 작품의 특이한 터치는 꾸민다고 해서 이루어지는 것이 아니며, 실제 인물의 존재로 인해 그것을 담아낸 붓놀림을 한층 생동감 있게 되었으리라는 느낌을 받을 수 있다.

그러나 불워 씨의 소설 『펠햄』에서보다 훨씬 더 브러멀의 모습을

---

12) 원제는 『펠햄 혹은 한 신사의 모험*Pelham: Or, the Adventures of a Gentleman*』, 영국의 소설가 에드워드 조지 불워(Edward George Bulwer)의 소설.

13) 원제는 『그랜비 : 소설*Granby : a novel*』, 영국의 소설가 토머스 헨리 리스터(Thomas Henry Lister)의 소설.

찾기 쉬운 리스터의 이 소설을 제외하면, 브러멀의 있는 그대로의 모습을 보여 주고 다소간이라도 그의 성격이 지닌 힘을 설명해 주는 소설은 영국에 존재하지 않는다. 최근에 한 지식인[14]이 두 권으로 된 책을 펴냈으며, 마치 호기심 많은 천사와도 같은 인내심으로 브러멀의 삶에 관하여 알려진 모든 진실을 수집하였다는 것은 사실이다. 그런데 그의 노력과 연구는 어찌하여 역사의 가려진 부분이 빠져 있는 그저 소심한 연대기에만 그치고 말았는가? 브러멀에게는 역사적인 설명이 부족하다. 그에게는 여전히 풍자적인 성격의 세실을 비롯한 숭배자들이 뒤따르며, 제스 대령처럼 그에 관해 궁금해 하는 사람들도 있지만, 알려져 있는 한 그에게 적이라고는 없다. 물론 여전히 생존해 있는 그의 동시대인들 중에는, 어느 시대에나 존재하는 현학적인 인간들 중에는, 마음속 깊은 곳으로부터, 리바롤[15]이 모든 영국 여인들에게 바쳤던 말처럼 '두 손이 다 왼손인' 훌륭한 양반들 중에는, 브러멀의 이름이 그렇게 찬란히 빛나고 있다는 사실에 분개하는 이들이 존재할 것이다. 진중한 도덕성을 지닌 얼뜨기들은 이러한 경박함이 영광을 얻고 있다는 사실로 인해 모욕을 받는 것이다. 위대한 댄디를 위해 나서지 않았던 이는 오직 역사가, 즉 심판관 — 열광하지도 않고 증오하지도 않는 심판관 — 뿐이었으며, 이러한 까닭으로 하루하루 시간이 지날수록 그런 인물이 나타나기란 점점 더

---

14) (원주) 제스 대령이다. 그는 브러멀에 관해 8절판으로 된 두툼한 책 두 권을 펴냈다. 그리고 책을 출판하기 이전에, 그는 완벽한 호의로 우리에게, 자신이 소유하고 있는 이 유명한 댄디에 관한 자료를 마음대로 쓰라고 맡겨 주었다.

15) 리바롤(Rivarol, Antoine, 1753~1801). 프랑스의 정치평론가 · 언론인. 풍자가이자 자칭 귀족으로 그의 저작은 프랑스 혁명기에 왕정과 전통주의를 지지하는 내용을 담았다.

어려워지고 있다. 그 이유는 앞에서 설명한 바 있다. 역사가가 나타나지 않는다면, 브러멀에게 있어 그의 명성은 더욱 더 거울의 모습을 닮아갈 것이다. 그가 살아 있던 동안, 명성이라는 거울은 그 깨지기 쉬운 표면의 빛나는 순수함 속에 그의 모습을 비춰 주었다. 그러나 그가 죽은 후에는, 반사할 것이 아무것도 없으면 거울이 늘 그렇듯, 어떤 모습도 남기지 않았다.

Ⅷ

댄디즘이란 어떤 한 개인에 의해 생겨난 것이 아니며, 브러멀의 이전부터 존재해 왔던, 사회의 어떤 특별한 상태에 의해 생겨난 당연한 결과이기 때문에, 영국 풍속사에서 댄디즘의 존재를 밝히고 그 근원을 확실히 밝혀 보는 것이 좋을 듯하다. 어느 모로 보나 댄디즘의 기원은 프랑스로부터라는 점이 드러난다. 찰스 2세의 왕정복고 시대에, 우아함은 그 자매임을 자청하며 때때로 사람들을 속여 넘겼던 타락의 품에 안긴 채로 영국에 되돌아와 크롬웰의 신교도들의 가혹하고 냉정한 진지함을 조롱하기 시작했다. 좋은 쪽이든 나쁜 쪽이든 영국 땅에 항상 깊이 뿌리내리고 있었던 풍습은 엄숙함을 과장하고 있었다. 숨통을 트기 위해서는 그들의 전제 정치로부터 벗어나야 할 필요가, 그 막중한 속박을 늦출 필요가 있었으며, 찰스 2세의 신하들은 프랑스 샴페인 잔에, 자신들의 나라의 엄숙한 종교적인 관습을 모두 잊게 만드는 로터스를 마셨고,[16] 탈출할 수 있는 통로를 만들어 내었다. 많

16) 찰스 2세는 크롬웰이 권력을 잡게 된 이후 프랑스로 망명했다.

은 이들이 이 방향으로 뛰어들었다. 제자들은 곧 그들의 옛 스승보다 앞서나가게 되었으며 아메데 르네 씨(氏)가 날카로우리만치 정확하게 표현하였듯이, "타락하고자 하는 그들의 열망은 그 정도였으며, 로체스터[17]와 섀프트베리[18] 같은 이들은 동시대의 프랑스 풍습보다 한 세기를 앞서나가 단숨에 섭정기에 도달하였다."[19]

우리는 버킹검이나 해밀턴[20], 혹은 찰스 2세 자신은 물론이고, 유배당했을 때의 기억을 고국에서 받은 영향력보다도 더욱 강력하게 느꼈던 이들 중 그 누구도 언급하지 않을 것이다. 우리는 오히려 영국에 남아 있었으며 먼 발치에서 외국의 영향을 겪었던 이들을 조명해 보려고 한다. 이러한 사람들은 미남자들의 통치 아래에서부터 생겨났다. 조지 휴잇 경, 윌슨 (그는 로[21]와의 결투에서 죽었다고 전해진다), 필딩 등이 그에 속한다. 이 필딩이라는 자의 아름다움은 부주의한 찰스 2세의 의심 많은 주의를 끌었으며, 그 유명한 클리블렌드 공작 부인과 결혼한 후에 몽팡시에 공작 부인과 함께 로죙의 풍경을 새로이 한 것도 바로 그였다. 그들은 이름에서부터 프랑스의 영향을 명확하게 드러낸다. 그들이 지닌 우아함은 바로 그들의 이름과도 같았다. 충분히 교묘하지도 않고, 셰익스피어가 태어났던 바로 그 민족의 고유한 특성과도, 결국에는 그 우아함 속으로 침투하게 되는 영

---

17) 로체스터(Rochester) 공작, 존 윌모트 (John Wilmot, 1647~1680)

18) 셰프츠베리(Shaftesbury) 백작, 앤터니 애쉴리 쿠퍼 (Antony Ashley Cooper, 1621~1683)

19) (원주) 아메데 르네(Amédé Renée), 『체스필드 경에게 보내는 편지』에 붙이는 서문.

20) 해밀턴(Hamilton, Antoine, 1646~1720), 크롬웰의 통치 동안 프랑스에서 거주하였다.

21) 로(Law, John, 1671~1729). 유명한 은행가로, 이 결투 이후 영국을 떠나야 했다.

국의 고유한 힘과도 제대로 어우러지지 못했던 것이다. 미남자들(Beau)이라는 표현을 댄디들과 혼동해서는 안 될 일이다. 이들은 댄디들이 생겨나기 전부터 존재했다. 댄디즘이 이미 표면 아래에서 존재하고 있었다는 것은 사실이지만, 아직 느낄 수는 없던 무렵이었다. 댄디즘은 영국 사회의 열기로부터 솟아나게 될 운명이었다. 필딩은 1712년에 죽었고 스틸[22](젊은 시절에는 그 자신도 역시 미남자였던)의 찬양을 받았던 에지워스 대령이 그 뒤를 이었다. 그는 미남자들의 계보를 이어나갔는데, 이는 내쉬에서 대가 끊겼고, 브러멀에게 이어져 댄디즘으로 나아갔다.

이전에도 댄디즘이 존재했다고는 하지만, 그것이 발전하고 공고하게 다져진 것은 필딩의 시대와 내쉬 사이의 기간 동안이었다. 댄디즘이라는 이름은 (아마도 프랑스어에서 기원하였을 것으로 보이는데) 그 이후에 붙여졌다. 이 이름은 존슨 사전에 실려 있지 않다. 그러나 댄디즘 그 자체는 당시에도 존재하였으며, 늘 그렇듯 가장 저명한 사람들 사이에 존재했다. 인간의 가치란 그가 소유하고 있는 재능의 수가 많고 적음에 따라 결정되는 것이므로, 상류 계층의 사람들은 모두 다소간 댄디즘에 물들어 있었다. 댄디즘은 그때까지 사회 안에서 자리 잡지 못하고 있던 여러 재능들을 정확히 대표했던 것이다. 말보로우[23], 체스터필드와 볼링브로크[24] 등이 그들인데, 특히 볼링브로크가 그렇다. 체스터필드는 자신의 『서한집Letters』에서 마치

---

22) 스틸(Steele, Richard, 1672~1729), 아일랜드의 저널리스트, 수필가, 극작가이자 정치인.

23) 말보로우 공작, 존 처칠 (John Churchill, 1650~1722)

24) 로드 볼링브로크 (Lord Bolingbroke, 1678~1751), 토리당 쪽의 영국 정치인이자 작가.

마키아벨리의 『군주론』과도 같이 「신사론」을 집필하였으며, 법으로 규정하기보다는 당시 의복에 대하여 상세하게 설명하고 있는데, 이는 그가 여전히 여론을 얻어 보고자 하는 생각에 단단히 사로잡혀 있었기 때문이다. 오만한 여인과도 같은 미색을 갖추고 있었던 말보로우는 허영심보다는 탐욕이 더욱 강했다. 볼링브로크만이 진보적이며 완벽한, 최후의 진짜 댄디였다. 그는 행동에 있어서는 모든 대담함을 보였고, 사치스러운 무례함을 지니고 있었으며, 그 결과로 일어난 일에 대해 관심을 보였다. 그리고 그의 허영심은 항상 모습을 드러낼 준비가 되어 있었다. 지스카르에 의해 살해당한 할리[25]를 그가 얼마나 질투했으며, 스스로를 달래기 위해, 살인자는 분명히 두 대신 중 한 명을 다른 한 명으로 잘못 보았을 거라고 말했다는 사실은 사람들의 기억 속에 남아 있을 것이다. 런던의 살롱에 만연한 점잔 빼는 분위기를 망쳐 놓으면서 그는 — 생각하기에도 두려운 일이지만 — 아마 예쁘지도 않고, 의회 건물의 회랑 아래를 서성거리는 오렌지 파는 소녀를 향한 자신의 자연스러운 애정을 광고하는 것처럼 보이지 않았을까?[26] 결국 그는 댄디즘의 모토 그 자체를 창안해낸 것이다. 태연함을 유지한 채[27] 깜짝 놀랄 만한 일들을 저지르는 이 작은

25) 옥스포드 백작, 로버트 할리 (Robert Harley, 1661~1724)

26) (원주) 런던 앤드 웨스트민스터 리뷰(London and Westminster Review).

27) (원주) 댄디즘은 근대의 혼잡함 속에 고대의 차분함을 도입했다. 그러나 고대인들의 차분함은 그들이 지닌 능력의 조화로움에서, 자유로운 발전을 이루었던 인생의 완전함에서 발생하는 것이었던 반면, 댄디즘은 여러 가지 사상과 친숙하면서도 너무 권태로워 그 사상에 생명을 불어넣지 못하는 지성인이 취하게 되는 태도이다. 웅변가인 댄디가 있다면 그는 페리클레스처럼 연설하면서도 외투 안에서는 팔짱을 끼고 있을 것이다. 지로데의 작품에서 헤르미온느의 저주의 말을 듣고 있는 피로스의 유쾌하고 뻔뻔스러우며 매우 현대적인 태도와 비교해 보라. 그 편이 내가 하고자 하는 말을 지금까지 설명한 것보다 더 잘 나타내 줄 것이다.

신들 같은 댄디들의 '결코 놀라지 말지니라' 라는 모토를 말이다. 게다가 댄디즘은 다른 어떤 누구보다도 볼링브로크에게 더 잘 어울렸다. 댄디즘이란 세상의 풍속과 관습이라는 형태를 빌어 나타나는 자유로운 사상이 아니던가? 마치 철학이 도덕과 종교의 모습을 빌어 나타나는 것처럼 말이다. 법보다 우월한 차원의 의무를 들고 나섰던 철학자들처럼, 그들 나름의 권위를 지닌 댄디들도, 가장 귀족적이고 가장 전통에 물든 집단을 지배하게 될 규칙들을 만들어 낸다.[28] 신랄하면서도 우아함 안에 녹아들어 있는 위트의 도움을 받아 그들은, 이러한 규칙들이 사실 자신들만의 대담한 개성의 결과물일 뿐이었는데도 불구하고, 이 변덕스러운 규칙들이 사회에서 받아들여지도록 하는 데에 이르렀던 것이다. 이러한 결과는 기묘하면서도 사물의 본성으로부터 기초하는 것이다. 사회는 굴복하지 않으려 헛되이 애쓰고, 귀족 사회는 이미 용인된 의견만을 인정하려 헛되이 애쓴다. 그러나 어느 날 변덕이 일어나, 겉으로 보기에는 침입할 수 없어 보이는 계급들 안으로, 실제로는 지루함에 의해 침식당한 그 안으로 뚫고 들어가는 것이다.

따라서, 한편으로는 경직되고 천박한 호전적인 민족에 영향을 끼친 경박함[29]이, 다른 한편으로는 진실이라고 보기에는 너무도 편협

---

28) (원주) 그리고 이는 영국의 이야기만은 아니다. 러시아에서, 루즈를 바르지 않았던 아체코프 공주는 댄디즘적인 행동을, 그것도 과도하게 한 셈이다. 이는 엄청난 물의를 일으킨 자유분방한 생동이었다. 러시아에서 붉은 색은 아름다움을 의미하며, 18세기에는 길거리의 걸인들마저 루즈를 바르지 않고는 구걸 행위를 할 엄두조차 내지 못하였다. 이 여인에 대해서는 륄리에르(Rulhière)를 참조하라. '깊숙한 곳을 찌르는' 댄디의 펜을 지녔던 륄리에르를 말이다. 역사가 한낱 일화에 불과한 것이라면, 그는 어떻게 글을 썼을까!

29) (원주) 실제적인 필요와 상응한다는 점에서 사실상 매우 정당한, 온갖 종류의 선입견이 붙여 준 악의에 찬 이름이다.

한 도덕률을 마주하고 자신의 권리를 주장했던 상상력이, 다른 곳에서라면 불가능할 매너와 태도에 관한 학문을 탄생시킨 것이다. 그리고 브러멀은 이러한 점을 드러낸 최후의 사람이었으며 누구도 그를 필적할 수 없을 것이다. 이제 그 이유를 알게 될 것이다.

IX

조지 브라이언 브러멀은 웨스트민스터에서 태어났다. 그의 아버지는 로드 노스의 개인 비서인 W.브러멀 씨였는데, 역시 이따금 댄디의 면모를 보였던 그는 반대당의 악의에 찬 공격이 쏟아지는 동안 내각의 좌석에서 그들을 경멸하며 잠을 잤다. 로드 노스는 W.브러멀을 부유하게 만들어 주었는데, 그가 실무적이면서 적극적인 비서였기 때문이었다. 자신들도 부정부패에 물들어 보기를 원하면서 부패를 통렬하게 비난했던 팜플렛 업자들은 로드 노스을 "재물의 신" 이라 불렀다. 그러나 W.브러멀의 경우, 그는 자신이 행했던 일에 대해 정당한 보상을 받았을 뿐이었다. 내각이 힘을 잃고 그의 후원자 또한 몰락하게 되자, 브러멀 씨는 버크셔 주의 주장관(州長官)이 되었다. 그는 초서의 출생지로 유명한 도닝턴 성 부근에 살았으며, 영국인들만이 이해할 수 있고 베풀 수 있는 인심 좋고 풍족한 태도로 손님들을 환대했다. 그는 전에 알던 거물들과 여전히 친분을 유지하고 있었으며, 그 중에서도 폭스와 셰리던은 종종 그를 방문하곤 했다. 결과적으로, 미래의 댄디는 어릴 때부터 이러한 대단한 인물들이 주는 영향을 받게 되었다. 그들은 브러멀에게 행운의 요정과도 같았으나, 자신들의 힘 중 반만을, 자신들의 재능 중 가장 덧없는 부분만을 물려주었을 뿐이었다. 마치 정치적인 토론을 이끌어가듯 대화를 이끌어가며, 재담 또한 유창했던 그들의 재기 발랄한 영혼을, 인간의 사유의 자부심이라고도 할 만한 사상들을 보고 들으면서, 어린 브러멀이 나중에 영국에서 첫째가는 이야기꾼이 될 수 있었던 내면의 재능을 키워나갔다는 데에는 의심의 여지가 없다. 1794년 아버지가 사망했을 때 그는 열여섯 살이었다. 1790년 브러멀은 이튼 학교에 가게 되었는데, 이튼에서 이미 그는 특별한 존재였다. 학업에 있어서 특별했다는 것이 아니라, 나중에 그가 그토록 주목받는 인물이 되게 하였던 자질들을 이미 보였기 때문이었다. 공들인 옷차림과 그의 태도가 지닌 냉담한 권태로움 덕택에, 학교 친구들은 그에게 별명을 붙여 주었는데, 당시 자주 쓰이던 말로 된 별명이었다. 그 때는 댄디라는 말이 아직 유행하기 전이었고 우아함의 전제 군주들은 벅(Buck)이나 마카로니(Macaronies)[30]라고 불렸기 때문이다. 그의 별명은 벅 브러멀이었다. 그의 동시대인들의 증언에 따르면, 이튼의 친구들에게 브러멀보다 더 큰 영향력을 행사했던 사람은, 어쩌면 조지 캐닝을 제외하고는 없다고 한다. 그러나 캐닝이 끼쳤던 영향력이 그의 기질이 지닌 열정에서 기인하는 것인 반면, 브러멀의 영향력은 훨씬 덜 도취적인 원천에서 기인하는 것이었다. 그는 마키아벨리의 유명한 말에 담긴 진실을 여실히 보여 주는 인물이다. "세계는 냉정한 두뇌를 지닌 이의 것이다." 이튼을 거쳐 그는 옥스포드로 갔으며, 그곳에서 자신이 익숙해진 그러한 종류의 성공을 거두었다. 그는 정신의 외부적인 면에서 성공을 거두었는데, 그의 탁월함은 고된 정신적 노동에 있어서라기보다 사회적인 관계 속에서 더 잘 드러났기 때문에

30) 둘 다 멋쟁이를 부르는 속어이다.

다. 아버지의 죽음 이후 세 달이 지나, 옥스포드를 떠나면서, 그는 프린스 오브 웨일스[31]의 요청에 의해 코넷 연주자로 열 번째 경기병에 속하게 되었다.

브러멀이 어떻게 그렇게 갑작스럽게 황태자의 마음에 들게 되었는지를 설명하려는 시도는 많이 있어 왔다. 이 주제에 대해서는 여러 가지 인용할 가치도 없는 일화들이 존재한다. 그러나 브러멀은 자신의 높은 지위보다도 자신의 뛰어난 매너에 더한 자부심을 지녔다고 일컬어지는 한 사나이의 호감과 관심을 사게 되었을 것이 분명한 인물이었다. 젊었을 때의 황태자의 미모와 그 미모를 간직하려는 노력은 잘 알려져 있다. 당시 그는 서른두 살이었다. 하노버 왕가의 딱딱하고 점액질적인 기질을 지닌 미남이었던 그는, 장신구를 통해 생기를 얻으려 했고 다이아몬드의 광채를 통해 활기를 얻으려 노력하였다. 육신만큼이나 영혼도 선병질적이었으나 궁정 신하들의 마지막 미덕인 우아함만은 여전히 지니고 있던 미래의 조지 4세는, 브러멀에게서 자기 자신의 일부를, 온전히 남아 있으며 광휘를 발하는 부분을 발견했다. 바로 이것이 브러멀이 총애를 받게 되었던 비밀이었다. 이는 한 여성을 정복하는 일처럼 간단했다. 영혼의 정신적이고 비밀스러운 매력에서 비롯되는 사랑이 있는 것처럼, 외부적인 매력과 우아함에서 비롯되는 우정도 있지 않겠는가? 경기병의 젊은 코넷 연주자를 향한 프린스 오브 웨일스의 우정이 바로 그러했다. 그것은 강렬한 감동으로 지속된 감정이자, 육체에 잠식당한 그의 비만한 영혼에서 솟아날 수 있었을 아마도 유일한 감정이었을 것이다.

31) 프린스 오브 웨일즈란 영국 황태자를 가리키는 칭호이다.

이것이야말로 따라서 배리모어(Barrymore)와 조지 행어(G. Hanger)를 비롯한 다른 많은 이들이 누려왔으며, 이번에는 브러멀이 누리게 되었던 누구에게 향할지 알 수 없는 총애, 변덕처럼 예상할 수 없고 분노와도 같은 열정이 깃든 총애라고 할 수 있다. 브러멀은 윈저 궁의 유명한 테라스에서 상류 사회의 인사들에게 소개되었으며, 그 자리에서 프린스 오브 웨일즈가 인간적인 것 중에서도 가장 높이 치는 특성들을 유감없이 발휘했다. 완숙하고 상황을 지배할 수 있는 능력을 갖춘 사람의 지지를 받아 펼쳐진 훌륭한 젊음, 뻔뻔스러움과 존경심이 가장 대담하면서도 섬세하게 섞여 있는 태도에 유례없이 재치 있는 말재간이 곁들여진 천재적인 복장이 바로 그것이었다. 이러한 성공의 양면에는 단순한 사치 이상의 그 무엇이 있었다. '사치'란 도덕주의자들이 잘못 사용하는 단어, 마치 의사들이 사용하는 '신경성' 이라는 단어와도 같은 말인 것이다.

그 순간부터 브러멀은 상류층 대접을 받게 되었다. 한낱 개인 비서이자 향사(鄕士)일 뿐인 아버지와 장사꾼에 고작한 할아버지를 둔 브러멀이, 잉글랜드에서도 가장 이름 높은 이의 마음에 들어, 캐롤라인 오브 브런즈윅[32]과의 결혼식을 올릴 때는 황태자의 들러리 자리까지 차지하게 된 것이다. 총애를 받는 브러멀의 주변에는 살롱의 귀족들이 급속도로 몰려들어 그를 추종하며 친분을 맺게 되었다. 서머셋의 로드 로버트, 로드 피터샴[33], 로드 찰스 커, 찰스와

---

32) Caroline de Brunswick(1768~1821). 조지 3세의 누이인 어거스타 공주의 딸이었다. 황태자는 1795년 4월 8일에 그녀와 혼인하였다.

33) (원주) 근시안적인 사람들이 보기에 그는 댄디의 모델이었다. 그러나 겉모습에 속지 않는 이들이 보기에, 그는 잘 차려입은 여인이 그에 맞춰 우아하게 행동하는 모양새였지 댄디는 아니었다.

로버트 매너즈 등이 그들이었다. 여기까지야 놀랄 만한 일도 아니다. 브러멀은 운이 좋은 사람, 영국인들이 말하듯 입에 은수저를 물고 태어난 사람인 것이다. 그의 내면에는 불가사의한 어떤 것, 흔히 "우리의 별" 이라고 부르는, 기준이나 이유도 없이 우리의 인생 행로를 결정짓는 것이 있었다. 그러나 그의 커다란 행운을 확실하게 만들어 준 정말로 놀라운 이유는 그가 그러한 점을 지속시킬 줄 알았다는 것이다. 행운이 귀여워하는 아이가 사회에서도 귀여움을 받게 된 셈이다. 황제의 의관을 차려 입은 나폴레옹의 초상화를 보고, 바이런은 어디에선가 이렇게 말했다. "나폴레옹은 태어날 때부터 그 옷을 입고 있었던 것처럼 보였다." 브러멀과, 그가 개발한 그 유명한 코트에 대해서도 같은 말을 할 수 있을 것이다. 브러멀은 고생하지도 주저하지도 않고, 의식적인 자신만만한 태도로 주권을 잡게 되었다. 그를 둘러싼 상황은 그의 신비로운 힘에 대해 호의적이었고, 사회 또한 이에 반대하지 않았다. 연줄이 단순한 이익 그 이상이고, 살아남기 위해서 마치 갑각류처럼 행동해야만 하는 시대에, 브러멀의 곁에는 라이벌이라기보다 예찬자에 가까운, 요크 공작과 캠브릿지 공작, 웨스트모얼랜드 백작과 채텀 백작 (윌리엄 피트와 형제인), 루틀랜드 공작, 로드 델라메어 등, 한 마디로 사교계와 정치계 최고의 인물들이 모여들었다. 성직자들이 그러하듯 항상 힘 있는 편에 몰려드는 여인들은, 붉은 입술로 그의 명성을 칭송하였다. 그러나 여인들은 칭송할 뿐 그 이상을 넘어서지 않았으며, 바로 이 점이 브러멀의 특별한 성격을 드러낸다. 그가 리슐리외와, 유혹하기 위해 태어난 다른 모든 이들과 다른 점이 바로 거기에 있었다. 그는 세상에서 흔히 난봉꾼이라고 부르는 인물은 아니었다. 리슐리외는 타타르 정복자들처럼 침대로 이 여자 저 여자를 끌어들이는 데에 너무 몰두해 있었다. 브러멀은 이런 식으로 전리품을 늘리지도, 성공의 트로피를 모아들이지도 않았다. 그는 자신의 허영을 끓어오르는 피로 적시지 않았다. 저항할 수 없이 유혹적인 목소리를 지닌, 바다의 딸인 사이렌들은 꿰뚫을 수 없는 비늘로 뒤덮인 하반신을 지니고 있었기에 더욱 매력적이며, 그래서 더욱 위험한 것이다!

브러멀의 허영심은 그런 일로 고통받지 않았다. 그 반대로, 균형을 이룰 만한 다른 열정과 충돌하지 않았기 때문에, 허영심은 계속 강해져 갔으며[34] 홀로 군림하였다. 사랑한다는 것, 아니, 사랑이라는 단어가 의미하는 바 중에서도 가장 덜 고상한, 욕망한다는 것마저도, 스스로의 욕망을 옹호하며 욕망의 노예가 되는 것이다. 당신을 가장 다정하게 포옹하는 팔이라 해도 결국은 쇠사슬이며, 리슐리외나 돈 후안같은 이들이 자유의 몸이 되기 위해 끊으려 한들, 사슬고리 하나밖에 끊을 수 없다. 브러멀은 그러한 식의 속박에 매이지 않았다. 그가 거둔 성공은 오만함과 무심함에서 왔다. 그는 결코 고개를 돌리며 현기증을 느끼지 않았다.

자존심과 비겁함이 결합하여 겸손함을 새침함으로 탈바꿈시켜 버리는 잉글랜드와 같은 나라에서, 그렇게 젊은 청년이 천성적이고 후천적인 모든 매력을 지니고 있으면서, 음흉한 요구를 하는 여인들을 꾸짖고, 여인들에게는 그녀들이 기대하지 않았던 기사도적인 태도만

---

34) (원주) 잰 체하는 태도는 냉담함을 낳는다. 지금 댄디는, 너무나 점잖아서 간단히 말할 수는 없지만, 항상 약간은 잘난 척을 한다. 브러멀의 태도는 마드무아젤 마르스의 너무나 꾸민 듯한 태도에서 좀더 섬세하게 정제된 잰체함이었다. 알피에리는 결코 댄디였을리가 없으며, 바이런은 몇 가지 면에서만 댄디였다고 할 수 있을 뿐이다. 열정이란 너무나 진실한 것이기에 열정적인 사람은 댄디가 될 수 없다.

을 고수했다는 사실은 놀라운 일이다. 그러나 브러멀은 계산속에서도 아니고, 노력을 기울이지도 않은 채 바로 이런 식으로 행동하였다. 여인들을 잘 아는 이에게, 이런 태도는 힘을 더욱 증가시킨다. 그는 오만한 숙녀들의 낭만적인 자존심에 상처를 입히고, 타락하고자 하는 그녀들의 욕망을 실현시켜 주지 않았다.

따라서, 패션의 제왕에게는 애인이 없었다. 프린스 오브 웨일즈보다 더한 댄디였던 브러멀에게는 피츠-허버트 부인[35]이 없었다. 그는 손수건이 없는 술탄이었다.[36] 마음에 호소해도, 이성에 호소해도 그의 결정을 바꾸거나 유보할 수는 없었다. 그리고 그가 내린 결정은 절대적이었다. 조지 브러멀의 입에서 나온 한 마디는, 칭찬이든 비난이든, 그 당시에는 결정적인 것이었다. 그는 여론의 독재자였다. 만일, 이런 남자가 이탈리아 같은 나라에 존재한다면, 사랑에 빠진 여자가 그의 말에 신경이나 쓸까? 하지만 잉글랜드에서는, 가장 열광적인 사랑에 빠져 있는 이들도 꽃을 꽂거나 장신구를 달면서 자신의 연인의 기쁨보다 브러멀의 판단에 더 신경을 썼다. 한 공작부인은 (런던의 살롱에서 이러한 신분을 지닌 이들이 얼마나 거만한지는 잘 알려져 있다), 무도회장 한가운데서 남들이 엿들을 위험을 무릅쓰고, 자기 딸에게 만일 브러멀 씨가 황공하게도 말을 걸어온다면 몸가짐과 움직임과 대답에 주의하라고 말했다. 그의 인생의 첫 무렵이었던 이 시기에는 브러멀이 무도회장에서 춤추는 이들과 뒤섞여 있었고, 가장 아리따운 아가씨들이 그가 춤을 청해 오

---

35) 허버트 부인(Mme Fitz-Herbert)은 황태자와 비밀리에 결혼한 사이였으나, 캐롤라인 오브 브런즈윅과의 결혼 때문에 이는 취소되었고, 피츠-허버트 부인은 황태자의 정부로 남았다.

36) 술탄들은 마음에 드는 후궁을 고르면 그 징표로 손수건을 건넸다고 한다.

기만을 기다리며 앉아 있었기 때문이다. 이후, 자신이 얻은 독보적인 지위에 중독되어 버린 그는 춤추기를 그만두었다. 그 자신에게 어울리지 않는 천박한 장소라고 생가였기 때문이다. 그는 무도회장의 현관에 몇 분 정도 서서 주위를 돌아보고, 그 장면을 한 문장으로 비판하고는 사라져 버리곤 했다. 댄디즘의 그 유명한 격언을 실천한 것이다. "그대가 사람들에게 깊은 인상을 남길 때까지 기다리라, 사람들이 인상을 받거든, 가 버리라." 그는 자신이 지닌 압도적인 특권을 잘 알고 있었으므로, 깊은 인상을 남기기 위해 기다릴 필요조차 없었다.

명석함, 여론을 이끄는 힘, 명성을 더하는 그의 빛나는 젊음, 여인들이 욕하면서도 사모하던 매력적이고 날카로운 위트를 소유한 브러멀이 사람들에게 많은 극단적인 열정 — 깊은 애정과 맹렬한 증오 — 을 불러일으켰던 것은 확실하다. 그러나 어떤 감정도 밖으로 새어나오지는 않았다.[37]

설령 소리칠 배짱이 있는 사람이 있었다 해도, 점잔빼는 태도 때문에 그들의 비명 소리는 들리지 않았다. 잉글랜드에서 교양이란 마음을 억제하는 것이었기에, 레피나스 양[38]과 같은 이들이 태어날 수가 없었다. 캐롤라인 램[39] 같은 여인에 대해 말하자면, 브러멀에

---

37) (원주) 브러멀이 섭정에게서 떠맡았다고 여겨지는 레이디 J__y가 거론되었다. 그러나 레이디 J__y는 그의 친구로 남았으며, 연인 관계가 우정으로 끝나는 일은 아름다운 아가씨가 물고기 꼬리를 달게 될 확률보다 드물다. 한 시인은 이 관대하면서도 인간적인 환상에 대해 환상적인 일격을 가하였다. "연인으로 지내는 동안 우리는 친구가 아니다. 연인 관계가 끝나고 나면 우리는 친구에 지나지 않는 사이가 된다."

38) 레피나스(Jeanne Julie Éléonore de Lespinasse, 1732~1776)는 프랑스의 여류 작가이자 살롱을 통해 백과전서파와 활발히 교류하였다.

39) 램(Lady Caroline Lamb, 1785~1828)은 영국의 작가이다. 바이런의 연인이었다.

게는 그러한 연인이 없었는데, 그 까닭은 그가 여인들에게 불충해서라기보다 무관심했기 때문이었다. 우리가 아는 한, 오직 한 여인만이 브러멀에게 열정을 감추면서 드러내고 있는 그러한 말을 한 적이 있었다. 알랑거리기 잘하는 헨리엣 윌슨이었다. 그녀는 선천적으로 질투심이 많았다. 브러멀의 마음을 얻기 위해서라기보다 명성이 부러웠기 때문이었다. 댄디의 힘을 형성하는 자질들은 아첨꾼들에게도 부를 가져다주는 자질인 것이다. 게다가, 헨리엣 윌슨이 아니더라도, 여성들은 자신들의 이익을 위해서는 동성들끼리 매우 잘 뭉친다! 그들은 남성들이 지닌 수학적 재능과, 그 외 모든 종류의 재능을 지니고 있으며, 자신의 손을 잉글랜드에서 가장 아름답다며 조각으로 남긴 셰리던의 뻔뻔스러움을 용서하지 않는다.

X

알키비아데스[40]는 훌륭한 장군 중에서도 가장 잘생긴 인물이었지만, 조지 브라이언 브러멀은 타고난 군인 체질이 아니었다. 그는 열 번째 경기병 자리에 오래 머무르지 않았다. 그가 그 자리에 들어간 것은 우리가 추측하는 것보다 더 진지한 목적, 프린스 오브 웨일즈에게 접근하고 그와 친분을 맺기 위해서였던 것이다. 그 목표는 곧 이루어졌다. 아마 경기병 제복이 브러멀에게는 떨쳐버릴 수 없는 유혹이었을 거라는 경멸 섞인 말도 있었다. 모든 사물에 자신의 개성을 드러내는 댄디, 일종의 뛰어난 독창성을 통해서만 살아남을 수

40) 기원전 4세기의 그리스 정치가, 장군

있는 댄디[41] (바이런 경의 말) 는 필연적으로 제복을 싫어한다. 그러나 브러멀의 재능으로 미루어 보았을 때, 그는 의상 문제뿐만이 아니라 그보다 더 중요한 일에 있어서도 죽은 이후에 잘못 판단되기 쉬운 인물이다. 살아 있는 동안 그의 영향력은 최고였으며, 가장 자주적인 이들마저 그에게는 복종했다. 그러나 이제 와서 그와 같은 인물이 어떤 사람이었는지 분석하기란 어려운 심리학적인 문제이다. 여성들은 브러멀이 자기들만큼 우아했다는 사실 때문에, 남성들은 자기도 그처럼 우아해지지 못했다는 사실 때문에, 결코 브러멀을 용서하지 않았으리라.

이미 언급한 바 있긴 하지만, 다시 한 번 말한들 어떠랴. 댄디를 이루는 것은 바로 제멋대로 군다는 것이다. 그게 아니라면, 댄디즘의 법전 같은 것이 있어야 하겠지만[42], 그런 것은 없다. 모든 댄디는 배짱 좋게 일을 벌이지만, 그 배짱에는 빈틈없는 재치가 있으며, 파스칼의 그 유명한 교차점인 '독창성'과 '괴벽'이 만나는 정확한 지점에서 멈춰 선다. 이러한 이유로 브러멀은 일종의 제복이라 할 수 있는 군대의 규율에 굽혀 설 수 없었다. 이런 면에서 그는 매우 끔찍한

41) (원주) 독창성(originality)이라는 이 단어는 영어에서만 쓰인다. 프랑스에서 독창성이란 말은 설 자리가 없다. 프랑스인들은 독창성을 억눌렀고, 그것을 마치 귀족의 징표처럼 증오했다. 독창성은, 자기와 다른 이들을 향해 언제든 들고일어날 준비가 되어 있으며, 그들을 잇몸으로 물어뜯어 아프지는 않지만 더럽히려는 각오가 된 평범한 이들을 자극한다. 젊은이들에게, 다른 이들과 똑같아진다는 것은, 아가씨들의 머리를 가득 채우고 있는 「피가로의 결혼」에 나왔던 "남에게 존경받으라, 그래야만 한다." 교훈과도 같은 의미였다.

42) (원주) 만일 그런 법이 있다면 그 규칙을 따르기만 하면 댄디가 될 수 있을 것이다. 원하는 자들은 누구나 댄디가 될 수 있을 것이다. 그저 교훈을 따르기만 하면 되니 말이다. 젊은이들에게는 안된 일이지만 결코 그렇게 되지는 않는다. 댄디즘의 몇 가지 원칙과 전통이 있기는 하지만, 이 모든 것은 변덕의 지배를 받으며, 변덕을 타고나 그것을 소중히 여기고 연습하는 이들만 변덕을 부릴 수 있다.

장교였으며, 칭찬할 만한 역사가이자 옛일을 잘 잊지 않는 제스 대령은 자신의 영웅이 규율 부족으로 저질렀던 몇 가지 일화를 얘기해 준다. 그는 작전 중에 대열을 흩트리고 연대장의 명령을 어겼다. 하지만 브러멀의 매력에 홀딱 반해 있던 연대장은 엄한 처벌을 내리지 않았다. 3년이 지나 브러멀은 대위가 되었다. 그가 속한 연대가 갑자기 맨체스터의 주둔지로 옮겨가라는 명령을 받았고, 단지 그 이유 때문에, 가장 훌륭한 연대에서 제일 젊은 나이에 대위가 되었던 브러멀은 군대를 나왔다. 프린스 오브 웨일즈에게 브러멀은 그와 헤어지고 싶지 않기 때문이라고 말했다. 런던을 떠나기 싫어서라고 말하는 것보다 듣기 좋은 이유였다. 사실 그가 떠나고 싶지 않았던 이유는 런던이었기 때문이다. 그의 명성이 시작된 곳은 런던이었으며, 부유하고 여유롭고 훌륭한 문명이 자연의 자리에 매력적인 점잖음을 일구어낸 런던의 살롱은 그의 명성과 떼려야 뗄 수 없는 관계였다. 댄디즘의 진주가 천박한 맨체스터에 살아야 한다는 것은 리바롤이 함부르크에 사는 것만큼 끔찍한 생각이었다.

런던에 남기를 택함으로써 그의 명성의 미래는 구제되었다. 런던에서 그는 체스터필드 가 4번지, 그 자신 때문에 퇴락하게 된 패션 스타인 조지 셀윈의 건너편에 머물렀다. 브러멀이 소유한 개인적인 재산은 상당했지만, 그가 누리는 지위에 댈 바는 아니었다. 머리를 쓸 줄 모르는 인간들이 머리를 쓸 줄 아는 사람을 이길 수 있다고 한다면, 귀족의 자제들이나 부호들 중에는 브러멀보다 더욱 풍요로운 사람들도 있었다. 브러멀의 풍요로움은 겉으로 화려하게 드러나는 것이 아니라 지성적인 것이었으며, 미개한 이들에게 붉은 색을 사용하도록 하고 그 이후에는 "옷을 잘 입으려면, 눈에 띄지 않아야 한다." 라는 의복에 관한 명언을 지어 낸 그의 지성이 반영된 것이었다. 브라이언 브러멀은 잘 길들여진 말과 훌륭한 요리사를 데리고 있었으며 그의 집에는 여류 시인이 거주했다. 그는 포도주를 고를 때처럼 까다롭게 고른 손님들을 초대하여 훌륭한 저녁 식사를 대접했다. 영국인들이, 특히 그 당시의 영국인들이 그렇듯 그는 완전히 취할 때까지 마시기를 좋아했다.[43] 선병질적이고 신경질적이며, 댄디즘이 겨우 반 정도밖에 벗어나지 못한 지루한 영국의 생활 방식에 싫증이 난 그는 술잔을 비워 버리면서 만날 수 있는 다른 생활, 시끄럽고, 소란스럽고, 혼란스러운 생활에서 감정을 느끼려 했다. 그러나 시끌벅적한 술독에 한 발을 담그고 있으면서도 그는, 마치 셰리던처럼, 항상 뛰어난 위트와 우아함을 보였다. 항상 셰리던을 언급할 수밖에 없는 것은, 셰리던이 우리가 예로 들고자 하는 뛰어난 면을 모두 지니고 있기 때문이다.

이렇게 해서 그는 정복자가 되었다. 감히 브러멀에 대해 말을 꺼냈던 감리교 설교자들과 (이들은 영국 외부에 존재한다) 그 외 편협한 시각의 사람들은 그가 두뇌도 심장도 없는 일종의 인형인 것처럼 묘사하고, 브러멀을 더 깎아내리기 위해서, 심지어 그가 살았던 시대까지도 광기에 휩싸인 시대였다며 폄하했다. 쓸데없는 짓이며 쓸데없는 노고이다! 대영 제국의 영광스러운 시대였던 그 당시를 그들이 공격하려고 하는 것은, 물이 꽉 들어차 있는 금으로 된 공을 두들기는 것과 같다. 다루기 힘든 그 내용물은 두들긴다고 압축되는 것이

---

43) (원주) 가장 바쁜 이들에서 가장 게으른 이들까지, 살롱의 부랑자들 (댄디들)에서 주 장관에 이르기까지, 누구나 술을 마신다. "피트와 던다스처럼 퍼마신다" 라는 말은 속담이 되었다. 조국을 향한 사랑으로 가득하지만 만족을 모르는 위대한 영혼, 피트가 술을 마실 때 갈망하는 것은 다양함이었다. 위대한 이들은 종종 스스로를 벗어나려 한다. 그러나 어쩌랴! 자연이 항상 이를 허락해 주는 것은 아닐진대.

아니라 오히려 옆으로 터져 나올 것이다. 마찬가지로, 그런 식의 비판가들은 결코 1794년부터 1816년까지의 영국 사회를 퇴락해 가는 시기일 뿐이라고 낮추어 말할 수는 없을 것이다. 자신들에 관하여 멋대로 떠드는 모든 말에 저항하는 그러한 시기들이 있다. 피트, 폭스, 윈드햄, 바이런, 월터 스코트가 살았던 이 위대한 시기가, 브러멀의 이름으로 채워져 있었다는 사실 때문에 하찮아진다는 것이 가능키나 한 일인가? 이러한 요구가 부조리하다는 것은, 즉 브러멀에게는 위대한 시대가 주의를 기울이고 눈여겨볼 만한 어떤 점이 있다는 얘기가 된다. 그러나 그것은, 거울에 비친 작은 새들처럼, 단순히 훌륭한 옷을 우아하게 차려 입었다는 점만으로는 파악할 수 없는 것이다. 사람들의 관심의 대상이었던 브러멀은, 위대한 채텀[44]이 실천하였듯이, 사람들이 생각하는 만큼 옷 입는 방식에 중요성을 두지는 않았다.

거만하고 어리석은 이들은 그의 재단사였던 데이비슨과 메이어가 브러멀이 누리는 명성을 낳았다고 생각했으나, 사실 그들은 브러멀에게 절대로 중요한 인물이 아니었다. 이 문제에 대한 리스터의 얘기를 들어 보자, 그는 제대로 묘사하고 있다. “브러멀은 자신의 명성을 재단사들과 공유한다는 사실을 경멸하였으며, 귀족적인 유복함과 예절이라는 뛰어난 매력만을 믿을 뿐이었다. 그는 확실히 이러한 매력을 지니고 있었다.” 그러나, 브러멀이 사교계에 데뷔한 지 얼마 지나지 않았을 무렵, 민주당의 찰스 폭스가 런던에 빨간 하이힐을 처음 선보였을 당시 (분명 이 일이 몸치장에 끼칠 영향을 내다보았을 것이다), 이 일에는 어느 모로 보나 브러멀이 연관되어

44) (원주) 유일한 위대한 역사가이자 단순하지 않은 인물.

있었던 것이 사실이다. 그는, 옷차림이란 불멸의 지성을 갖춘 채 의상 따위를 가장 얕잡아보는 그러한 이들에게조차, 드러나지는 않지만 확실한 영향력을 끼친다는 사실을 알고 있었던 것이다. 그러나 나중 시기에 와서 그는, 리스터가 말하는 것처럼, 젊은 날 몰두했던 의상 문제에 무심해졌다. 그는 자신의 경험과 관찰에 의해서 의복이 지닌 중요성을 아예 포기해 버리지는 않았다. 여전히 나무랄 데 없이 차려입기는 했지만, 전보다 점점 더 어두운 색의 단순한 디자인으로 된 옷을 입었으며, 옷차림에 그다지 주의를 기울이지 않게 되었다.[45]

그는 예술의 정점, 예술이 자연과 만나는 곳에 다다라 있었으나, 그의 재능이 이보다도 더 높은 곳에 이르렀다는 사실은 너무나 자주 간과되어 왔다. 브러멀은 전적으로 육체적인 인간이라고 평가되어 왔으나, 이와 반대로 실제 그의 아름다움은 지성적인 것이었다. 사실 그는 신체적으로 완벽했다기보다 인상이 훌륭하여 돋보이는 편이었다. 그의 머리칼은 알피에리처럼 거의 붉은 색이었으며, 군에 있을 때 말에서 떨어진 적이 있어 그리스적인 옆모습의 윤곽이 손상되었다. 두상이 자아내는 분위기는 얼굴보다도 더 아름다웠으며, 몸가짐은 - 신체의 생김새라고나 할까 - 골격을 거의 완벽한 것처럼 보이도록 했다. 리스터의 말을 들어 보자. "그는 아름답다고도 못났다고도 할 수 없었지만, 브러멀이라는 인간 자체에는 섬세한 분위기와 한 군데로 집중된 아이러니가 느껴졌으며, 눈길은 믿을 수 없을

45) (원주) 마치 옷 따위는 중요하지 않다는 것처럼 말이다! 그럴 마음만 있다면, 댄디는 하루에 열 시간이라도 몸단장하는 데에 들일 수 있지만, 일단 다 차려입고 나면 더 이상 신경쓰지 않는다. 그가 옷을 잘 차려입는 까닭은 남들이 알아 주기를 바라서이다.

만큼 날카로웠다." 그가 완벽한 댄디, 눈에 보이는 세계보다 더 우월한 무엇을 자신의 내부에 지닌 댄디가 되어가면서, 이따금 그의 영민한 눈에 경멸은 어리지 않은 얼음 같은 무심함이 떠올랐다. 그의 훌륭한 목소리를 듣고 있으면, 영어라는 언어가 읽거나 사유하는 데 어울리는 만큼 듣기에도 좋다고 느껴졌다. 다시 리스터의 말을 빌자면, "그는 근시안적인 인간이기를 원치 않았다. 그러나 그 자리에 있는 사람들이 그의 허영을 충족시켜 줄 만큼 중요한 인물들이 아닐 때면, 그는 어디에도 고정되지 않고, 어떤 일에도 관심을 보이거나 흔들리지 않으며, 사람들을 훑어보면서도 알아보지 못하는, 그 차분하고 떠도는 듯한 시선을 떠올리곤 했다." 멋쟁이 조지 브러멀은 이런 사람이었다. 이 글을 쓰고 있는 본인이 그를 만난 것은 그가 나이 들었을 때이지만, 그가 가장 빛나던 시절에는 어떤 사람이었는지 알아챌 수 있었다. 얼굴에 나타난 표정이란 주름이 진다고 해서 변하는 것이 아니며, 인상이 훌륭한 이는 다른 사람들보다 덜 변하는 법이다.

게다가, 그의 용모가 지닌 분위기를 자아내는 지성은 그 이상까지 나아갔다. 성스러운 빛이 그의 형상을 둘러싸고 있었던 것은 괜한 일이 아니었으나, 그가 소유한 지성, 다른 이들이 소유하고 있지 못한 매우 희귀한 종류의 지성을 부인하려는 것은 올바르지 못할 것이다. 브러멀은 자기 나름의 방식을 소유한 위대한 예술가였으나, 그의 예술은 한정된 시간 동안 특징지어지거나 드러나지 않았다. 그의 예술은 인생 자체, 비슷한 동료들과 어울려 살도록 창조된 인간에게만 주어진 영원히 빛나는 재능 그 자체였다. 다른 예술가들이 자신의 작품으로 사람들을 기쁘게 하듯, 그는 자기 몸으로 남을 기쁘게 하였다. 그의 가치는 즉각적으로 드러났다. 그는 타성에 젖은 유식한 사회, 오래된 문명과 감정에 지친 사회를 무감각으로부터 끌어냈으며[46], 그렇게 하면서 자신의 개인적인 품위를 한 치도 희생시키지 않았다. 그의 개인적인 변덕까지도 존중을 받았다. 에더레지도, 시버도, 콩그레브도, 반브루도[47] 자신들의 희극에 이러한 인물을 등장시킬 수는 없을 것이다. 브러멀은 결코 우스꽝스러운 꼴을 보이는 일이 없었기 때문이다. 자신의 재간으로도 우스꽝스러운 꼴을 피할 수 없거나, 그러한 상황을 받아들여야만 했다면, 그는 자신의 위트로 스스로를 지켰을 것이다. 그의 위트는 가운데에 투창이 박힌 방패, 방어를 공격으로 전환시키는 무기였다. 이제 브러멀을 더 잘 이해할 수 있을 것이다. 우아함이 발전하는 것을 가장 느리게 알아채는 자들이라 할지라도 그 뒤에 숨겨진 힘을 느끼게 될 터이다. 농담을 구사하는 그의 힘에 대해 알고 나면, 자신의 동시대인들을 지배했던 브러멀의 왕국이 전처럼 터무니없거나 이해할 수 없는 것처럼 느껴지지는 않을 것이다. 천재적인 아이러니의 재능은, 한 인간에게 수수께끼처럼 흥미를 자아내고 위협적으로 괴롭히는 스핑크스와도 같은 분위기를 주기에 충분하다.[48] 브러

---

46) (원주) 자기 자신도 줄곧 무기력을 느끼는 채였다. 붙임성 있게 굴려면 너무나 활동적이어야 하고, 너무나 직설적이어야 하기 때문에 댄디는 완벽하게 붙임성 좋은 인물이 될 수 없다. 댄디는 결코 노력을 기울여 무엇인가를 추구하지 않으며, 어떤 것을 열망하는 일도 결코 없다. 그러므로 몇몇 모임에서 브러멀이 붙임성 있어 보였다는 말이 있다면, 그 까닭은 위대한 인물이 보이는 사교성은 절제되어 있으면서도 저항할 수 없는 매력을 발산하기 때문인 것이다. 위대한 이들은 아름다운 여자와 같아서, 그들이 무슨 짓을 하듯 우리는 좋아하는 것이다. (남자라면 말이다.)

47) 브러멀과 동시대인은 아니지만, 네 사람 다 유명한 극작가들이다.

48) (원주) "당신은 미로 안에 자리잡은 궁전이에요." 바라보아도 볼 수 없고 아무리 찾아도 발견할 수 없어 지친 한 여성은 이렇게 썼다. 그녀는 자신도 모르는 사이에 댄디즘의 한 원리를 이야기한 셈이다. 모든 이가 궁전이 될 수는 없지만, 미로는 누구든지 될 수 있다.

멀은 그러한 재능을 소유하고 있었으며, 모든 이들의 자기애(自己愛)를 어루만져 주다가도 꿰뚫는 데에 사용하였고, 또한 허영심을 자극하여 고상한 대화 속의 몇 천 가지 흥미로운 주제를 두 배로 부풀리는 데에 사용하였다. 위트를 직접 주는 것이 아니라, 감각이 있는 이들의 위트를 자극하고 그렇지 못한 이들의 혈액 순환이 보다 빨라지도록 해 주는 방법이었다. 이러한 천재적인 아이러니로 인해 브러멀은 영국이 낳은 신비스러운 인물 중에서도 최고가 되었다. 『그랜비』의 저자는 말한다. "어떤 동물원 사육사도, 그가 모든 인간의 내부에 다소간은 숨겨져 있는 기괴한 면을 드러내 보여 주는 것보다 더 능숙하게, 원숭이가 재주부리는 모습을 보여 줄 수는 없었다. 그는 갖가지 방법으로 자신의 희생자를 조종하여 그가 스스로 우스꽝스러운 짓을, 가장 눈에 띄기 쉽게 저지르게끔 하는 재능이 있었다." 즐기는 방법치고는 약간 잔혹하다. 그렇지만 댄디즘이란 지루함에 빠진 사회의 산물이며, 지루함에 지친 이들은 상냥해지지 못하는 법이다.

브러멀을 판단할 때는 그러한 관점을 잃지 않는 것이 중요하다. 그는 무엇보다도, 다름 아닌 댄디였으며, 우리가 논해야 할 부분은 바로 브러멀의 그러한 힘이다. 누구도 거역하지 못하는 일인 독재! 모든 댄디들처럼 그도 남을 즐겁게 하기보다 놀라게 하는 편을 좋아했다. 매우 인간적인 선택이지만, 인간을 지나친 선까지 몰고 나가게 된다. 최고의 놀라움이 란 바로 공포인데, 어느 선에서 멈춰야 하는 것일까? 오직 브러멀만이 해답을 알고 있었으며, 그는 공포와 호의를 정확히 똑같은 분량으로 부어 만든 마법의 미약으로 자신의 영향력을 행사하였다. 그의 나태함은 그가 활발해지지 못하게 했다. 활발하다는 것은 열정을 지닌다는 것이며, 열정이란 것은 무엇인가에 신경을 쓴다는 의미이고, 무엇인가에 신경을 쓴다는 것은 자신이 열등하다는 것을 드러내는 증거이기 때문이다. 그는 항상 초연했고 꼭 알맞은 말만을 하였다. 그의 말투는 해즐릿[49]의 글만큼 신랄했다. 그의 조롱은 혹독했다.[50] 그러나 그의 무례함은 너무나 위대하기에 짧은 경구로 압축하여 표현할 수가 없다. 무례함은 말로 드러나다가 마침내는 그의 행동, 태도, 몸짓과 억양을 통해 드러나게 되었다. 그는 사람들 사이에서 위트가 통용되기 위하여 반드시 필요한 그 명백한 탁월함으로 위트를 구사하였다. 숭고함이 지나치면 우스꽝스러움이 되는 것처럼 위트도 아슬아슬한 경계선을 넘으면 천박함이 되어 버리며, 미묘한 뉘앙스를 잃으면 위트는 끝장이기 때문이다. 무례함이란 베일에 가리워진 재주이며, 이를 드러내기 위해서는 말의 도움이 필요없다. 굳이 강조하지 않더라도 무례함이 지닌 힘은 훌륭하게 작성된 어떤 경구보다 훨씬 더 강력한 것이다. 무례함은, 다른 이들의 종종 적개심 어린 허영에 대항하는 가장 강력한 방패이자 스스로의 약점을 감추게 할 수 있는 가장 우아한 외투이다. 무례한 이에게 그 이상 어떤 방어가

---

49) 해즐릿(Hazlitt, William, 1778~1830), 영국의 수필가, 비평가이자 저널리스트

50) (원주) 그는 조롱의 말을 좌중에 내뱉는 것이 아니라 가볍게 입 밖에 내었다. 댄디의 위트는 결코 시끄럽거나 불꽃을 튀기는 것이 아니다. 거기에는, 예를 들자면 카사노바나 보마르셰 같은, 수은 같은 유동성과 불타는 생기가 없다. 만일 댄디가 그들과 같은 말을 할 기회가 있었다면, 그는 다른 어조로 발음했을 것이다. 잘 분류되고 대칭적인 사회에서 댄디들이 변덕스러움을 대표하기는 하지만, 아무리 뛰어난 재능을 타고났다 해도 그들은 끔찍스러운 청교도주의에 감염되어 빠져들지는 않을 것이다. 그들은 페스트의 성에 살고 있었으며, 이는 건강에 좋지 않은 거처였다. 바로 그러한 이유로 그들은 품위에 대해 그렇게 많이 이야기했던 것이다. 그들은 발작적인 위트로 위엄을 잃지는 않을까 걱정하였다. 댄디들은 품위라는 생각에 꼼짝없이 갇혀서 살았는데, 이는 아무리 유연하다 해도 움직이는 데에 약간 불편을 주었으며 따라서 그들은 지나치게 꼿꼿하게 굴 수밖에 없었다.

더 필요하겠는가? 탈레랑[51]이 위트로 명성을 떨치게 된 것은, 위트 그 자체라기보다 무례함 덕택이 아니었는가? 가벼움과 자신만만함 — 겉으로 보기에는 서로 모순되는 것처럼 보이는 두 가지 특성 — 의 딸은, 또한 우아함과 누이이기도 하여, 이들은 서로 함께 있어야만 한다. 이 두 가지 특성은 서로의 덕택에 더욱 빛나 보인다. 무례함 없는 우아함은 너무 뻣뻣한 금발 미녀와도 같고, 우아하지 않은 무례함은 지나치게 되바라진 갈색 머리 미녀처럼 보이지 않을까? 잘 드러나기 위해서, 이 두 가지 특성은 서로 섞여야만 한다.

그리고 조지 브러멀은 누구보다도 더 그러한 사람이었다. 너무 피상적으로만 평가받아 온 이 사나이는, 말보다 분위기로 군림하여 온, 지성적인 힘 그 자체였다. 남들을 향해 행동하는 것만으로도 그는 말을 통해 내리는 명령보다 더 즉각적인 결과를 일으켰다. 그는 억양과 시선, 동작과 뚜렷한 의도, 심지어 침묵 그 자체만으로도 영향을 끼쳤다. 그는 대화를 무척 즐겼기 때문에 종종 침묵에 빠져들었다. 그러나 브러멀의 침묵이 다음 글에 나오는 것처럼 심오한 것은 아니었다. "그들은 내가, 이런저런 일에 대한 자신들의 생각이나 이런저런 일에 대한 자신들의 판단을 이해했는지 보기 위해 나를 바라보았다. 그들은 아마 내가 살롱을 드나드는 평범한 인간이라고 생각하였을 터이지만, 나는 나에 관한 그러한 생각을 즐겼다. 나는 정체를 숨기기를 좋아했던 제왕들에 대해 생각했다." 댄디들에게서는 이러한 거만하고 고독한 자의식이 보이지 않는다. 브러멀의 침묵은 효

51) Charles-Maurice de Talleyrand-Perigord(1754~1838). 베네방 왕자(Prince de Bénévent)라고도 함. 프랑스의 정치가·외교관. 프랑스 대혁명과 나폴레옹 시대를 거쳐 부르봉 왕정복고, 루이 필리프 통치에 이르기까지 줄곧 고위관직을 지낸 정치적 생명력으로 유명하다.

과를 자아내기 위한 다른 수단이었으며, 남을 기쁘게 하는 법에 능통하고 어떤 시점에서 욕망에 불이 붙는지를 잘 아는 이가 쓰는 감질나는 애교였다. 이는 그가 남긴 조롱의 말이 왜 그리 적은지를 잘 설명해 준다. 게다가, 그 당시의 기록에 남아 있는 브러멀의 말 안에는 신랄함이 깃들여 있지 않거나 지나치게 들어 있다. 그러니까, 없는 거나 매한가지이다. 우리는 복싱을 하고 취할 때까지 술을 마시며 우리 프랑스인들이 예의를 잃어버리는 지점에서까지 천박해지지 않는 이들 민족이 지닌 소금기 어린 재능을 모질게 느낄 수 있다. 생각해 보자. 사유의 산물 중 특별히 '에스프리'라고 불리는 부분은 본질적으로 언어와 풍속, 사회 생활, 다시 말해 민족과 민족 간의 차이점이 가장 두드러지는 부분과 연결되어 있으며, 그 부분은 번역이라는 유배를 겪는 동안 사라져버리는 부분이다. 심지어 각각의 민족의 특성을 나타내는 표현조차도, 그것들이 지니고 있는 심원한 의미를 완전히 전달하면서 번역할 수는 없다. 프랑스어의 에스프리(esprit)라는 한 단어를 이루는, 영어의 위트(wit), 유머(humour), 펀(fun)이라는 세 단어 사이의 관계를 예로 들어 보자. 에스프리를 한 언어에서 다른 언어로 옮겨 심기란, 시를 옮겨 심는 것보다 더 불가능하다. 적어도 시는 인간의 일반적인 사유를 담고 있지만, 에스프리란 고유한 특성이다. 여행을 견뎌내지 못하기 때문에 생산지에서 마실 수밖에 없는 특정한 종류의 와인과도 같다. 또한 (아마 이것이 그 즐거움의 비밀이겠지만) 한 나라의 에스프리는 가장 아름다운 장미와도 같은 본성을 지니고 있어서, 가장 일찍 시드는 것이다. 신은 종종 삶의 길이를 짧게 하는 대신 강렬함을 부여해 주는데, 쉽게 사라져 버리는 사물에 대한 관대한 사랑이 우리의 마음 속에서 사라지지 않기 위해서이다.

따라서 우리는 브러멀이 남긴 말을 인용하지 않고 넘어가기로 하겠다. 그 말들은 브러멀의 명성의 이유를 증명해 주지 않을 것이다. 물론 그럴 만하기는 하지만, 그러한 말들이 태어나고, 말하자면 '전류가 흐르게' 하였다고 할 법한 과거의 상황은 이제 더 이상 없기 때문이다. 과거에는 불꽃이었으나, 시간이 흘러 흩어지고 그 불꽃이 꺼진 후 남은 모래알들에 신경을 쓰거나 세어 보는 일은 그만두자. 다양한 재능 덕택에, 침묵 속의 작은 소리에 불과할 뿐인, 그리고 사유를 불가능하게 하며 영원히 몽상의 근원이 되는 명성들도 있는 것이다.

브러멀처럼 삼중으로 실재적인 인간에게 밀어닥친 영광의 물결에 놀라지 않기란 불가능하다. 그는 허영심이 있었으며, 영국인에, 댄디이기까지 했으니 말이다! 모든 실재적인 인간들이 자기 자신의 일에 몰두하는 것을 결코 잊지 않고 즉각적인 즐거움을 위한 믿음과 의지만을 지니고 있는 것처럼, 브러멀은 결코 다른 이들을 욕망하지 않았고[52] 이러한 점을 끝까지 즐겼다. 운명은 그에게, 그가 가장 가치 있게 여기는 동전을 쥐어 주었다. 사회는 그에게 자신이 부여할 수 있는 모든 행복을 안겨주었으며, 브러멀에게 있어 그 이상 소중한 것은 없었다. 그는 댄디즘의 배반자이자 변절자인 바이런, 세상은 세상이 우리로부터 빼앗아가는 즐거움 중 하나만큼의 가치도 없다고 늘 말했던 바이런의 의견에 동의하지 않았다. 브러멀의 허영심

52) (원주) 도덕주의자들은 모욕적인 질문을 던질 것이다. "그럼 그는 인생에서 그 유일하고 한심한 즐거움만으로 만족해했던가요?" 그러면 안 되는가? 사랑이 충족되면 만족하는 사람처럼, 허영심이 충족되는 것만으로 충분한 사람도 있는 것이다. 그렇다면 지루함은? 아, 그것은 최고의 강철로 된 행복조차 무너뜨려 버릴 수 있는 지푸라기이다. 모든 이에게 있어 모든 사물의 밑바닥에는 지루함이 깔려 있으며, 특히 댄디들, 슬픈 듯이 이런 말을 남긴 댄디들에게는 특히 더하다. "인생의 모든 즐거운 것들로 둘러싸여 있으면서, 이끼를 끌어 모으는 바위, 이끼가 주는 서늘함이 꿰뚫지 못하는 바위 같다."

은 사교적인 즐거움들로 가득 충족되었다. 1799년부터 1814년까지, 브러멀의 참석이 영예롭다고 여겨지지 않은, 불참이 재난으로 여겨지지 않은 파티나 모임은 없었다. 신문은 최고의 저명한 손님들의 이름보다 먼저 그의 이름을 다루었다. 알맥의 파티와 애스콧 모임에서는 그의 지배 하에 모두가 고개를 숙였다. 그는 바이런 경과 알밴리 경, 마일드메이와 피에르푸앙이 속해 있는 와티에 클럽의 회장이었다. 그는 브링턴과 칼턴 하우스, 벨부아의 저 유명한 파비용(pavillon)[53]의 영혼 (영혼이라는 단어가 맞을까?) 이었다. 셰리던, 요크 공작 부인[54], 어스킨, 타운즈헨드 경을 비롯하여, 세 언어를 구사할 줄 아는 여류 시인이자 폭스에게 이기기 위하여 그 고귀한 입술로 런던의 푸줏간 주인들에게 입을 맞추었던 비범하고 열정적인 데번셔 공작 부인의 절친한 친구였던 브러멀은 그를 제대로 판단할 줄 알았던 이들, 만일 그가 그저 행운의 총아에 불과하였다면 겉모습 아래 숨은 텅 빈 속을 간파하였을 이들에게 깊은 영향을 주었다. 마담 드 스탈이 자신이 브러멀의 마음에 들지 않았다는 사실에 거의 불쾌해했었다는 말도 전해져 온다. 그녀의 전능한 이지적인 교태는 냉정한 영혼과 영원한 위트를 지닌 댄디, 차가운 변덕으로 인해 열정을 비웃는 댄디에게는 영원히 퇴짜를 맞을 수밖에 없었다. 코린느는 보나파르트에게 실패했듯이 브러멀에게도 실패했다. 앞서 언급한 바이런의 말을 되새기게 하는 우연이라 하겠다. 마지막으로, 가장 독특한 성공은, 또 다른 여인인 레이디 스탠호프였다. 그녀는

53) 브링턴은 프린스 오브 웨일즈의 여름 별장, 칼턴 하우스는 그의 거처, 벨부아 성은 루틀랜드 백작의 성이다.

54) 황태자의 처제로, 브러멀의 절친한 친구였다.

유럽 문명과 영국의 일상에서 뛰어나와 — 돌고 도는 오래된 서커스이다 — 사막의 위험과 자유로움에서 새로움을 느껴 보려고 했다. 몇 년을 떠나 있는 동안 레이디 스탠호프는 자신이 남겨두고 온 사회를 거의 잊었지만, 아마 가장 문명화되었다고 할 만한 것 — 댄디 조지 브러멀은 잊지 못했다.

자신과 동시대의 유명인들에게 끼친 그의 영향력이 지닌 생기와 그 깊이를 생각해 보면, 우리는 그러한 영향력을 행사한 자를, 비록 그가 거만한 인간이라 해도, 인간의 상상력을 정복한 이에게 마땅한 진지함을 갖추어 다루어야만 한다. 자신이 살던 시대의 풍속을 반영하기 마련인 시인들은 브러멀에게 몰두하였다. 무어는 그를 찬양하였다. 그러나 무어는 누구인가? 아일랜드 기질밖에 볼 것 없는, 핑크색 골판지 시인일 뿐이다. 브러멀은 시인의 눈에 보이지 않는, 돈 후안의 뮤즈들[55] 중 하나였을지도 모른다. 어떤 경우이든 이 기묘한 시는 본질적으로 댄디적인 어투이며 브러멀의 위트와 성격을 파악하려는 데에 커다란 도움이 되어 준다. 그가 지평선까지 올라 그곳에 머무르게 해 주었던 특성들은 이젠 사라지고 없다. 그는 자신의 위치에서 내려온 것이 아니라, 그의 이후로는 품위가 손상된 모습으로밖에 다시 나타나지 않은 일종의 완벽함을 갖추고서, 추락했다. 정신을 빼놓는 경마가 댄디즘을 대신하였다. 지금 상류 사회에는 기수들과 개에 채찍질하는 인간들밖에는 없다.[56]

---

55) 바이런의 작품 『돈 주앙』을 가리킨다.

56) (원주) 도르세가 있기는 했다. 그러나 패션계의 인기인이었으며 아틀라스와도 같은 아름다움을 지녔던 도르세는 댄디가 아니었다. 그의 본성은 영국적인 본성보다 훨씬 더 복잡하고, 넓었으며 인간적이었다. 이미 여러 번 강조하기는 하였지만 계속해서 되풀이하겠는데, 댄디즘의 생리학적인 기반은 림프액, 허영심의 채

XI.

사실보다는 인상에 의지한 이 역사를 써 내려가면서 우리는 곧, 런던이 여주인공이고 브러멀이 주인공을 맡았던 이 놀라온 로맨스(동화가 아니다)의 종말, 유성이 사라지는 곳에 이르게 된다. 그러나

찍질이 가해졌을 때만 거품을 일으키며 흐르는, 고여 있는 액체이다. 그런데 도르세의 체액은 프랑스의 붉은 피였다. 그는 가슴팍이 프랑수아 1세와 같고 호감 가는 아름다움을 지닌 넓은 어깨의 신경-다혈질적인 프랑스인이었다. 그는 모양 좋은 손을 정답게 내밀어 모든 이의 마음을 얻었다. 오만불손한 댄디즘의 악수법과 얼마나 다른가! 도르세는 모든 이들을 기쁘게 하고 즐겁게 했기 때문에 심지어 남자들마저도 그의 초상화를 가지고 다녔다! 반면 댄디들은 남자들이 — 여러분이 알 만한 그것을 — 가지고 다니게 했고, 여자들의 비위를 거스름으로써 그녀들을 즐겁게 했다. (평가를 내릴 때는 이 미묘한 점을 절대 잊지 말아야 한다) 한 마디로 말해 오르세는 친절한 왕이었다. 그런데 친절함이란 댄디들에게는 전혀 알려지지 않은 감정이었다. 도르세가 댄디들처럼 눈에 띄지 않으면서도 완벽하게 차려입었다는 것은 사실이며, 겉만 볼 줄 아는 이들은 분명 이러한 이유로 그를 브러멀의 후계자라고 여겼을 것이다. 그러나 댄디즘은 넥타이를 매는 법 같은 천박한 기술 따위가 아니다. 심지어 어떤 댄디들은 결코 넥타이를 매지 않았다. 예를 들어 목이 무척이나 아름다웠던 로드 바이런 말이다! 다른 관점에서 보면 도르세는 예술가였다. 그는 지나치게 자주 악수를 청하곤 했던 그 고운 손으로 — 애교란 자신이 거절하는 것에 의해 더 잘 지배하므로 — 조각을 하곤 했다. 반면 브러멀은 거짓된 얼굴들과 텅 빈 머리들을 위하여 부채를 쓰다듬었다. 도르세의 조각상들에는 사유가 담겨 있다. 게다가 그는 작가에 가깝기도 했고, 바이런이 알프레드 D__에게 보낸 편지를 받을 만하다. 이 편지는 저 유명한 비망록에서 발견되었으며, 무어가 비겁하게도 이름은 별표로, 신랄한 일화는 줄임표로 감추어 놓았다. (무어는 참으로 사랑스러운 사람이다!) 우쭐대기는 했으나, 도르세는 그 당시의 가장 우쭐대던 여성들에게 사랑받았다. 진실한 여성들은 빼고 말이다. 그런 여성들은 한 세기에 두 명이나 세 명밖에 없으니 굳이 언급해 봐야 얻을 것이 없다. 그는 심지어 오래 지속되고 역사적으로 남은 열정에까지 영향을 주었다. 그런데 댄디들은 경련에 의해서밖에 사랑받지 못했다. 여성들은, 댄디들을 싫어하면서도, 그들의 마지막 부탁까지 들어 줄 준비가 되어 있었으며, 글자 그대로 품 안에 증오를 누르고 있는, 상당한 파운드 스털링의 가치가 나가는 감정을 즐겼다.
게다가 도르세의 멋진 결투 사건, 이보다 덜 댄디적이고 더 프랑스적인 일이 있겠는가? 도르세는 한 장교가 성모 마리아를 모욕했다는 이유로 접시를 집어던는데, 그는 자기 앞에서 여성이 모욕당하는 일을 허락할 수가 없었던 것이다.

실제로 종말은 아직 멀었다. 사실 대신에 — 시간의 역사적인 측정 단위 — 날짜를 기준으로 하여 그의 영향력이 지속된 시간으로 그 깊이를 재어 보자. 1794년부터 1816년까지는 스물 두 해이다. 물질적인 세계와 마찬가지로 정신적인 부분에 있어서도, 가벼운 것은 쉽게 다른 것으로 대체되기 마련이다. 이토록 오랜 세월 동안 성공이 지속되었다는 것은 브러멀의 존재가 사회적 관습의 베일에 가려진 인간의 요구에 진정으로 부응했음을 보여 준다. 그리고 이후, 그가 영국을 떠나야만 하게 되었을 때에도, 그라는 인간에게 집중된 관심은 사라지지 않았다. 여전히 그에게 열광하는 이들이 있었다. 1812년과 1813년, 비록 도박으로 인해 그의 우아함의 근원인 부유함이 상처를 입기는 했지만, 그의 힘은 그 어느 때보다도 강력했다. 사실 그는 도박에 상당히 강했다. 도박사들과 해적들을 만드는, 미지에 대한 대담한 도전과 모험에 대한 갈증이 그의 천성인지 아니면 그가 살던 시대의 사회적 경향의 결과인지, 알려고 해 봐야 소용없다. 그러나 영국 사회가 기니 금화보다도 흥분을 더 좋아했으며, 한 사회를 지배하려면 그 사회가 열광하는 것에 동참해야만 한다는 사실만은 확실하다. 카드 게임으로 인한 손실 이외에 브러멀이 추락하게 된 또 다른 원인은, 그를 좋아했으며, 둘 사이에서 늘 따라다니는 쪽이었던, 황태자와의 다툼이었다. 섭정은 나이들어가기 시작했다. 비만, 부드럽게 꿈틀거리며 그를 붙들어 아름다움을 사라지게 한 폴립이 그를 잠식했다. 무자비한 위트와 호랑이 같은 자만심으로 마음속 깊이 꽂히는 말을 던지던 브러멀은 종종, 시간에 의한 침식을 되돌려 보려는 무익한 노력을 비웃어 프린스 오브 웨일즈를 우스운 꼴로 만들었다. 칼턴 하우스의 수위 중 빅 벤(Big Ben)이라는 별명을 지닌 이가 있었는데, 브러멀은 그 별명을 주인에게 붙여 주었으며, 피츠-허버트 부인을 베니나라고 불렀다. 이러한 비꼬는 듯한 대담함은 실패 없이 자부심 강한 왕족들의 가슴 속 깊이 파고들었고, 황태자 주변의 여인들 중 브러멀의 지나치게 스스럼없는 위트에 화를 낸 것은 피츠-허버트 부인 혼자만이 아니었다. 이것이 바로 갑작스레 위대한 댄디에게 닥치게 된 노여움의 실제 원인이었다.

불화의 원인으로 설명되던 종 이야기는 외전(外典)인 것 같다.[57] 제스 씨가 이 이야기를 반박하는 이유는 단순히 브러멀 자신의 부인 때문만 아니라, 이 사건이 드러내는 천박한 무례함 때문이다. 그리고 그의 의견이 옳다. 댄디가 종종 뻔뻔스럽게 굴기는 해도, 결코 천박하게 구는 일은 없다. 게다가, 아무리 심각하더라도 고립된 장소에서 일어난 일이며, 브러멀이 던진 셀 수 없이 많은 독설 중 가장 가벼운 방식일 뿐인데, 그렇게까지 심각하게 황태자의 눈 밖에 나게 된 이유에 대한 설명으로 충분치 않다. 캐롤라인 오브 브런즈윅의 남편은 피츠-허버트 부인이며 레이디 커닝햄이 참아낼 수 없는 말들까지 너그럽게 넘겼던 것이다.[58] 그렇게 참아 넘겼고, 자신이 총애하는 이

57) (원주) 이런 이야기이다. 어느 날 밤 저녁 식사 자리에서, 어떤 굉장히 무례한 내기에서 이기기 위하여, 브러멀이 종을 가리키며 이렇게 말했다고 한다. "조지, 울려!" 황태자는 시키는 대로 하였으나, 종소리를 듣고 들어온 시종에게 브러멀을 가리키며 이렇게 말했다고 한다. "저 주정뱅이를 끌어내 침대로 데려가거라."

58) (원주) 브러멀의 영향과 위트는 프린스 오브 웨일즈가 캐롤라인 오브 브런즈윅을 좋아하지 않았던 주요한 원인 중의 하나였다. 젊은 아내가 신방의 침대에서 타조 깃털 아래서 자신을 기다리는 동안, 황태자는 벽난롯가의 카펫 위에서 지새웠다는 그 유명한 첫날밤 저녁, 황태자는 댄디들과 저녁식사를 함께 했었다는 사실은 잘 알려져 있다. 이들 실재적인 사람들은 캐롤라인 오브 브런즈윅이 독일로부터 자기 짐과 함께 가져온 공허한 감상주의를, 나중에는 상당히 실재화되기는 하였지만, 싫어했던 것이다. 게다가 그녀는 공식적인 혼인의 행복과 차를 들이붓는 이들의 나라의 합법적인 배우자였던 것이다! 그런데, 댄디즘은 뜻밖의 일을 좋아하며 가정적인 미덕에 대한 고루한 찬양에는 진저

가 주변의 여성들을 공격해도 벌을 주지 않았지만, 황태자는 결코 자기 자신을 향한 공격, 진정한 자아를 겨냥한 공격에만은 분노를 조용히 참아넘길 수가 없었다. 하이드 파크에서 브러멀이 폐하를 가리키며 공공연하게 "이 뚱보는 누구지?" 라고 했던 말은, 내기라는 이유로 두 사람 사이의 관계를 잊고 주제넘은 짓을 한 일보다 더욱 더 잘, 모든 일을 설명해 준다.

그러나 이 때까지는 (1813년) 냉담해져 가는 황태자의 태도도, 카드에서의 손해도 브러멀의 지위에 어떤 영향도 끼치지 않았었다. 그를 높은 곳에 올려 주었던 손이 거두어졌어도 그가 추락한 것은 아니며, 여전히 그는 살롱의 여론을 이끌었다. 그러나 그것만이 아니었다. 섭정은 반쯤 몰락한 댄디가 영국의 첫째가는 사나이인 자신의 권위와 투쟁하는 모습을 씁쓸하게 지켜보았다. 항상 하늘색 종이에 글을 쓰지는 않았으며, 아일랜드적인 증오의 도움을 받아 이따금 가장 깊숙하게 찌르는 단어들을 발견하곤 했던 아나크레온-아르킬로쿠스 무어는, 프린스 오브 웨일즈의 입에 요크 공작을 향한, 그리고 모든 곳에서 인용되곤 하는 싯구를 물려 주었다.

리를 친다. 따라서 그들은 마담 드 스탈이 그토록 찬양해 마지않았던 로드 그레이와 레이디 그레이의 흔들리지 않는 공적인 행복보다, 여자들에 의해서 온갖 불행이 일어나는 모습을 더 좋아할 것이다. 영국에서 이러한 합법적인 행복과 계속해서 마주쳐야만 하는 댄디들은, 파리의 살롱에서 그러한 모습을 거의 본 적이 없는 마담 드 스탈의 의견에 결코 동의하지도 않고 동의할 수도 없다. 간격이 시를 만들어내며, 상상력은 항상 자신의 키메라(역주 - 그리스 신화에 나오는 사자의 머리, 염소의 몸, 뱀의 꼬리를 한 불을 뿜는 괴물)를 쓰다듬어 주어야 한다. 그러나 코린느(역주 - 마담 드 스탈의 작품)에서 자신의 초상화를 그렸고 D__와 C___와 T___를 사랑했던 그 여자가 키메라를 쓰다듬으려 할 때, 그녀는 댄디들에 비해 자신의 마음과 상상력에 솔직하지 못하며, 마담 드 스탈을 마담 넥커의 딸 수준으로 낮추고 있다.

"나는 결코 분노를 느끼지도, 나쁜 일이 생기지를 바라지도 않노라
인간들에게 — 지금 생각해 보니 보 브러멀만 빼놓고,
그는 지난 해에 극도의 분노로 나를 협박하였도다
나를 잘라내고 예전의 패션의 제왕을 데려오겠다고"

이 모욕적인 싯구는 댄디의 제왕이 맥마혼 대령에게 왕족 댄디에 대해 했던 말을 떠올리게 한다. "내가 현재의 그를 만들었고, 쉽게 이전처럼 돌려놓을 수도 있소." 또한 이러한 발언은 이 우아함의 워윅[59]이 휘둘렀던 권력이 얼마나 개인적이었는지, 그가 얼마나 완벽하게 독립적이고 군주적이었는지를 보여 주는 확실한 증거가 아닌가? 그의 권력이 어느 정도였는지 보여 주는 이보다 더 놀라운 증거는, 1813년의 일로써, 와티에 클럽의 주요 회원들이 큰 파티를 열면서 프린스 오브 웨일즈를 초대할 것인가 말 것인가라는 문제로 심각한 토론을 벌였던 일이었다. 단지 그가 브러멀과 불화중이었기 때문에 말이다.

관대하면서도 뻔뻔할 줄 알았던 브러멀은 황태자를 초대해야 한다고 우길 수밖에 없었다. 그는 클럽의 일원이었으므로, 더 이상 칼턴하우스에서 만날 수 없는 그곳의 주인을 초대하여 집주인 역할을 맡으면서 영국의 모든 빛나는 젊은이들이 참석한 가운데 회담을 진행하고 싶었을 것이 분명하다. 그러나 완벽한 신사처럼 보이려는 노력마저 잊고, 이 문제에 대해서는 자신답지 않게 행동했던 황태자는 환대받는 이에게 주어지는 의무마저 기억해 내지 못하였고, 댄디즘에 댄디즘으로 맞설 준비가 되어 있던 브러멀은 황태자 전하의 부루퉁

59) 워윅(Warwick) 백작인 리처드 네빌(Richard Nevill, 1428~1471)은 '왕을 만드는 이'라는 별명이 있었다.

한 태도에 자신이 마치 갑옷처럼 사용하는, 따라서 꿰뚫을 수 없게 만드는 예의 우아한 무심함으로 대처했다.60)

와티에 클럽에서는 영국의 다른 어떤 곳에서보다 무모한 도박판이 벌어졌으며, 이는 끔찍한 스캔들을 일으켰다. 지루함에 지친 댄디들은 이곳에서 매일 저녁 만나, 향료를 친 포트와인에 취하고, 삶의 현세적인 지루함들을 달래며, 그들의 노르만 기질 피를 — 쥐어채고 약탈할 때만 끓어오르는 피 — 주사위 한 번 던지는 데에 엄청난 재산을 걸면서 흥분시키곤 했다. 벌써 말한 바 있는 것처럼 브러멀은 이 유명한 클럽의 스타였다. 그가 도박과 내기의 한복판에 몸을 내던지지 않았더라면 그러한 지위를 유지할 수 없었을 것이다. 사실 그는 이 매력적인 아수라장을 오고가는 다른 이들보다 더하지도 덜하지도 않은 도박꾼이었다. 이곳에서는 막대한 금액의 판돈이 완벽한 무관심 속에 사라지곤 했는데, 이는 댄디들에게 있어 검투사가 경기장에서 명예로운 죽음을 맞는 것과 똑같은 일이었다. 브러멀 이외의 다른 이들도 똑같이 행운이 좋을 때와 나쁠 때를 겪었다. 하지만 많은 이들이 더 오래 버틸 수 있었다. 브러멀에게는 습관과 냉정함에서 유래하는 영리함이 있었지만, 그의 인생의 행복에 종지부를 찍고 말년을 빈곤하게 했던 그 운에 대항해서는 무력했다. 1814년, 알렉산더와 블루처가 이끄는 러시아와 프러시아의 장교들이 런던에

---

60) (원주) '꿰뚫을 수 없을 것처럼 보이게 만드는' 이라는 표현이 아마 더 적합할 것이다. 그러나 셰익스피어의 작품에서 클레오파트라가 내뱉는 지루함의 한숨은 얼마나 훌륭한가.
"얼마나 힘든 노동인지
심장 가까이에 이러한 나태함을 지니고 있어야 한다는 것은
이 클레오파트라처럼"
이들, 규방의 스토아 학파들은 가면 아래서 자신들의 피를 마시며 계속해서 가면 속에 머무른다. 여자들도 마찬가지이지만, 댄디들에게 있어서, 남들에게 보인다는 것은 존재한다는 것이다.

도착하자 도박에 대한 열광은 더욱 거세졌다. 브러멀에게는 끔찍한 재난의 순간이었다. 그의 지위와 명성 안에는 그 두 가지를 다 파멸시켜 버리도록 예정된 우연적인 요소가 있었다. 다른 모든 도박꾼들이 그렇듯 그도 이 불운에 대항하여 싸웠으나 패배하고 말았다. 그는 고리대금업자들에게 의지했고 빚더미에 올라앉았다 — 자신의 품위를 잃지 않는 한도 내에서였다고들 하지만, 이 부분에 대해서는 아무것도 확실하지 않다. 이러한 소문은 그가 비천한 지경에 이르러서도 돋보이는 특성들을 타고났다는 데에서 기인하는 듯하다.[61] 예를 들자면, 재정적 어려움이 마지막에 다다랐을 무렵, 댄디들 틈에 끼기를 바랐고, 그의 이름이 지닌 권위를 빌고 싶었던 한 남자에게서 브러멀이 상당한 액수의 돈을 받았던 것이 목격되었다. 수많은 사람들이 있는 가운데서 빌린 돈을 갚으라는 요구를 받았을 때, 브러멀은 이 끈질긴 채무자에게 차분하게 벌써 돈을 받지 않았느냐고 말했다. "갚았다고! 언제 말이오?" 그가 외쳤다. "내가 화이트네 술집 창가에서 자네가 지나가는 것을 보고 "지미, 잘 지내나?" 라고 말을 걸었을 때 말이오." 브러멀은 말로 표현할 수 없는 그 어투로 이렇게 답하였다. 이러한 대답은 거의 냉소에 달한 우아함을 보여 주며, 브러멀을 향한 불공평한 선입견을 굳히는 데에는 이런 비슷한 예가 많이 필요하지도 않았을 것이다.

그러나 누구도 자신의 편에 서 주지 않는 불운의 시간이 브러멀에

61) (원주) 이러한 특성들은 늘 그것을 소유한 이들을 이끌어 왔다. 앙리 4세와 오를레앙 공 (섭정), 미라보를 비롯한 이들을 예로 들어 보자. 앙리 4세에게는 이러한 면이 약간 있었고, 섭정에게는 상당히 많았으며, 미라보는 그야말로 엄청난 수준이었다. 미라보는, 진흙이 흩어지는 것을 바라보는 오를레앙 공의 우아하고 쾌활한 태도에 못지 않는 당당한 태도로 진흙을 털어냈다. 염소 발의 뒤부아에게 걷어차인 일까지도 재미있는 일로 만들어 버린 것이 그였다.

게 막 울리려 하고 있었다. 그는 완전히 몰락하였고, 자신도 그 사실을 알았다. 댄디즘 특유의 차분함으로 그는 자신이 싸움터에서 정확히 얼마나 오래 더 버틸 수 있을지 계산해 보았다. 그렇게나 커다란 영광, 세상의 누구와도 비교할 수 없는 감탄할 만한 성공을 거두고 난 후에, 어떠한 치욕도 겉으로 드러내지 않으리라 결심했던 것이다. 그는 사랑하는 남자가 떠나는 것을 지켜보느니 여전히 사랑하면서도 자신이 먼저 떠나려는 자존심 강한 미녀와도 같았다.

1816년 5월 16일, 브러멀은 와티에에서 보내 온 닭으로 식사를 하고 보르도 와인 한 병을 마셨다[62] — 바이런은 에딘버러 리뷰에 난 기사에 영국의 시인과 스코틀랜드의 비평가라는 글로 답하면서 두 병을 마셨었다 — 그리고 별 기대 없이 무심코, 행운을 시험해 보는 몰락한 사내처럼, 이미 앞에서 언급한 바 있는 다음의 편지를 썼다.

"친애하는 스크로프, 이백 파운드만 보내 주게나. 은행은 모두 문을 닫았고 내 돈은 전부 3부 이자로 맡겨 놓았다네. 내일 아침에 갚겠네. - 자네의 친구, 조지 브러멀"

간결함과 우정의 스파르타 인이었던 스크로프는 즉각 다음과 같은 답장을 보냈다.

"친애하는 브러멀, 유감스러운 일이지만, 내 돈도 전부 3부 이자로 맡겨 놓았다네. - 자네의 친구, S. 데이비스"

---

62) (원주) 이는 정신적인 용기도 육체적인 용기와 같은 수단에 의해 솟아난다는 사실을 가르쳐 주는, 영국의 생리 심리학적 체계이다. 영국 군인들은 식량 공급이 형편없으면 잘 싸우지 못했으며, 웰링턴의 승리는 식량 보급부가 뛰어났던 덕택이었다.

이런 편지 따위에 상처받기에는 브러멀은 너무나도 댄디였다. 제스 씨가 명석하게 지적하듯, 그는 그런 일을 가지고 훈계하려 드는 인간은 아니었다. 진정한 도박꾼이었던 그는 운에 맡겨 보려는 마음으로 물 위에 나뭇잎 한 장을 띄웠고, 나뭇잎은 물에 떠내려가 버린 것이었다. 스크로프의 답장은 잔혹할 정도로 무정하기는 했지만 천박하지는 않았다. 댄디로써 그들의 명예는 훼손되지 않았다. 그 날 저녁 브러멀은 스토아 학파처럼 차려 입고 오페라에 모습을 드러냈다. 그곳에서 그는 타오르는 불사조를 능가하는 찬란함을 보였다. 자신이 잿더미 속에서 다시 일어설 수 없으리라는 사실을 알고 있었기 때문이었다. 그 모습을 본 누가 그가 몰락하였다고 믿었을까? 오페라가 끝난 후 그가 탄 것은 4륜 마차였다. 17일에 그는 도버에 있었고 18일 그는 영국을 떠났다. 그가 떠난 지 며칠 후, 카탈로그에 따르자면 "대륙으로 떠나 버린 패션의 사나이의 우아한 가구"가 미들섹스 주지사의 명령에 의해 경매에 붙여졌다. 구매인들은 영국 귀족들 중에서도 가장 최신 유행을 따르고 저명한 이들이었다. 요크 공작, 로드 야무스와 로드 베스버로우, 레이디 워버튼, H. 스미스 경, H.페이튼 경, W.버고인 경, 셰든 대령, 코턴 대령, 핍스 대장 등이 그들이었다. 모두들 영국인답게, 사라져 버린 호화로움의 소중한 유물들, 한 사나이의 취향이 뚜렷이 남아 있는 물건들, 브러멀의 손길이 닿았고 이로 인해 반쯤 낡은 덧없는 대체물(代替物)들을 소유하고 싶어 안달이었고 기꺼이 돈을 지불하려 했다. 이런 부유한 이들, 필요 이상으로 남아도는 것을 꼭 필요하다고 여기는 이들에게 최고가를 부르게 했던 이 물건들은, 그 자체로는 별 가치가 없는, 선택하는 손길에 운명이 달려 있는 잡다한 물건들, 변덕스러움에 의해 태어난 것들이었다. 브러멀은 영국에서 코담배 상자를 가장 많이 수집한 이들

가운데 하나라고 알려져 있었다. 그 중 하나를 열었을 때 안에는 그의 자필로 이런 말이 쓰여 있었다. "이 상자는 황태자에게 줄 생각이었다. 그가 나에게 조금만 더 똑바로 처신했더라면." 이와 같은 문장은 단순하기 때문에 그 어느 때보다도 뻔뻔스럽다. 모든 대단한 자만심은 단순하다.

빚을 진 영국인들의 피난처인 칼레에 도착하면서, 브러멀은 망명의 시간을 달랠 준비를 하였다. 달아나면서 그는 지나간 위풍당당함의 유물들을 몇 점 가지고 왔는데, 이는 프랑스에서 상당한 재산이 되었다. 그는 그 도시의 한 서점 주인에게서 집을 빌려 체스터필드 가의 '규방'과 채플 가와 파크 레인의 살롱을 떠올리게 하는 호화로운 가구를 들여놓았다. 그의 친구들은, 댄디에게 친구들이란 우정이라는 귀부인의 애인 같은 존재이기 때문에 이런 단어를 사용해도 될지 모르겠지만, 한동안은 상당히 훌륭한 수준으로 생활해나갈 수 있는 방편들을 제공했다. 프린스 오브 웨일즈와의 사이가 틀어진 이후 매우 친해진 요크 공작과 공작 부인, 그리고 챔벌레인 씨를 비롯한 많은 이들이 그 무렵에도 그 이후에도 곤경에 처한 이 멋쟁이를 돕기 위해 고귀하게 나섰으며, 이는 그를 알아왔던 사람들에 대한 그의 영향력이 어느 정도였는지를 웅변 그 이상으로 보여 준다. 작가나 정계 대변인이 자신이 의견을 대표해 주는 사람들로부터 경제적 지원을 받는 것처럼, 그는 자신의 매력에 반한 이들에게서 지원을 받았다. 이런 식으로 돈을 주는 행위는 영국에서 전혀 비난받을 일이 아니었고 새로운 일도 아니었다. 채텀은 노(老) 말보로 백작부인으로부터 야당에 있을 때 행한 연설에 대한 보상으로 상당한 금액을 받았다. 채텀만한 대범함을 지니지 못하였으며, 말재간만큼이나 허풍스럽기도 했던 버크 자신도 그 당시 장관이었던 로킹햄 후작으로부터 의회에 선출될 목적으로 토지를 받았다. 이러한 관대함에서 새로운 점이란 단지 그 원인뿐이다. 사람들은 자신이 받은 즐거움에 대해, 봉사를 받은 것처럼 고마움을 표했던 것이며 이는 옳은 일이다. 스스로를 지루하게 하는 사회에 약간의 즐거움을 준다는 것은, 사회에 할 수 있는 최대의 친절함 아니겠는가?

그러나 이 일에서 가장 놀라운 부분은 몇 건 안 되는 감사의 표시들이 아니다. 부재(不在)는 이 댄디의 지배력에 영향을 끼치지 않았다. 그는 떠났지만 살아남았다. 영국의 살롱은 예전, 누군가를 사랑할 때에는 복종하고 그가 떠났을 때에는 짓뭉개 버리는 그 곳에서 브러멀이 자신의 법들을 불러 받아 적게 하던 때만큼이나 지금도 그에게 관심이 있었다. 대중들의 그를 향한 관심은 안개를 뚫고, 바다를 건너 반대편 해안의 낯선 도시, 그가 피신하고 있는 곳에서 브러멀을 찾아냈다. 칼레로 순례를 떠나는 것이 유행이 되었다. 웰링턴 공작, 루틀랜드 공작, 리치먼드 공작, 보포트 공작, 베드포드 공작을 비롯하여 로드 셰프턴, 로드 저지, 로드 윌로우비 데레스비, 로드 크레븐, 로드 워드, 로드 스튜어트 드 로트세이 등이 그곳에서 목격되었다. 브러멀은 과거 자신의 모든 습관을 런던에서 호화롭게 지냈을 때와 같이 유지했다. 어느 날, 칼레를 지나갈 일이 있던 로드 웨스트모얼랜드가 브러멀에게 만일 함께 식사할 수 있다면 영광일 거라는 전갈을 보냈는데, 식사 시간이 세 시였다. 이 멋쟁이는 자기는 결코 그런 시간에 식사를 하지 않는다며 초청을 거절했다. 그는 한가한 영국인들이 대륙에서 사는 단조로운 일과를 보냈고, 침묵 속에 살았으며 이 침묵은 동향인들의 방문이 있을 때에만 깨어지곤 했다. 비록 귀족적이고 인간 혐오적인 오만불손함을 보이지는 않았지만, 그의 예의범절이 너무나 고상했기에 우연히 길에서 그를 마주치게 된 이들은 그다지 그에게 이끌리지 않았다. 그는 언어 때문에 이방인이었으며 과거의 습관들 때문에 더욱더 이방인이었다.63)

댄디는 영국인보다 더욱 섬나라 기질이 강하다. 런던 사회는 섬 안의 섬과도 같은 곳이며, 지나친 유연함은 그곳에서 성공하기 위해 그다지 환영받는 특성이 아니다. 그러나 상당히 거만한 그의 제한 조건에도 불구하고,64) 브러멀은 훌륭한 식사라는 명목 아래서 사람들이 접근할 때에는 잘 거절하지 못했다. 취향처럼 섬세하고 애착처럼 까다로운, 훌륭한 식사에 대한 그의 사랑은 그의 향락적인 태도 중에서도 가장 강하게 발달한 부분이었다. 현명한 이들 사이에서 흔히 보이는 이러한 관능 덕분에 그의 허영심에 다가가기는 덜 어려웠다. 그러나 그의 비길 데 없는 자신감은 모든 것을 덮었다. "자네한테 인사하는 저건 뭔가, 셰프턴?" 대로를 산책하고 있던 중 그는 셰프턴 경에게 이렇게 물었다. 인사하던 사람은 그, 브러멀이 바로 그 날 식사를 했던 집의 정직한 시골 사람이었다. 그는 칼레에서 몇 년 간을 살았다. 항상 완벽하게 차려입은 허영의 표면 아래서, 그는 아마 많은 불

---

63) (원주) 스크로프 데이비스의 농담과, 바이런의 시 한 부분에서 이에 바쳐진 영예는 잘 알려져 있다. "러시아의 나폴레옹처럼, 브러멀이 프랑스 어를 배우고 있을 때, 그는 요소들에 의해 굴복당했다." 이는 지나치게 과장된 말이긴 하지만 농담이다. 우리의 언어를 구사하는 데 있어서 그가 영국인으로, 부정확한 채로 남아 있었다는 것, 색슨 어의 조약돌들을 씹으며 해변가에서 말하는 데에 익숙해진 모든 사람들과도 같았다는 것은 사실이다. 그러나, 단어의 교정에 의해서가 아니라면 귀족적인 면모로 인해 고쳐진 그의 어투는 흠잡을 데 없이 훌륭한 매너와 어우러져 그의 표현에 따르면 '신기한 이국적 특성' 이라는 효과, 진정하고 놀라운 독특성이며 결코 우스꽝스럽지 않은 효과를 자아냈다.

64) (원주) 댄디들은 결코 본래의 청교도주의를 완전히 떨쳐내버리지 못했다. 그들의 우아함에는, 아무리 대단하더라도, 리슐리외와 같은 수월함이 없었다. 그들의 우아함은 결코 제한 사항들을 완전히 버려두지 못했다. 프린스 드 리뉴는 말한다. "런던에서 사려깊어진다는 것은 외국인으로 취급된다는 것이다."

행을 감추고 있었을 것이다. 다른 무엇보다도, 대화를 그렇게 즐기는 그가 대화를 즐길 수 없게 된 것이다.65) 여기 칼레에는 그의 위트에 불을 붙여 줄 동류(同類)의 불꽃이 없었으며, 그는 계속해서 고립되어 있었다. 비슷한 처지에서 마담 드 스탈이 그랬던 것처럼 말이다. 그의 명성이 여전히 런던까지 뻗치고 있으며, 그가 남기고 온 사회의 가장 맵시있는 사람들이 여전히 그를 방문하여 수그러들지 않는 호기심과 추억을 가져온다는 사실조차 더 이상 그에게 위안이 되어 주지

---

65) (원주) 사람이 여러 언어를 '말할'수는 있지만 '대화하는'것은 오직 한 언어로만 가능하다. 브러멀에게조차, 파리는 런던을 대신할 수 있는 장소는 아니었다. 게다가 파리는 이제 더 이상 다른 도시들보다 뛰어난 대화의 고장이 아니다. 파리에서는 거의 대화를 찾아볼 수 없으며, 마담 드 스탈도 자신의 '뤼 드 박의 배수구'를 더 이상 좋아하지 않을 것이다. 사람들은 자신들이 갖지 못한 돈에 대해 지나치게 생각하며 대화를 잘 하기 위해 자신들을 다른 모든 사람들과 너무 동등하게 생각한다. 창문에서 던져지는 것들 중 다른 것보다 위트가 많은 것도 아니다. 런던에서는 부에 대한 갈망이 많은 지식인들을 괴롭히고 지배하고 있기는 하지만, 그래도 어느 정도 상위에서는 여전히 그보다 더 나은 생각을 할 수 있는 집단을 찾아볼 수 있다. 게다가 런던에는 계급간의 차이와 분류가 있으며 (그것이 좋은지 나쁜지는 여기서 고려할 문제가 아니다) 바로 그것이 위트를 압축하여 뿜어져 나오게 한다. 이러한 사회에서 뻔뻔해지려면 대단한 섬세함이 필요하고 남을 기쁘게 하려는 예의를 갖추려면 대단한 우아함이 필요하다! 그러나, 어려움이 영웅을 만드는 법인데, 파리 사회는 너무 쉽다. 그저 사람들이 오고갈 뿐이다. 작가들과 예술가들, 남들의 감정을 자극하거나 적어도 자신들의 작품에서 나온 금가루 정도는 마음 속에 갖추고 있어야 할 이들조차 평범한 사람들과 다를 바 없이 시시하다. 그들은 하루 종일 생각하거나 아니면 생각하는 척하느라 지쳐서, 저녁이 되면 탁발승 떼처럼 꿈을 꾸게 해 주는 음악을 들으러 오거나, 중국인들처럼 차를 마시러 살롱에 온다. 브러멀은 파리에 간 적이 있었지만 머무르지 않았다. 그가 무엇을 할 수 있었겠는가? 자신의 매력의 근원인 사치스러움이 더 이상 없었으니 그는 프린스 T__처럼 어리석고 흉해 보였을 것이다. 그가 가진 것이라고는 오직 매너뿐이었고, 그마저도 날이 갈수록 별 의미 없어지고 있었다. 이런 남자의 과거가 어땠는지 누구도 이해할 수 없었을 것이다. 자신이 이러한 인상을 준다는 사실은 그에게 고통스러웠을 것이며, 남들이 보기에는 서글픈 광경이었을 것이다! 마담 지치올리도 이런 실수를 저질렀지만, 그녀는 여자였으며, 여자에 관한 문제일 경우 성(性)과 신경이 항상 우리의 의견에 개입되는 것이다.

못했다. 그러나 댄디의 자존심은 공격받았을 때 수치심만큼이나 조용한 것인지라, 그는 어떤 감정도 드러내지 않았다. 이 경박한 영웅에게 그토록 대단한 자제력이 있을 줄을 누가 알았겠는가? 아마도 이제는 쓸모없어진 재능들을 어떻게 사용해야 할지 몰랐기 때문에서인지, 브러멀은 요크 공작 부인과 서신을 교환하기 시작했으며 그녀를 위해 매우 복잡한 도안을 그리고 무늬를 디자인해 넣었다. 벨부아에서, 오틀랜드에서, 모든 곳에서, 요크 공작과 공작 부인은 그를 위해 모든 일을 해 주었다. 그러나 그가 운명에 배반당했을 때 요크 공작 부인은 계속해서 진지한 친절함을 보여 주었고, 이는 그의 명석하고도 메마른 삶을 밝혀 주었다.[66] 브러멀은 이 사실을 결코 잊지 않았다. 그가 요크 공작 부인의 친구가 아니었고, 섭정의 사생활에 대해 알고 있는 것을 발설하지 않겠다고 약속하지 않았다면, 그는 회고록을 써서 돈을 벌 수 있었을지도 모르는 일이다. 런던의 서점들이 그에게

---

66) (원주) 이는 매우 독특한 감정이다. 여자들 간에는 우정이라는 것이 존재하지 않으며 (어째서 진실이 항상 독창적이지 않아야 하는가?) 댄디란 어떤 면에서 보았을 때는 여자이기 때문이다. 댄디가 더 이상 여자가 아니게 될 때면, 여자들에게 있어 진짜 여자보다 더 나쁜 적수가 된다. 그는 머리가 마음을 지배하는 괴물이 된다. 이는 우정에서조차 가증스러운 특성이다. 댄디즘에는 무엇인가 차갑고 냉정하며 조롱하는 구석이 있는데, 이는 자제되어 있긴 하지만 즉각적인 행동으로 이어질 수 있다. 부드러움보다 감상이 훨씬 더 많은 이 극적인 눈물 제조기들에게는 이러한 점이 말할 수 없는 충격일 것이다. 밉살맞은 특성이긴 하지만, 매우 젊은 사람에게서 드러날 경우에는, 청교도주의가 그렇듯이 여자들은 그렇게 싫어하지 않는다. 매우 진지한 젊은이들은 매우 젊은 아가씨들과 잘 어울린다. 그녀들은 자세에 의해, 혹은 스스로를 눈치채이지 못하도록 하는 단순한 부끄러움에 의해 기만당하여 텅 빈 것 앞에서 심오한 것을 꿈꾸게 된다. 댄디와 함께 있으면 그녀들은 어머니들이 입을 꾹 다문 채 말해 주던, 다른 종류의 시시한 농담에 대해 생각한다. 그럼에도 불구하고 아가씨들은 참을 수 없는 댄디와도 완전히 사랑에 빠지게 되는데, 그 이유는 여인들이란 항상 자신들이 지배할 수 없는 이들에게 지배당하기 때문이다. 그러나 사랑에 빠지지 말아야 할 사람이란 누구인가? 이것은 아마 우정의 문제, 다시 말하자면 동감보다는 선택의 문제이다.

비밀을 공개하는 대가로 엄청난 가격을 제시했었기 때문이다. 이러한 세심한 침묵조차 (공작부인의 부탁에 의한 것이든 자기 자신의 의지에서든) 낯짝 두꺼운 이기주의자인 조지 4세에게 거의 감흥을 주지 못했다. 하노버의 자신의 왕국으로 가던 길에 (1821) 칼레를 지나가게 된 그가 지루함으로 인한 무심한 태도로 화해를 위한 합의의 자리를 마련해도 좋다는 허락을 내렸다는 것은 사실이다. 그러나 브러멀은 이 호의적인 행위에 거의 관심을 보이지 않았다. 허영심은 심지어 위험한 상황에서조차 사람을 떠나지 않는 법이며, 브러멀은 자기가 보기에는 자기보다 한참 열등한 수준의 댄디에 불과할 뿐인 황태자에게 알현을 요청할 마음은 없었다. 왕이 지나간 자리에 서서 그는 고통스러운 고뇌를 느꼈다. 칼턴 하우스의 옛 동료는 그를 보았지만, 우리가 젊은 날의 단짝을 만났을 때 경험하는 그러한 감정의 손길 — 과거에 대한 미소 섞인 회한, 가장 유치한 말들을 사용한 시 — 은 느끼지 못했다. 또 다른 한 번은, 황태자가 코담배 상자를 선물 받았을 때였는데, 이전 브러멀의 유명한 수집품 중 하나였다는 사실을 기억해낸 그는 다음 날 시간을 정해 브러멀이 출석하도록 했다. 그들이 만났더라면, 어떤 결과가 벌어졌을까? 칼레의 왕이라 불리던 브러멀은 런던을 지배하러 돌아갔을까? 그러나 기다리는 사이 특사들이 도착하여 왕은 출발을 서둘러야만 했고, 브러멀은 잊혀졌다. 열망이 부족하기는 그도 왕과 맞먹을 정도였다.[67] 영국의 왕에게 접근하려는

67) (원주) 사르다나팔루스의 이 신성한 구절이 저절로 떠오른다.
"만일 ....
.... 그대가 마음속 깊은 곳으로부터 움츠러들게 된다면
미래의 불꽃 속으로 뛰어들 때, 이렇게 말하시오.
나는 그대를 덜 사랑하지 않을 것이오, 아니, 더 사랑할 것이오
그대의 본성에 굴복한다 해서..."

시도를 이렇게 빈둥대며 무시해 버린 태도는 세속적인 관점에서 보면 실수였지만, 그렇지 않았다면 브러멀답지 않았을 것이다.

조지 4세는 칼레에서 본 댄디에 대해 다시는 말하지 않았다. 그는 과거의 망각 속으로 빠져들었다. 브러멀은 아무런 불평도 하지 않았지만, 자존심의 훌륭한 측면을 보여 주는 고집스럽고 신중한 침묵을 고수했다. 도량이 더 좁은 영혼이었다면 뒤이어 일어난 일 때문에 많은 불평을 할 법도 했다. 곧 런던으로부터의 원조가 끊겼으며, 빚과 곤궁함이 자리 잡게 되었다. 브러멀은 단테가 말한 유배지의 빈곤의 계단을 내려가야 할 참이었으며. 밑바닥에서는 감옥이나 자선단체, 정신병자 수용소에서 죽음을 맞이해야 할 참이었다. 계단의 처음에서 그를 도와 준 것은 왕의 손길, 기욤 4세의 도움이었다. 정부는 캉에 영사관을 세웠고 브러멀에게 일을 맡겼다. 이 사무실은 처음부터 급여가 제대로 나오지 않았고, 결국 아무것도 나오지 않았으며, 브러멀이 그 자리를 채울 수 없었기 때문에 사라지고 말았다.[68] 나중에는 아예 그 자리를 빼앗기고 말았다. 정부는 사람들을 각자의 능력에 따라 분류해야만 한다. 이런 능력이 완전히 무시되었을 경우, 그것이 누군가에게 큰 도움이 될 수 있을까? 캉에서의 체류는 그의 일생 중 가장 긴 기간이었다. 그가 도시의 귀족들에게서 받은 환대

68) (원주) 그는 사람들을 사로잡는 재능을 타고났는데, 그에게 주어진 일은 사무를 관리하는 일이었다. 변덕스러움과 그의 인생 반에 걸친 놀라운 성공 때문에 모든 의무와 공무를 견뎌낼 수 없는 인물이 되지만 않았던들, 그에게는 훌륭한 외교관이 될 수 있는 재능도 있었을 것이다. "아마도" 그렇다는 것이고, 길게 말하지는 않겠다. 팔머스톤 경이 정치에서 댄디즘이 그 하나만으로도 어떻게 되는지 명확히 제시한 바 있었기 때문이다. 앙리 드 마르세는 매우 매력적인 환상이다. 그러나 그의 운명은 시인에 의해 창조된 것이다. 그런 인물이 불가능하다는 것은 아니지만, 소설의 주인공 중에서도 가장 현실성이 덜한 인물이다.

와 그를 둘러싼 배려는 영국인들의 조상이 노르만 인들이라는 사실을 증명했다. 이러한 대접은 그의 말년에 드리운 비참을 조금 약화시켜 주기는 했지만 그를 완전히 구해 주지는 못했다. 우리는 제스 씨가 했던 것처럼 그의 괴로움과 굴욕들을 일일이 열거하지는 않을 것이다. 우리의 관심사는 댄디와 그의 영향력, 그의 사회 생활, 그가 사회에서 맡았던 역할이다. 이 외는 불필요하다. 인간이 굶주려 죽어 가게 되면 어떤 종류의 사회에도 더 이상 속하지 않게 되기 때문이다. 그는 더 이상 댄디가 아니다. 단지 한 인간일 뿐이다.[69]

---

69) (원주) 브러멀이 더 이상 댄디가 아니게 된 때가 있었을까? ... 어느 날, 그 당시 자신이 음악의 카사노바라며 만족해 했고 그 쪽의 귀스타브 플랑슈가 되었던 베니스 사람이 — 무슈 P.스쿠도 - 캉에서 콘서트를 열었다. 광대이자 음악가로서, 그는 바보들에게도 신경이 있다면 파상풍에 걸리게 할 만한 지성을 쏟아부었다. 브러멀은 여전히 기베르 가에서 유력한 인물이었기 때문에, 그는 유배당한 댄디가 자신의 파티에 와 주기를 바랐다. 한 친구의 집에서 브러멀을 만나 초대하면서, 그는 주머니에서 티켓 한 다발을 꺼내 (삼백 장 정도) 브러멀에게 몇 장 선사하기 위해 마치 카드처럼 펼쳐 보였다. 그런데 이 댄디는, 전 세계를 소유하고 있는 위풍당당하고 단순한 댄디다운 태도를 보이면서, 표를 전부 가져갔다! "그는 한 푼도 내지 않았소." 무슈 스쿠도는 말했다. "하지만 경탄할 만한 태도였고, 나는 돈을 치른 대신 영국에 대해 새로운 것을 배우게 되었소."
이 일 직후에 브러멀은 광기를 보이게 되었고, 그의 모든 존재가 댄디즘에 물들어 있었으므로, 그의 광기 또한 댄디즘의 모습을 보였다. 그는 필사적일 정도로 우아함에 매달리게 되었으며, 길에서 인사를 받아도 가발이 흐트러질까 봐 모자를 벗지 않고 찰스 10세처럼 손을 흔들어 답하게 되었다. 그는 호텔 당글르테르에 살았다. 가끔 그는 손님들을 접대할 수 있게 방을 꾸며 놓으라는 명령을 내려 하인들을 크게 놀라게 했다. 샹들리에, 촛대, 촛불, 수많은 꽃들, 모든 것이 갖추어져 있었고, 브러멀은 방 한가운데, 눈부신 불빛 아래에, 젊은 날에 입었던 완벽한 정장 차림으로, 금단추가 달린 푸른 휘그 코트, 검은 조끼와 검은 바지, 16세기에 입던 것처럼 달라붙은 타이츠를 입은 채.... 죽은 영국을 기다리고 있었다! 갑자기, 자기 쪽에서 절교했으면서도, 그는 프린스 오브 웨일즈의 이름을 불렀고, 뒤이어 피츠-허버트 부인을, 레이디 커닝햄을, 아무스 경을, 끝으로 영국의 모든 위대한 이들, 그 자신을 살아 있는 법으로 여겼던 이들을 불렀다. 그리고 자신이 부른 이들이 나타났다고 여긴 채, 그는 텅 빈 응접실의 활짝 열린 문, 그 날 오후도 다른 날 오후에도 아무도 드나들

우리는 이 문제에 대해 논의하지 않을 것이다. 다만 브러멀이 빈곤과 굶주림 속에서도 가능한 한 오랫동안 댄디로 남아 있었다는 점만은 꼭 인정하고 넘어가야 한다. 그의 지배적인 재능은 인생이 몰락한 후에도 계속 남아 있었다. 이와 어울려 그것을 강화해 주는 데 밖에 쓸모가 없는 다른 재능들은 그의 명성에 무엇도 더해줄 수 없었고 행복에도 별 영향을 주지 못했다. 예를 들어 그는 시인이었지만, 남을 기쁘게 하는 사명을 타고난 이에게나 딱 맞을 정도의 상상력을 지니고 있을 뿐이었다. 그가 싯구의 형태로 남겼던 글은, 댄디가 쓴 것치고는 매우 뛰어나지만, 문학적으로 명성을 얻을 정도는 아니다.70) 따라서 그 글들은 논의할 필요가 없을 것이다. 매우 특별한 한 인격을 다룬 이 연구에서는, 소명의 일부를 이루지 않는 것, 지성에 파고든 신의 손가락의 흔적을 드러내지 않는 모든 것은 생략되어야 하기 때문이다.

지 않던 문으로 다가가, 몰락한 댄디의 연회에 참석하기 위해 무덤을 떠날 사람은 아무도 없는, 그런 여인들에게 차례로 손을 내밀었다. 연회는 오래 계속되었다. 마침내, 그가 보고 있는 세상이 아닌 다른 세상이 나타났을 때, 이 불운한 사나이에게도 이성이 돌아왔고, 그는 자신의 광기가 불러낸 환영이었다는 것을 깨달았다. 완전히 패배한 그는 텅 빈 의자 중 하나에 몸을 던지고, 눈물범벅이 되어 발견되곤 했다.

그러나 봉 소뵈르 병원에서 그가 보였던 광기는 이보다는 덜 감동적인 모습이었던 것으로 추측된다. 병이 더욱 깊어가면서, 광기는 그가 인생에서 누렸던 우아함에 대한 복수라도 되는 듯, 점점 저급한 모습으로 드러나게 되었다. 이 부분에 대해서는 자세한 언급이 불가능하다... 모든 일의 밑바닥에 숨겨진, 지독한 조롱자의 무시무시한 아이러니는, 그 자신도 가장 심하게 조롱받았던 이들 같은 경박한 인생을 마치도록 했다! 봉 소뵈르의 파빌리온은 브러멀에게 브링턴의 파빌리온에 대한 대가를 치르게 했다. 그의 인생은 이 두 곳 사이를 오갔다.

70) (원주) 브러멀이 논의될 때마다 앞으로 항상 언급되어야 할 제스 씨는 이 유명한 댄디가 남긴 몇 구절을 인용하였다. 그것들은 매우 훌륭한 앨범에 적혀 있었으며, 앨범에는 셰리던, 바이런, 심지어 어스킨이 남긴 싯구들도 있었다. 그 양은 황급하게 휘갈겨쓴 앨범의 구절보다 더 많았으며, 상당한 수준의 시였고, 영감이 아주 깃들어 있지 않은 것은 아니었다.

XII

이제 우리는 브러멀의 소명이 무엇이었는지, 그가 그것을 어떻게 달성하였는지 알게 되었다. 그는 다스리기 위해 태어났으며, 그러한 방면으로 뛰어난 재능들을 부여받았다. 어느 날 몽테스키외는 기분이 언짢은 바람에 그 재능들을 있는 그대로 보여 주는 대신 '뭐라 말할 수 없는 것'이라 일컫긴 했지만 말이다. 프린스 드 리뉴가 말했던 것처럼, "그는 우아함 중의 우아함으로 왕이었다". 그러나 영향력을 찾으려 하는 이들 모두에게 중요한 조건, 모든 선입견을 받아들이고 어느 정도까지는 그 시대의 악덕까지도 받아들인다는 조건 하에서만 그러하다. 모든 일에서 진실을 사랑하는 순결한 이들에게는 인정하기 슬픈 일이지만, 그의 우아함이 좀 더 진정했었다면, 그는 그만한 영향력을 갖지 못했을 것이며, 거짓된 사회를 유혹하고 매혹시키지도 못했을 것이다. 브러멀과 같은 댄디에 관한, 다음과 같은 문장이 의미심장하고 정확한 언급이라면, 영국 사회는 어느 정도 수위의 세련됨에 이르렀던 것일까? "그는 비위를 거스르는 일이 너무나 일반적이었기에 탐구하지 않을 수가 없다."[71] 우리는 여기서 권력 있고 방탕한 여인네들이 사로잡히는, 정복당하고자 하는 소망을 느낄 수 있지 않은가? 과연 단순하고, 순진하고, 자발적인 우아함만으로 모든 감정에 진력이 나 있고 온갖 종류의 선입견으로 숨막혀 하는 사회에 강력한 자극이 되기에 충분할까? 고귀하고 온전하게 남아 있는 한둘의 우월한 영혼을 제외하고는[72], 누가 자기 자신의 모습으로

---

71) (원주) 불워의 『펠햄』에서

72) (원주) 스탕달이 그렇게도 찬양했던, 여배우인 코넬 양을 예로 들 수 있다. 그

남아 있는 이를 알아차려 줄까? 아아, 군중들이란 모호한 존재다! 그러나 허영은 남들의 인정을 받기를 원한다. 이는 너무나 비방을 받아 왔지만, 인간의 마음이 지닌 매력적인 충동이며, 댄디즘의 으스대는 태도를 모두 설명해줄 수 있을지 모른다. 아마 거짓된 환경 속에서 제대로 파악되기 위해 비뚤어져 버린 우아함이라 정의할 수도 있을 것이다.[73] 매우 손상된 자연스러움이라는 것이 옳겠지만, 역시 사라지지 않는 것이다.

그것을 낳은 사회가 변화하는 날이 오면 댄디즘도 사라지게 될 거라는 사실은 이미 앞서서 말한 바 있으며, 지난 이십 년 동안, 비록 노예 근성에 가까울 정도의 고집으로 낡은 관습에 집착하고 있기는 하지만, 귀족주의적이고 프로테스탄트적인 영국은 상당히 많이 변화하였고, 댄디즘은 이미 한때의 전통에 지나지 않는다. 이러한 변화는 발전이라는 불변의 법칙에 따라 진행되는 것이므로, 누구든지 예측할 수 있었을 것이다. 자신의 역사적인 과거에 사로잡힌 희생자인 영국

러나 런던에서 검은 다이아몬드처럼 희귀한, 그녀의 영혼이 지닌 간결한 위대함을 감지하기 위해서는, 스탕달 같은 인물, 다시 말해 마키아벨리즘에 달할 만큼 위트가 강하면서도, 로마 황제들이 불가능한 일을 사랑했던 만큼 단순함을 사랑하는 인물이 필요하다.

73) (원주) 영국 사회에는 예술적인 감각이 부족하다. 로렌스, 롬니, 레이놀즈와 같은 이름들은 단지 이러한 빈곤을 더욱 뚜렷하게 나타낼 뿐이다. 로마 인들에게 플루트 연주자들이 있었다고 그들이 예술적이었던 것은 아니다. 영국에는 문학이라는 예술만이 존재한다. 셰익스피어는 영국의 미켈란젤로이다. 이 독특한 나라에서는 모든 것이 이상하고 최고의 조각가는 여성인 레이디 해밀턴, 이탈리아 인만한 가치가 있는 여성이다. 그녀는 대리석에 자신의 아름다운 육체, 이제껏 존재했던 중에 가장 매력적인 육체의 포즈를 새겨 넣었다. 조각과 조각상처럼, 그녀는 자신의 걸작들보다 오래 살지 못했다. 그녀의 덧없는 영광은 오직 그녀가 살아 있을 동안만, 불타는 정열과 인생의 감동과 함께 지속되었을 뿐이었다. 디드로는 이런 주제를 다룬 적이 있다. 그러나 지금 그 누가 그것을 다룰 수 있겠는가?

은 한 발 앞으로 나갔지만, 다시 과거로 돌아가고 있다. 영국의 가장 위대한 시인의 「코르시안」[74]처럼 시간의 바다 위로 그토록 높이 던져졌음에도, 그녀[75]를 제방에 정박하고 있는 사슬은 결코 완전히 끊어지지 않는다. 그녀는 모든 것을 붙들고 또 간직하고 있으나 — 간직하기에는 대리석 같은[76] — 의심스러울 정도까지 관습에 노예 상태로 매어 있으며, 그녀에게 있어서 그가 벗어놓은 것은 뱀의 일곱 번째 허물이었다. 더 이상 존재하지 않는 것의 흔적은 사라져 버린 거라는 생각이 잠시 들지도 모른다. 그러나 팔림프세스트에 쓰인 것이 다시 나타나 읽을 수 있게 되고 공고하며 명확해지기 위해 필요한 것은 그저 적절한 기회뿐이다. 댄디즘이 파르티안(Parthe) 사람들처럼, 가벼운 조롱이라는 화살, 날아가면서 쏘는 화살로 공격했었던 청교도주의는 지금 다시 부상하고 있으며, 상처를 지혈하고 있다. 바이런과 브러멀 같은 인물들이 나타난 이후에, 오래된 영국 국교회의 도덕은 완전히 사라져 버렸다고 믿지 않았을 사람이 누가 있었겠는가? 그러나 그렇지 않았다. 무적의, 불사의 위선은 다시 정복당해 버린 것이다. 달콤한 환상은 자신의 피인 장미 향수를 하늘을 향해 뿌리며 사라져 버렸을 뿐이었다. 고집센 사람들, 관습을 전부로 아는 사람들의 지배 아래서 죽었기 때문이었다. 또 다른 이유는 상상력에 전기를 통하게 하고 대담하게 그와 소통하는 위대한 작가들이 부재했기 때문이었다.[77] 그리고 엘리자베스 여왕이 처녀성에 영향을 미

74) 1814년 출간된 세 절로 된 바이런의 극시(劇詩)를 말한다.

75) 영국을 가리킨다.

76) 이 구절은 바이런의 "돈 후안"에서 인용한 글귀이다. "His heart was one of those which most enamour us, — Wax to receive, and marble to retain."

77) (원주) 토머스 칼라일이 있지만, 유감스럽게도 그는 독일 관념론의 진정시키는

쳤듯이 법적인 혼인 관계에 애정을 보인 젊은 여왕의 영향도 있었다.[78] 이보다 더한 위선과 우울의 원천이 있을까? 정치에서 매너를 없애 버렸던 감리교회의 정신은 이제 그 진행을 역전시키고 있다. 이러한 예로 우리는 로드 존 매너스[79]를 들 수 있을 것이다. 명문가 출신이자 시인이며, 독립적인 의견을 말할 줄 안다는 손쉬운 미덕을 아버지로부터 물려받은 그는, 독창적인 영감이 자신에게 찾아들기를 기다릴 수도 있었는데, 영국 공교회를 기리는 시집을 출간했던 것이다. 지금이라면 무신론자인 셸리는 유배지에서조차 안전하지 못할 것이다. 거짓말과 얼어붙은 에티켓이 만연한 이 거만한 바리새인들의 나라에서, 영국이 지닌 가장 위대한 이들의 마음으로부터 태양 광선처럼 빛을 발했었던 생각의 자유는, 잠시 동안만 광채를 발하였을 뿐이며, 종교적인 감정의 미라인 형식주의가 새하얗게 변한 무덤으로부터 다시 몸을 일으켜 영국을 지배하고 있다. 그 눈부신 사회, 세상의 사물과 순수한 즐거움에 있어 브러멀은 그 사회의 표현 자체였기 때문에, 브러멀이 우상이었던 사회는 전부 끝나 버렸다. 브러멀과 같은 이는 다시는 없을 것이다. 그러나 세상이 그들에게 어떤 제복을 입히든간에, 영국에는 항상 댄디들이 있을 거라는 사실만은 확신할 수 있다. 그들은 신이 창조한 작품이 지닌 경탄할 만한 다양성의 증인이다. 변덕이 그러하듯 그들도 영원하다. 인류에게는 가장 훌륭한 영웅들과 가장 엄격한 위인들만큼이나 댄디들이 필요하다. 그

에테르를 톡 쏘는 맛이 나는 캐비어, 영국인들이 사랑하며 그렇게 독특한 감정을 자아 내는 캐비어보다 선호했다.

78) 빅토리아 여왕(1819~1901)을 말한다.

79) Lord John James Robert Manners(1818~1906). 정치가이자 작가로, 여기서 언급하는 시집은 1841년의 『영국의 신뢰*England's trust*』이다.

들은 지성적인 존재들이 누려 마땅한 즐거움을 선사해 준다. 다른 사람들, 도덕적인 사람처럼 그들도 사회의 행복에 일조한다. 애매하고 지성적인 성별(性別)을 지닌, 이중적이고 복합적인 본성들, 그들의 우아함은 권력으로 인해 더욱 강력해지고 권력은 우아함으로 인해 더욱 강력해진다. 댄디들은 우화(寓話) 속이 아닌 역사에 존재하는 남녀추니이며, 알키비아데스는 아름다운 이들 가운데서도 가장 훌륭한 유형이었다.

Traité de la vie élégante

par Honoré de Balzac

Du dandysme et de George Brummell

par Jules Barbey d'Aurevilly

Traité de la vie élégante

par Honoré de Balzac

Première partie
GÉNÉRALITÉS

Mens agitat molem.
VIRGILE.

L'esprit d'un homme se devine
à la manière dont il porte sa canne.
Traduction fashionable.

CHAPITRE PREMIER
PROLÉGOMÉNES

La civilisation a échelonné les hommes sur trois grandes lignes... Il nous aurais été facile de colorier nos catégories à la manière de M. Ch. Dupin ; mais comme le charlatanisme serait un contresens dans un ouvrage de philosophie chrétienne, nous nous dispenserons de mêler la peinture aux X de l'algèbre, et nous tâcherons, en professant les doctrines les plus secrètes de la vie élégante, d'être compris, même de nos antagonistes, les gens en bottes à revers.

Or, les trois classes d'être créés par les mœurs modernes sont :

L'homme qui travaille,
L'homme qui pense,
L'homme qui ne fait rien.

De là, trois formules d'existence assez complètes pour exprimer tous les genres de vie, depuis le roman poétique et vagabond du *Bohème*, jusqu'à l'histoire monotone et somnifère des rois constitutionnels :

La vie occupée,
La vie d'artiste,
La vie élégante.

§ I DE LA VIE OCCUPÉE

Le thème de la vie occupée n'a pas de variantes. En faisant œuvre de ses dix doigts, l'homme abdique toute une destinée, il devient un moyen ; et malgré toute notre philanthropie, les résultats obtiennent seuls notre admiration. Partout l'homme va se pâmant devant quelques tas de pierres ; et, s'il se souvient de ceux qui les ont amoncelés, c'est pour les accabler de sa pitié ; si l'architecte leur apparaît encore comme une grande pensée, ses ouvriers ne sont plus que des espèces de treuils, et restent confondus avec les brouettes, les pelles et les pioches.

Est-ce une injustice ? non. Semblables aux machines à vapeur, les hommes enrégimentés par le travail se produisent tous sous la même forme et n'ont rien d'individuel. L'homme-instrument est une sorte de zéro social, dont le plus grand nombre possible ne composera jamais une somme s'il n'est précédé par quelques chiffres.

Un laboureur, un maçon, un soldat sont les fragments uniformes d'une même masse, les segments d'un même cercle, le même outil dont le manche est différent. Ils se couchent et se lèvent avec le soleil : aux uns, le chant du coq ; à l'autre, la diane ; à celui-ci, une culotte de peau, deux aunes de drap bleu et des bottes ; à ceux-là, les premiers haillons trouvés ; à tous, les plus grossiers aliments : battre du plâtre ou battre des hommes, récolter des haricots ou des coups de sabre, tel est, en chaque saison, le texte de leurs efforts. Le travail semble être pour eux une énigme dont ils cherchent le mot jusqu'à leur dernier jour. Assez souvent le triste *pensum* de leur existence est récompensé par l'acquisition d'un petit banc de bois où ils s'asseyent à la porte d'une chaumière sous un sureau poudreux, sans craindre de s'entendre dire par un laquais :

« Allez-vous-en, bonhomme, nous ne donnons aux pauvres que le lundi.»

Pour tous ces malheureux, la vie est résolue par *du pain dans la huche*, et l'élégance, par un bahut où il y a des hardes.

Le petit détaillant, le sous-lieutenant, le commis-rédacteur sont des types moins dégradés de la vie occupée ; mais leur existence est encore marquée au coin de la vulgarité. C'est toujours du travail, et toujours le treuil, seulement le mécanisme en est un peu plus compliqué, et l'intelligence s'y engrène avec parcimonie.

Loin d'être un artiste, le tailleur se dessine toujours dans la pensée de ces gens-là sous la forme d'une impitoyable facture ; ils abusent de l'institution des faux cols ; se reprochent une fantaisie comme un vol fait à leurs créanciers ; et, pour eux, une voiture est un fiacre dans les circonstances ordinaires, un remise les jours d'enterrement ou de mariage.

S'ils ne thésaurisent pas comme les manouvriers, afin d'assurer à leur vieillesse le vivre et le couvert, l'espérance de leur vie d'abeille ne va guére au-delà ; car c'est la possession d'une chambre bien froide au quatrième, rue Boucherat ; puis une capote et des gants de percale écrue pour la femme, un chapeau gris et une demi-tasse de café pour le mari, l'éducation de Saint-Denis ou une demi-bourse pour les enfants, du *bouilli* persillé deux fois la semaine pour tous. Ni tout à fait zéros, ni tout à fait chiffres, ces créatures-là sont peut-être des décimales.

Dans cette cité *dolente*, la vie est résolue par une pension ou quelque rente sur le Grand-Livre, et l'élégance, par des draperies à franges, un lit en bateau et des flambeaux sous verre.

Si nous montons encore quelques bâtons de l'échelle sociale, sur laquelle les gens occupés grimpent et se balancent comme les mousses dans les cordages d'un grand bâtiment, nous trouvons le médicin, le curé, l'avocat, le notaire, le petit magistrant, le gros négociant, le hobereau, le bureaucrate, l'officier supérieur, etc.

Ces personnages sont des appareils merveilleusement perfectionnés, dont les pompes, les chaînes, les balanciers, dont tous les rouages enfin, soigneusement polis, ajustés, huilés, accomplissent leurs révolutions sous d'honorables caparaçons brodés. Mais cette vie est toujours une vie de mouvement où les pensées ne sont encore ni libres, ni largement fécondes. Ces messieurs ont à faire journellement un certain nombre de tours inscrits sur des *agenda*. Ces petits livres remplacent *les chiens de cour* qui les harcelaient naguère au collège, et leur remettent à toute heure en mémoire qu'ils sont les esclaves d'un être de raison mille fois plus capricieux, plus ingrat qu'un souverain.

Quand ils arrivent à l'âge du repos, le sentiment de la *fashion* s'est oblitéré, le temps de l'élégance a fui sans retour. Aussi la voiture qui les promène est-elle à marche-pieds saillants à plusieurs fins, ou décrépite comme celle du célèbre Portal. Chez eux, le préjugé du cachemire vit encore ; leurs femmes portent des rivières et des girandoles ; leur luxe est toujours une épargne ; dans leur maison tout est *cossu*, et vous lisez au-dessus de la loge : *Parlez au Suisse*. Si dans la somme sociale ils comptent comme chiffres, ce sont des unités.

Pour les parvenus de cette classe, la vie est résolue par le titre de baron, et l'élégance par un grand chasseur bien emplumé ou par une loge à Feydeau.

Là cesse la vie occupée. Le haut fonctionnaire, le prélat, le général, le grand propriétaire, le ministre, le valet[1)] et les princes sont dans la catégorie des oisifs, et appartiennent à la vie élégante.

Après avoir achevé cette triste autopsie du corps social, un philosophe éprouve tant de dégoût pour les préjugés qui amènent les hommes à passer les uns près des autres en s'évitant comme des couleuvres, qu'il a besoin de se dire : « Je ne construis pas à plaisir une nation, je l'accepte toute faite...»

Cet aperçu de la société prise en masse doit aider à concevoir nos premiers aphorismes, que nous formulerons ainsi :

---

1) Le valet est une espèce de bagage essentiel à la vie élégante.

APHORISMES

I - Le but de la vie civilisée ou sauvage est le repos.

II - Le repos absolu produit le spleen.

III - La vie élégante est, dans une large acception du terme, l'art d'animer le repos.

IV - L'homme habitué au travail ne peut comprendre la vie élégante.

V - COROLLAIRE. Pour être fashionable, il faut jouir du repos sans avoir passé par le travail ; autrement, gagner un quaterne, être fils de millionnaire, prince, sinécuriste ou cumulard.

§ II DE LA VIE D'ARTISTE

L'artiste est une exception : son oisiveté est un travail, et son travail est un repos ; il est élégant et négligé tour à tour ; il revêt à son gré la blouse du laboureur, et décide du frac porté par l'homme à la mode ; il ne subit pas de lois : il les impose. Qu'il s'occupe à ne rien faire ou médite un chef-d'œuvre sans paraître occupé ; qu'il conduise un cheval avec un mors de bois ou mène à grandes guides les quatre chevaux d'un britschka ; qu'il n'ait pas vingt-cinq centimes à lui ou jette de l'or à pleines mains, il est toujours l'expression d'une grande pensée et domine la société.

Quand M. Peel entra chez M. le vicomte de Chateaubriand, il se trouva dans un cabinet dont tous les meubles étaient en bois de chêne : le ministre trente fois millionnaire vit tout à coup les ameublements d'or ou d'argent massif qui encombrent l'Angleterre écrasés par cette simplicité.

L'artiste est toujours grand. Il a une élégance et une vie à lui, parce que chez lui tout reflète son intelligence et sa gloire. Autant d'artistes, autant de vies caractérisées par des idées neuves. Chez eux la *fashion* doit être sans force : ces êtres indomptés façonnent tout à leur guise. S'ils s'emparent d'un magot, c'est pour le transfigurer.

De cette doctrine se déduit un aphorisme européen :

VI - Un artiste vit comme il veut, ou... comme il peut.

§ Ⅲ DE LA VIE ÉLÉGANTE

Si nous omettions de définir ici la vie élégante, ce traité serait infirme ; un traité sans définition est comme un colonel amputé des deux jambes : il ne peut plus guère aller que cahin-caha. Définir, c'est abréger. Abrégeons donc.

DÉFINITIONS

La vie élégante est la perfection de la vie extérieure et matérielle :

Ou bien,

L'art de dépenser ses revenus en homme d'esprit ;

Ou encore,

La science qui nous apprend à ne rien faire comme les autres, en paraissant tout faire comme eux ;

Mais mieux, peut-être,

Le développement de la grâce et du goût dans tout ce qui nous est propre et nous entoure ;

Ou plus logiquement,

Savoir se faire honneur de sa fortune.

Selon notre honorable ami A-Z, ce serait,

La noblesse transportée dans les choses.

D'après P.-T. Smith,

La vie élégante est le principe fécondant de l'industrie.

Suivant M. Jacotot, un traité sur la vie élégante est inutile, attendu qu'il se trouve tout entier dans *Télémaque* (voir la Constitution de Salente).

À entendre M. Cousin, ce serait dans un ordre de pensées plus élevé :

L'exercice de la raison nécessairement accompagné de celui des sens, de l'imagination et du cœur qui, se mêlant aux institutions primitives, aux illuminations immédiates de l'animalisme, va teignant la vie de ses couleurs. (Voyez page 44 du *Cours de l'histoire de la philosophie*, si le mot *vie élégante* n'est pas véritablement celui de ce rébus.)

Dans la doctrine de Saint-Simon,

La vie élégante serait la plus grande maladie dont une société puisse être affligée, en partant de ce principe : une grande fortune est un vol.

Suivant Chodruc,

Elle est un tissu de frivolités et de billevesées.

La vie élégante comporte bien toutes ces définitions subalternes, périphrases de notre aphorisme Ⅲ ; mais elle renferme, selon nous, des questions plus importantes encore, et pour rester fidèle à notre système d'abréviation, nous allon essayer de les développer.

Un peuple de riches est un rêve politique impossible à réaliser : une nation se compose nécessairement de gens qui produisent et des gens qui consomment. Comment celui qui sème, plante, arrose et récolte est-il précisément qui mange le moins ? Ce résultat est un mystère assez facile à dévoiler, mais que bien des gens se plaisent à considérer comme une grande pensée providentielle. Nous en donnerons peut-être l'explication plus tard en arrivant au terme de la voie suivie par l'humanité. Pour le moment, au risque d'être accusé d'aristocratie, nous dirons franchement qu'un homme placé au dernier rang de la société ne doit pas plus demander compte à Dieu de sa destinée qu'une huître de la sienne.

Cette remarque, tout à la fois philosophique et chrétienne, tranchera sans doute la question aux yeux des gens qui méditent quelque peu les chartes constitutionnelles ; et comme nous ne parlons pas à d'autres, nous poursuivrons.

Depuis que les sociétés existent, un gouvernement a donc toujours été nécessairement un contrat d'assurance conclu entre les riches contre les pauvres. La lutte intestine produite par ce prétendu partage *à la Montgomery* allume chez les hommes civilisés une passion générale pour la *fortune*, expression qui prototype toutes les ambitions particulières ; car du désir de ne pas appartenir à la cause souffrante et vexée, dérivent la noblesse, l'aristocratie, les distinctions, les courtisans, les courtisanes, etc.

Mais cette espèce de fièvre qui porte l'homme à voir partout des mâts de cocagne et à s'affliger de ne s'y être juché qu'au quart, au tiers ou à moitiè, à forcément développé l'amour-propre outre mesure, et engendré la vanité. Or, comme la vanité n'est que l'art de s'endimancher tous les jours, chaque homme a senti la nécessité d'avoir, comme un échantillon de sa puissance, un signe chargé d'instruire les passants de la place où il perche sur le grand mât de cocagne, au sommet duquel les rois font leurs exercices. Et c'est ainsi que les armoiries, les livrées, les chaperons, les cheveux longs, les girouettes, les talons rouges, les mîtres, les colombiers, le carreau à l'église et l'encens par le nez, les particules, les rubans, les diadèmes, les mouches, le rouge, les couronnes, les souliers à la poulaine, les mortiers, les simarres, le menu-vair, l'écarlate, les éperons, etc., etc., étaient successivement devenus des signes matériels du plus ou du moins de repos qu'un homme pouvait prendre ; du plus ou du moins de fantaisies qu'il avait le droit de satisfaire, du plus ou du moins d'hommes, d'argent, de pensées, de labeurs qu'il lui était possible de gaspiller. Alors un passant distinguait, rien qu'à le voir, un oisif d'un travailleur, un chiffre d'un zéro.

Tout à coup, la Révolution ayant pris d'une main puissante toute cette garde-robe inventée par quatorze siècles, et l'ayant réduite en papier monnaie, amena follement un des plus grands malheurs qui puissent affliger une nation. Les gens occupés se lassèrent de travailler tout seuls ; ils se mirent en tête de partager la peine et le profit par portions égales, avec de malheureux riches qui ne savaient rien faire, sinon se gaudir en leur oisiveté !...

Le monde entier, spectateur de cette lutte, a vu ceux-là mêmes qui s'étaient le plus affolés de ce système, le proscrire, le déclarer subversif, dangereux, incommode et absurde, sitôt que de travailleurs ils se furent métamorphosés en oisifs.

Aussi, de ce moment, la société se reconstitua, se rebaronifia, se recomtifia, s'enrubanisa, et les plumes de coq furent chargées d'apprendre au pauvre peuple ce que les perles héraldiques lui disaient jadis : *vade retro, Satanas !...* Arrière de nous, PÉQUINS !... La France, pays éminemment philosophique, ayant expérimenté par cette dernière tentative la bonté, l'utilité, la sécurité du vieux système d'après lequel se constrisaient les nations, revint d'elle-même, grâce à quelques soldats, au principe en vertu duquel la Trinité a mis en ce bas monde des vallées et des montages, des chênes et des graminées.

Et en l'an de grâce 1804, comme en la MCXX, il a été reconnu qu'il est infiniment agréable pour un homme ou une femme de se dire en regardant ses concitoyens : « Je suis au-dessus d'eux ; je les éclabousse ; je les protège ; je les gouverne ; et chacun voit clairement que je les gouverne, les protège et les éclabousse ; car un homme qui éclabousse, protège ou gouverne les autres, parle, mange, marche, boit, dort, tousse, s'habille, s'amuse autrement que les gens éclabousse, protèges et gouvernés. »

Et la VIE ÉLÉGANTE a surgi !...

Et elle s'est élancée toute brillante, toute neuve, toute vieille, toute jeune, toute fière, toute pimpante, tout approuvée, corrigée, augmentée et ressuscitée par ce monologue merveilleusement moral, religieux, monarchique, littéraire, constitutionnel, égoïste :

« J'éclabousse, je protège, je...», etc.

Car les principes d'après lesquels se conduisent et vivent les gens qui ont du talent, du pouvoir ou de l'argent, ne ressembleront jamais à ceux de la vie vulgaire.

Et personne ne veux être vulgaire ! ...

La vie élégante est donc essentiellement la science des manières.

Maintenant la question nous semble suffisamment abrégée, et aussi subtilement posée que si S. S. le comte Ravez s'était chargé de la proposer à la première chambre septennale.

Mais à quelle gent commence la vie élégante et tous les oisifs sont-ils aptes à en suivre les principes ?

Voici deux aphorismes qui doivent résoudre tous les doutes, et servir de point de départ à nos observations fashionables :

VII - Pour la vie élégante, il n'y a d'être complet que le centaure ; l'homme en tilbury.

VIII - Il ne suffit pas d'être devenu ou de naître riche pour mener une vie élégante, il faut en avoir le sentiment.

Ne fais pas le prince, a dit avant nous Solon, si tu n'as pas appris à l'être.

CHAPITRE II
DU SENTIMENT DE LA VIE ÉLÉGANTE

La complète entente du progrès social peut seule produire le sentiment de la *vie élégante* : cette manière de vivre n'est-elle pas l'expression des rapports et des besoin nouveaux créés par une jeune organisation déjà virile ? Pour s'en expliquer le sentiment, et le voir adopté par tout le monde, il est donc nécessaire d'examiner ici l'enchaînement des causes qui ont fait éclore la vie élégante du mouvement même de notre révolution ; car autrefois elle n'existait pas.

En effet, jadis le noble vivait à sa guise, et restait toujours un être à part. Seulement, les façons du courtisan remplaçaient, au sein de ce peuple à talons rouges, les recherches de notre vie fashionable. Encore le ton de la cour n'a-t-il daté que de Catherine de Médicis. Ce furent nos deux reines italiennes qui importèrent en France les raffinements du luxe, la grâce des manières et les féeries de la toilette. L'œuvre que commença Catherine en introduisant l'étiquette (*voir ses lettres à Charles IX*), en entourant le trône de supériorités intellectuelles, fut continuée par les reines espagnoles, influence puissante qui rendit la cour de France arbitre et dépositaire des délicatesses inventées tour à tour et par les Maures et par l'Italie.

Mais jusqu'au règne de Louis XV, la différence qui distinguait le courtisan du noble ne se trahissait guère que par des pourpoints plus ou moins chers, par des bottines plus ou moins évasées, une fraise, une chevelure plus ou moins musquée, et par des mots plus ou moins neufs. Ce luxe, tout personnel, n'était jamais complété par un ensemble dans l'existence. Cent mille écus profusément jetés dans un habillement, dans en équipage, suffisaient pour toute une vie. Plus, un noble de province pouvait se mal vetir, et savoir élever un de ces édifices merveilleux, notre admiration d'aujourd'hui et le désespoir de nos fortunes modernes ; tandis qu'un courtisan, richement mis, eût été fort enbarrassé de recevoir deux femmes chez lui. Une salière de Benvenuto Cellini, achetée au prix de la rançon d'un roi, s'élevait souvent sur une table entourée de bancs.

Enfin, si nous passons de la vie matérielle à la vie morale, un noble pouvait faire des dettes, vivre dans les cabarets, ne pas savoir écrire ou parler, être ignorant, stupide, prostituer son caractère, dire des niaiseries, il demeurait noble. Le bourreau et la loi distinguaient encore de tous les exemplaires de Jacques Bonhomme (l'admirable type des gens occupés) en lui tranchant la tête, au lieu de le pendre. On eût dit le *civis romanus* en France ; car, véritables esclaves, les Gaulois[2]) étaient devant lui comme s'ils n'existaient pas.

Cette doctrine fut si bien compris, qu'une femme de qualité s'habillait devant ses gens comme s'ils eussent été des bœufs; ne se déshonorait pas en *chippant* l'argent des bourgeois (voir la conversation de la duchesse de Tallard, dans le dernier ouvrage de M. Barrière) ; que la comtesse d'Egmont ne croyait pas commettre d'infidélité en aimant un vilain ; que Mme de Chaulnes affirmait qu'une duchesse n'avait pas d'âge pour un roturier ; et que M. Joly de Fleury considérait logiquement les vingt millions de corvéables comme un accident dans l'État.

Aujourd'hui les nobles de 1804 ou de l'an MCXX ne représentent plus rien. La révolution n'était qu'une croisade contre les privilèges, et sa mission n'a pas été tout à fait vaine ; car si la chambre des pairs, dernier lambeau des prérogatives héréditaires, devient une oligarchie territoriale, elle ne sera jamais une aristocratie hérissée de droits hostiles. Mais, malgré l'amélioration apparente imprimée

---

2) Gentilhomme voulait dire : *l'homme de la nation, gentis homo.*

à l'ordre social par le mouvement de 1789, l'abus nécessaire que constitue l'inégalité des fortunes s'est régénéré sous de nouvelles formes. N'avons-nous pas, en échange d'une féodalité risible et déchue, la triple aristocratie de l'argent, du pouvoir et du talent, qui, toute légitime qu'elle soit, n'en jette pas moins sur la masse un poids immense, en lui imposant le patriciat de la banque, le ministérialisme, et la balistique des journaux ou de la tribune, marchepieds des gens de talent ? Ainsi, tout en consacrant, par son retour à la monarchie constitutionnelle, une mensongère égalité politique, la France n'a jamais que généralisé le mal ; car nous sommes une démocratie de riches. Avouons-le ? La grande lutte du dix-huitième siècle était un combat singulier entre le Tiers-État et les ordres : le peuple n'y fut que l'auxiliaire des plus habiles. Aussi, en octobre 1830, il existe encore deux espèces d'hommes : les riches et les pauvres, les gens en voiture et les gens à pied, ceux qui ont payé le droit d'être oisifs et ceux qui tentent de l'acquérir. La société s'exprime en deux termes ; mais la proposition reste la même : les hommes doivent toujours les délices de la vie et le pouvoir au hasard qui, jadis, créait les nobles ; car le talent est un bonheur d'organisation, comme la fortune patrimoniale en est un de naissance.

L'oisif gouvernera donc toujours ses semblables : après avoir interrogé, fatigué les choses, il éprouve l'envie de JOUER AUX HOMMES. D'ailleures, celui-là dont l'existence est assurée pouvant seul étudier, observer, comparer, le riche déploie l'esprit d'envahissement, inhérent à l'âme humaine, au profit de son intelligence ; et alors, le triple pouvoir du temps, de l'argent et du talent lui garantit le monopole de l'empire, car l'homme armé de la pensée a remplacé le banneret bardé de fer. Le mal a perdu de sa force en s'étendant ; l'intelligence est devenue le pivot de notre civilisation : tel est tout le progrès acheté par le sang de nos pères.

L'aristocratie et la bourgeoisie vont mettre en commun, l'une, ses traditions d'élégance, de bon goût et de haute politique ; l'autre, ses conquêtes prodigieuses, dans les arts et les sciences ; puis, toutes deux, à la tête du peuple, elles l'entraîneront dans une voie de civilisation et de lumière. Mais les princes de la pensée, du pouvoir ou de l'industrie qui forment cette caste agrandie, n'en éprouveront pas moins une invincible démangeaison de publier, comme les nobles d'autrefois, leur degré de puissance ; et, aujourd'hui encore, l'homme social fatiguera son génie à trouver des distinctions. Ce sentiment est, sans doute, un besoin de l'âme, une espèse de soif ; car le sauvage même, a ses plulmes, ses tatouages, ses arcs travaillés, ses cauris, et se bat pour des verroteries. Alors, comme le dix-neuvième siècle s'avance sous la conduite d'une pensée dont le but est de substituer l'exploitation de l'homme par l'intelligence à l'exploitation de l'homme par l'homme[3)], la promulgation

3) Cette expression métaphysique du dernier progrès fait par l'homme peut servir à expliquer la structure de la société et à trouver les raisons des phénomènes offerts par les existences individuelles. Ainsi, LA VIE OCCUPÉE n'étant jamais *qu'une exploitation de la matière par l'homme, ou une exploitation de l'homme par l'homme*, tandis que LA VIE D'ARTISTE ET LA VIE ÉLÉGANT supposent toujours une exploitation de l'homme par la pensée, il est facile, en appliquant ces formules au plus ou moins d'intelligence des fortunes. En effet, en politique, en finance, comme en mécanique, le résultat est toujours en raison de la puissance des moyens, c. q. e. à d. (voyez page 12). Ce système doit-il nous rendre un jour tous millionnaire ?... Nous ne le pensons pas. Malgré le succès de M. Jacotot, c'est une erreur de croire les intelligences égales. Elles ne peuvent l'être que par une similitude de force, d'exercice ou de perfection,

constante de notre supériorité devra subir l'influence de cette haute philosophie et participera bien moins de la matière, que de l'âme.

Hier, encore, les Francs sans armures, peuple débile et dégénéré, continuaient les rites d'une religion morte et levaient les étendards d'une puissance évanouie ; maintenant, chaque homme, qui va se dresser, s'appuiera sur sa propre force. Les oisifs ne seront plus des fétiches, mais de véritables dieux. Alors l'expression de notre fortune résultera de son emploi, et la preuve de notre élévation individuelle se trouvera dans l'ensemble de notre vie ; car princes et peuples comprennent que le signe le plus énergique ne suppléera plus le pouvoir. Ainsi, pour chercher à rendre un systéme par une image, il ne reste pas trois figures de Napoléon en habits impériaux, et nous le voyons partout, vêtu de son petit uniforme vert, coiffé de son chapeau à trois cornes et les bras croisés. Il n'est poétique et vrai que sans le charlatanisme impérial. En le précipitant du haut de sa colonne, ses ennemis l'ont grandi. Dépouillé des oripeaux de la royauté, Napoléon devient immense : il est le symbole de son siècle, une pensée de l'avenir : l'homme puissant est toujours simple et clame.

---

impossible à rencontrer dans les organes ; car, chez les hommes civilisés surtout, il serait difficile de rassembler deux organisations homogènes. Ce fait immense prouve que Sterne avait peut-être raison de mettre l'art d'accoucher en avant de toutes les sciences et des philosophies. Alors les hommes resteront donc toujours, les uns, pauvres, les autres, riches ; seulement, les intelligences supérieures étant dans une voie de progrès, le bien-être de la masse augmentera, comme le démontre l'histoire de la civilisation depuis le seizième siècle, moment où la pensée a triomphé en Europe, par l'influence de Bacon, de Decartes et de Bayle.

Du moment où deux livres de parchemin ne tiennent plus lieu de tout, où le fils naturel d'un baigneur millionnaire et un homme de talent ont les mêmes droits que le fils d'un comte, nous ne pouvons plus être distinctible que par notre valeur intrinsèque. Alors dans notre société les differences ont disparu : il n'y a plus des nuances. Aussi le savoir-vivre, l'élégance des manières, le *je ne sais quoi*, fruit d'une éducation complète, forment la seule barrière qui sépare l'oisif de l'homme occupé. S'il existe un privilège, il dérive de la supériorité morale. De là, le haut prix attaché par le plus grand nombre à l'instruction, à la pureté du langage, à la grâce du maintien, à la manière plus ou moins aisée dont une toilette est portée, à la recherche des appartements, enfin à la perfection de tout ce qui procède de la personne. N'imprimons-nous pas nos moeurs, notre pensée sur tout ce qui nous entoure et nous appartient ? « Parle, marche, mange ou habille toi et je te dirai qui tu es ? » a remplacé l'ancien proverbe, expression de cour, adage de privilégié. Aujourd'hui un maréchal de Richelieu est impossible. Un pair de France, un prince même, risquent de tombre au-des-sous d'un électeur à cent écus, s'ils se déconsidèrent ; car il n'est permis à personne d'être impertinent ou débauché. Plus les choses ont subi l'influence de la pensée, et plus les détails de la vie se sont ennoblis, épurés, agrandis.

Telle est la pente insensible par laquelle le christianisme de notre révolution a renversé le polythéisme de la féodalité, par quelle filation un sentiment vrai a respiré jusque dans les signes matériels et changeants de notre puissance ; et voilà comment nous sommes revenus au point d'où nous sommes partis — à l'adoration du veau d'or. Seulment, l'idole parle, marche, pense ; en un mot, elle est un géant. Aussi, le pauvre Jacques Bonhomme est-il bâté pour longtemps ; une révolution populaire est impossible aujourd'hui : si quelques rois tombent encore, ce sera, comme en France, par le froid mépris de la classe intelligente.

Pour distinguer notre vie par de l'élégance, il ne suffit donc plus aujourd'hui d'être noble ou de gagner un quaterne à l'une des loteries humaines, il faut encore avoir été doué de cette indéfinissable faculté (l'esprit de nos sens peut-être !) qui nous porte toujours à choisir les choses vraiment belles ou bonnes, les choses dont l'ensemble corcorde avec notre physionomie, avec notre destinée. C'est un tact exquis, dont le constant exercice peut, seul, faire découvrir soudain les rapports, prévoir les conséquences, deviner la place ou la portée des objets, des mots, des idées et des personnes ; car, pour nous résumer, le principe de la vie élégante est une haute pensée d'ordre et d'harmonie destinée à donner de la poésie aux choses. De là cet arphorisme :

IX - Un homme devient riche, il naît élégant.

Appuyé sur de telles bases, vu de cette hauteur, ce système d'existence n'est donc plus une plaisanterie éphémére, un mot vide, dédaigné par les penseurs comme un journal lu. La *vie élégante* repose au contraire sur les déductions les plus sévères de la contitution sociale. N'est-elle pas l'habitude et les mœurs des gens supérieurs qui savent jouir de la fortune et obtenir du peuple le pardon de leur élévation en faveur des bien faits répandus par leurs lumiéres ? N'est-elle pas l'expression des progrès faits par un pays, puisqu'elle en représente tous les genres de luxe. Enfin, si elle est l'indice d'une nature perfectionnée, tout homme ne doit il pas désirer d'en étudier, d'en surprendre les secrets ?

Alors il n'est donc plus indifférent de mépriser ou d'adopter les fugitives prescriptions de LA Mode ; car *mens molem agitat* : l'esprit d'un homme se devine à la manière dont il tient sa canne. Les distintions s'avilissent, ou meurent en devenant communes ; mais il existe une puissance chargée d'en stipuler de nouvelles, c'est l'opinion ; or, la mode, n'a jamais été que l'opinion en matière de costume. Le costume étant le plus énergique de tous les symboles, la Révolution fut aussi une question de mode, un débat entre la soie et le drap. Mais aujourd'hui LA MODE n'est plus restreinte au luxe de la personne. Le matériel de la vie, ayant éte l'objet du progrès général, a reçu d'immenses développements. Il n'est pas un seul de nos besions qui n'ait produit une encyclopédie, et notre vie animale se rattache à l'universalité des connaissances humaines. Aussi, en dictant les lois de l'élégance, la mode embrasse-t-elle tous les arts ? Elle est le principe des œuvres comme des ouvrages. N'est-elle pas le cachet dont un consentement unanime scelle une découverte ou marque les inventions qui enrichissent le bien-être de l'homme ? Ne constitue-t-elle pas la récompense toujours lucrative, l'hommage décernés au génie ? En accueillant, en signalant le progrès, elle se met à la tête de tout : elle fait les révolutions de la musique, des lettres, du dessin et de l'architecture. Or, un traité de la vie élégante, étant la réunion des principes incommutables qui doivent diriger la manifestation de notre pensée par la vie extérieure, est en quelque sorte *la métaphysique des choses*.

CHAPITRE III
PLAN DE CE TRAITÉ

« J'arrive de Pierrefond où je suis allé voir mon oncle : il est riche, il a des chevaux, il ne sait seulement pas ce que c'est qu'un *tigre*, un *groom*, un *britschka*, et va encore dans un cabriolet à pompe !...

— Hé quoi ! s'écria tout à coup notre honorable ami, en déposant sa pipe entre les bras d'une *Vénus à la tortue* qui décore sa cheminée ; hé quoi ! s'il s'agit de l'homme en masse, il y a le code du droit des gens ; d'une nation, code politique ; de nos intérêts, code civil ; de nos différends, code de procédure ; de notre liberté, code d'instruction ; de nos égarements, code pénal; de l'industrie, code du commerce ; de la campagne, code rural ; des soldats, code militaire ; des négres, code noir ; de nos bois, code forestier ; de nos coquilles pavoisées, code maritime... Enfin, nous avons tout formulé, depuis le deuil de cour, depuis la quantité de larmes que nous devons verser pour un roi, un oncle, un cousin, jusqu'à la vie et le pas d'un cheval d'escadron...

— Hé bien, quoi ? lui dit A-Z en ne s'apercevant pas que notre honorable ami reprenait haleine.

— Hé bien, répliqua-t-il, quand ces codes-là ont été faits, je ne sais quelle épizootie (il voulait dire épidémie) a saisi les cacographes, et nous avons été inondés de codes... La politesse, la gourmandise, le théâtre, les honnêtes gens, les femmes, l'idemnité, les colons, l'administration, tout a en son code. Puis, la doctrine de Saint-Simon a dominé cet océan d'ouvrages, en prétendant que la *codification* (voyez *L'Organisateur*) était une science spéciale... Peut-être le typographe s'est-il trompé, et n'a-t-il pas bien lu *caudification*, de *cauda*, queue ?... mais n'importe !

— Je vous demand, ajouta-t-il, en arrêtant un de ses auditeurs et le tirant par un bouton, n'est-ce pas un vrai miracle que la *Vie élégante* n'ait pas trouvé de législateurs parmi tout ce monde écrivant et pensant? Ces manuels, même ceux du garde champêtre, du maire et du contribuable, ne sont-ils pas des fadaises auprès d'un traité sur LA MODE ? La publication des principes qui rendent la vie poétique n'est-elle pas d'une immense utilité ? Si, en province, la plupart de nos fermes, closeries, borderies, maisons, métairies, bordages, etc., sont de véritables chenils ; si le bestial, et surtout les chevaux, obtiennent en France un traitment indigne d'un peuple chrétien, si la science du *confortable*, si le briquet de l'immortel *Fumade*, si la cafetière de Lemare, si les tapis à bon marché sont inconnus à soixante lieues de Paris, il est bien certain que ce manque général des plus vulgaires inventions dues à la science moderne vient de l'ignorance dans laquelle nous laissons croupir la petite propriété ! L'élégance se rattache à tout. Elle tend à rendre une nation moins pauvre, en lui inspirant le goût du luxe ; car un grand axiome est certes celui-ci :

X - La fortune que l'on acquiert est en raison des besoins que l'on se crée.

Elle donne (toujours l'élégance) un aspect plus pittoresque à un pays ! et perfectionne l'agriculture ; car, des soins apportés au vivre, au couvert des animaux, dépend la beauté des races et de leurs produits. Or, allez voir dans quels trous les Bretons logent leurs vaches, leurs chevaux, leurs moutons et leurs enfants, et vous avouerez que, de tous les livres à faire, un traité sur l'élégance est le plus philanthropique et le plus national ! Si un ministre a laissé son mouchoir et sa tabatière sur la table de Louis XVIII, si les miroirs dans lesquel un jeune élégant se fait la barbe, chez un vieux campagnard, lui donnent l'air d'un homme prêt à tomber en apoplexie, et si enfin votre oncle va encore dans un cabriolet à pompe, c'est assurément faute d'un ouvrage classique sur LA MODE !...

Notre honorable ami parla longtemps et très bien avec cette facilité d'élocution que les envieux nomment bavardage ; puis, il conclut en disant : « L'élégance dramatise la vie...»

Oh ! alors ce mot éveilla un hourra général. Le sagace A-Z prouva que le drame ne pouvait guère ressortir de l'uniformité imprimée, par l'élégance, aux mœurs d'un pays ; et, mettant en regard l'Angleterre et l'Espagne, il démontra sa thèse en enrichissant son argumentation des couleurs locales que lui fournirent les habitudes des deux contrées. Enfin il termina ainsi :

« Il est facile, messieurs, d'expliquer cette lacune dans la science. Hé ! quel homme, jeune ou vieux, serait assez hardi pour assumer sur sa tête une aussi accablante responsabilité ? Pour entreprendre un traité de la vie élégante, il faudrait avoir un fanatisme d'amour-propre inimaginable ; car ce serait vouloir dominier les personnes élégantes de Paris, qui, elles-mêmes, tâtonnent, essaient et n'arrivent pas toujours à la grâce.

En ce moment, d'amples libations, ayant été faites en l'honneur de la fashionable déesse du thé, les esprits s'étaient élevés au ton de l'illuminisme. Alors, un des plus élégants[4] rédacteurs de LA MODE se leva en jetant un regard de triomphe sur ses collaborateurs :

« Cet homme existe !... » dit-il.

Un rire général accueillit cet exorde ; mais le silence de l'admiration y succéda bientôt quand il eut ajouté :

« BRUMMELL !... Brummell est à Boulogne, banni de l'Angleterre par de trop nombreux créaciers oublieux des services que ce patriarche de la *fashion* a rendus à sa patrie !... »

Et alors la publication d'un traité sur la vie élégante parut facile et fut unanimement résolue *comme étant un grand bienfait* pour l'humanité, comme un pas immense dans la voie des *progrès*.

Il est inutile d'ajouter que nous devons à Brummell les inductions philosophiques par lesquelles nous sommes arrivés à démontrer dans les deux précédents chapitres combien la vie élégante se liait fortement à la perfection de toute société humaine : les anciens amis de cet immortel créateur du luxe anglais auront, nous l'expérons, reconnu sa haute philosophie à travers la traduction imparfaite de ses pensées.

Il nous serait difficile d'exprimer le sentiment qui s'empara de nous lorsque nous vîmes ce prince de la mode : c'était tout à la fois du respect et de la joie. Comment ne pas se pincer épigrammatiquement les lèvres en voyant l'homme qui avait inventé la philosophie des meubles, des gilets, et qui allait nous léguer des axiomes sur les pantalons, sur la grâce et sur les harnais ?

Mais aussi comment ne pas étre pénétré d'admiration pour le plus intime ami du roi Geouge IV ; pour le fashionable qui avait

---

4) Ici l'élégance s'applique au costume.

imposé des lois à l'Angleterre, et donné au prince de Galles ce goût de toilette et de *confortabilisme* qui valut tant d'avancement aux officieres bien vêtus[5] ? N'était-il pas une preuve vivante de l'influence exercée par la mode ? Mais quand nous pensâmes que Brummell avait, en ce moment, une vie pleine d'amertume, et que Boulogne était son rocher de Sainte Hélène, tous nos sentiments se confondirent dans un respectueux enthousiasme.

Nous le vîmes au moment de son lever. Sa robe de chambre portait l'empreinte de son malheur ; mais tout en s'y conformant, elle s'harmoniait admirablement avec les accessoires de l'appartement. Brummell, vieux et pauvre, était toujours Brummell. Seulement, un embonpoint égal à celui de George IV avait rompu les heureuses dispositions de ce corps-modèle, et l'ex-dieu du dandysme portait une perruque !... Effrayante leçon ! Brummell ainsi !... N'était-ce pas Sheridan ivre mort au sortir du Parlement, ou saisi par des recors ?

Brummell en perruque ; Napoléon en jardinier ; Kant en enfance ; Louis XVI en bonnet rouge, et Charles X à Cherbourg !... voilà les cinq plus grands spectacles de notre époque.

Le grand homme nous accueillit avec un ton parfait. Sa modestie acheva de nous séduire. Il parut flatté de l'apostolat que nous lui avions réservé ; mais tout en nous remerciant, il nous déclara qu'il ne se croyait pas assez de talent pour accomplir une mission aussi délicate.

« Heureusement, nous dit-il, j'ai pour compagnons à Boulogne

---

5) Quand George IV voyait un militaire mis avec soin, il manquait rarement de le distinguer et de l'avancer. Aussi recevait-il fort mal les gens sans élégance.

quelques gentlemen d'élite conduits en France par la manière trop large dont ils concevaient, à Londres, la vie élégante... *Honneur au courage malheureux* !... ajouta-t-il en se découvrant et nous lançant un regard aussi gai que railleur. »

« Alors, reprit-il, nous pourrons former ici un comité assez illustre, assez expérimenté pour décider en dernier ressort des difficultés les plus sérieuses de cette vie, si frivole en apparence ; et, lorsque *vos amis de Paris* auront admis ou rejeté nos maximes, espérons que votre entreprise prendra un caractère monumental !...»

Ayant dit, il nous proposa de prendre le thé avec lui. Nous acceptâmes. Une mistress élégante encore, malgré son embonpoint, étant sortie de la chambre voisine pour faire les honneurs de la théière, nous nous aperçûmes que Brummell avait aussi sa marquise de Conyngham. Alors, le nombre seul des *couronnes* pouvait le distinguer de son royal ami George IV. Hélas ! ils sont maintenant *ambo pares*, morts tous deux, ou à peu près.

Notre première conférence eut lieu pendant ce déjeuner dont la recherche nous prouva que la ruine de Brummell serait une fortune à Paris.

La question dont nous nous occupâmes était une question de vie ou de mort pour notre entreprise.

En effet, si le sentiment de la vie élégante devait résulter d'une organisation plus ou moins heureuse, il s'ensuivait que les hommes se partageaient pour nous en deux classes : les poètes et les prosateurs, les élégants et le commun des martyrs ; partant, plus de traité : les premiers sachant tout, les derniers ne pouvant rien apprendre.

Mais, après la plus mémorable des discussions, nous vîmes surgir cet axiome consolateur :

XI - Quoique l'élégance soit moins un art qu'un sentiment, elle provient également de l'instinct et d'une habitude.

« Oui, s'écria sir William Crad...k, le compagnon fidèle de Brummell, rassurez la population craintive des *country-gentlemen* (petit propriétaires), des marchands et des banquiers !... Tous les enfants de l'aristocratie ne naissent pas avec le sentiment de l'élégance, avec le goût qui sert à donner à la vie une poétique empreinte ; et cependant, l'aristocratie de chaque pays s'y distingue par ses manières et par une remarquable entente de l'existence ! — Quel est donc son privilège ?... L'éducation, l'habitude. Frappés dès le berceau de la grâce harmonieuse qui règne autour d'eux, élevés par des mères élégantes, dont le langage et les mœurs gardent toutes les bonnes traditions, les enfants des grands seigneurs se familiarisent avec les rudiments de notre science, et il faut un naturel bien revêche pour résister à un constant aspect de choses véritablement belles. Aussi le spectacle le plus hideux pour un peuple est-il un grand tombé au-dessous d'un bourgeois !

Si toutes les intelligences ne sont pas égales, il est rare que nos sens ne soient pas égaux ; car l'intelligence résulte d'une perfection intérieure ; or, plus nous élargissons la forme, et plus nous obtenons d'égalité : ainsi, les jambes humaines se ressemblent bien mieux que les visages, grâce à la configuration de ces membres qui offrent des lignes étendues. Or, l'élégance, n'etant que la perfection des objets sensibles, doit être accessible à tous par l'habitude... L'étude peut conduire un homme riche à porter des bottes et un pantalon aussi bien que nous les portons nous-mêmes, et lui apprendre à savoir dépenser sa fortune avec grâce... Ainsi du reste. »

Brummell fronça légèrement le sourcil. Nous devinâmes qu'il allait faire entendre cette voix prophétique à laquelle obéissait naguère un peuple de riches.

« L'axiome est vrai, dit-il, et j'approuve une partie des raisonnements dus à l'honorable préopinant ; mais j'improuve fortement de lever ainsi la barrière qui sépare la vie élégante de la vie vulgaire ; et d'ouvrir les portes du temple au peuple entier.

— Non!... s'écria Brummell, en frappant du poing sur la table ; non, toutes les jambes ne sont pas appelées à porter de même une botte ou un pantalon... Non, Milords. N'y a-t-il pas des boiteux, des gens contrefaits ou ignobles à toujours ? Et n'est-ce pas un axiome que cette sentence, mille fois prononcée par nous dans le cours de notre vie :

XII - Rien ne ressemble moins à l'homme qu'*un homme.*

« Donc, reprit-il, après avoir consacré le principe favorable qui laisse aux catéchumènes de la vie élégante l'espoir de parvenir à la grâce par l'habitude, reconnaissons aussi les exceptions, et cherchons-en les formules, de bonne foi !... »

Après bien des efforts, après de nombreuses observations savamment débattues, nous rédigeâmes les axiomes suivants :

XIII - Il faut avoir été au moins jusqu'en rhétorique, pour mener une vie élégante.

XIV - Sont en dehors de la vie élégante, les détaillants, les gens d'affaires et les professeurs d'humanités.

XV - L'avare est une négation.

XVI - Un banquier arrivé à quarante ans sans avoir déposé son bilan, ou qui a plus de trente-six pouces de tour, est le damné de la vie élégante : il en verra le paradis, sans jamais y entrer.

XVII - L'être qui ne vient pas souvent à Paris ne sera jamais complètement élégant.

XVIII - L'homme impoli est le lépreux du monde fashionable[6].

« Assez ! dit Brummell. Si nous ajoutions un seul aphorisme, ce serait rentrer dans l'enseignement des principes généraux qui doivent être l'objet de la seconde partie du traité. »

Alors il daigna poser lui-même les limites de la science, en divisant ainsi notre ouvrage.

« Si vous examinez avec soin, dit-il, toutes les traductions matérielles de la pensée dont se compose la vie élégante, vous serez sans doute frappés comme moi du rapprochement plus ou moins intime qui existe entre certaines choses et notre personne.

---

6) La connaissance des lois les plus vulgaires de la politesse étant un des éléments de notre science, nous saisissons cette occasion de rendre un hommage public à M. l'abbé Gaultier, dont l'ouvrage sur la politesse doit être considéré comme l'œuvre la plus complète en cette matière, et comme un admirable traité de morale. Ce petit livre se trouve chez J. Renouard.

Ainsi, la parole, la démarche, les manières sont des actes qui procèdent *immédiatement* de l'homme, et qui sont entièrement soumis aux lois de l'élégance. La table, les gens, les chevaux, les voitures, les meubles. la tenue des maisons ne dérivent, pour ainsi dire, que *médiatement* de l'individu. Quoique ces accessoires de l'existence portent également le cachet d'élégance que nous imprimons à tout ce qui procède de nous, ils semblent, en quelque sorte, éloignés du siège de la pensée et ne doivent occuper que le second rang dans cette vaste théorie de l'élégance. N'est-il pas naturel de refléter la grande pensée qui meut notre siècle dans une œuvre destinée, peut-être, à réagir sur les mœurs des ignorantins de la *fashion* ? Convenons donc ici que tous les principes qui se rattacheront immédiatement à l'intelligence auront la première place dans les distributions de cette encyclopédie aristocratique.

« Cependant, Messieurs, ajouta Brummell, il est un fait qui domine tous les autres. L'homme s'habille avant d'agir, de parler, de marcher, de manger. Les actions qui appartiennent à la mode, le maintien, la conversation, etc., ne sont jamais que les conséquences de notre toilette. Sterne, cet admirable observateur, a proclamé de la manière la plus spirituelle quc les idées de l'homme barbifié n'étaient pas celles de l'homme barbu. Nous subissons tous l'influence du costume. L'artiste en toilette ne travaille plus. Vêtue d'un peignoir ou parée pour le bal... une femme est bien autre. Vous diriez deux femmes ! »

Ici Brummell soupira.

« Nos manières du matin ne sont plus celles du soir, reprit-il. Enfin George IV, dont l'amitié m'a si fort honoré, s'est bien certainement cru plus grand le jour de son couronnemnet que le lendemain ! La toilette est donc la plus immense modification éprouvée par l'homme social, elle pèse sur toute l'existence ! Or je ne crois pas violer la logique en vous proposant d'ordonner ainsi votre ouvrage.

« Après avoir dicté dans votre seconde partie les lois générales de la vie élégante, reprit-il, vous devriez consacrer la troisième aux choses qui procèdent immédiatement de l'individu, et mettre la toilette en tête. Enfin, selon moi, la quatrième partie serait destinée aux choses qui procèdent immèdiatement de la personne et que je regarde comme des ACCESSOIRES !...»

Nous excusâmes la prédilection de Brummell pour la toilette : elle avait fait sa gloire. C'est peut-être l'erreur d'un grand homme ; mais nous n'osâmes pas la combattre. Au risque de voir cette heureuse classification rejetée par les élégantologistes de tous les pays, nous résolûmes de nous tromper avec Brummell.

Alors les matières à traiter dans la seconde partie furent adoptées à l'unanimité par cet illustre parlement de modiphiles sous le titre de PRINCIPES GÉNÉRAUX de la vie élégante.

La troisième partie, concernant LES CHOSES QUI PROCÈDENT IMMÉDIATEMENT DE LA PERSONNE, fut divisée en plusieurs chapitres.

Le premier comprendra *la toilette dans toutes ses parties.* Un premier paragraphe sera consacré à *la toilette des hommes* ; un second à *la toilette des femmes* ; un troisième offrira *un essai sur les parfums*, *sur les bains et sur la coiffure.*

Un autre chapitre donnera *une théorie complète de la démarche et du maintien.*

Un de nos meilleurs amis, M. E. Sue, aussi remarquable par

l'élégance de son style et l'originalité de ses aperçus que par un goût exquis des choses, par une merveilleuse entente de la vie, nous a promis la communication de ses remarques pour un chapitre intitulé : *De l'impertinence considérée dans ses rapports avec la morale, la religion, la politique, les arts et la littérature.*

La discussion s'échauffa sur les deux dernières divisions. Il s'agissait de savoir si le chapitre des *manières* devait passer avant celui *de la conversation.*

Brummell mit fin au débat par une improvisation que nous avons le regret de ne pouvoir communiquer en entier. Il termina ainsi :

« Messieurs, si nous étions en Angleterre, les actions passeraient nécessairement avant la parole, car mes compatriotes sont assez généralement taciturnes ; mais j'ai eu l'occasion de remarquer qu'en France vous parliez toujours beaucoup avant d'agir. »

La quatrième partie, consacrée aux ACCESSOIRES, comprendra les principes qui doivent régir les appartements, les meubles, *la table*, les chevaux, les gens, les voitures, et nous terminerons par un traité sur *l'art de recevoir soit à la ville, soit à la campagne, et sur l'art de se conduire chez les autres.*

Ainsi, nous aurons embrassé l'universalité de la plus vaste de toutes les sciences : celle qui embrasse tous les moments de notre vie, qui gouverne tous les actes de notre veille et les instruments de notre sommeil ; car elle règne encore même pendant le silence des nuits.

Deuxième partie

PRINCIPES GÉNÉRAUX

Songez aussi, madame, qu'il y a
des perfections révoltantes.

MONOGRAPHIE DE LA VERTU,
ouvrage inédit de l'auteur.

CHAPITRE IV
DOGMES

L'Église reconnaît sept péchés capitaux et n'admet que trios vertus théologales. Nous avons donc sept principes de remords contre trois sources de consolation ! Triste problème que celui-ci : 3 : 7 : : l'homme X !... Aussi nulle créature humaine, sans en excepter sainte Thérèse ni saint François d'Assise, n'a-t-elle pu échapper aux conséquences de cette proposition fatale !

Malgré sa rigueur, ce dogme gouverne le monde élégant, comme il dirige l'univers catholique. Le mal sait stipuler des accommodements, le bien suit une ligne sévère. De cette loi éternelle nous pouvons extraire un axiome, confirmé par tous les dictionnaires *des cas de conscience*.

XIX - Le bien n'a qu'un mode, le mal en a mille.

Ainsi la vie élégante a ses péchés capitaux et ses trois vertus cardinales. Oui, l'élégance est une et indivisible comme la Trinité, comme la Liberté, comme la Vertu. De là, resultent les plus importants de tous nos aphorismes généraux :

XX - Le principe constitutif de l'élégance est l'*unité*.

XXI - Il n'y a pas d'unité possible sans la propreté, sans l'harmonie, sans la *simplicité relative*.

Mais ce n'est point la simplicité plutôt que l'harmonie, ni l'harmonie plutôt que la propreté qui produisent l'élégance, elle naît d'une concordance mystérieuse entre ces trios vertus primordiales : la créer partout et soudain est le secret des eprits nativement distingués.

En analysant toutes les choses de mauvais goût qui entachent les toilettes, les appartements, les discours ou le maintien d'un inconnu, les observateurs trouveront toujours qu'elles pèchent par des infractions, plus ou moins sensibles, à cette triple loi de l'unité.

La vie extérieure est une sorte de système organisé qui représente un homme aussi exactement que les couleurs du colimaçon se reproduisent sur sa coquille. Aussi, dans la vie élégante, tout s'enchaîne et se commande. Quand M. Cuvier aperçoit l'os frontal, maxillaire ou crural de quelque bête, n'en induit-il pas toute une créature, fût-elle antédiluvienne, et n'en reconstruit-il pas aussitôt un individu classé, soit parmi les sauriens ou les marsupiaux, soit parmi les carnivores ou les herbivores ?... Jamais cet homme ne s'est trompé : son genie lui a révélé les lois unitaires de la vie animale.

De même, dans la vie élégante, une seule chaise doit determiner toute une série de meubles, comme l'éperon fait supposer un cheval. Telle toilette annonce telle sphère de noblesse et de bon goût. Chaque fortune a sa base et son sommet. Jamais les Georges Cuvier de l'élégance ne s'exposent à porter des jugements erronés : ils vous diront à quel nombre de zeros, dans le chiffre des revenus, doivent appartenir les galeries de tableaux, les chevaux de race pure, les tapis de la Savonnerie, les rideaux de soie diaphane, les cheminées de mosaïque, les vases etrusques et les pendules surmontées d'une statue échappée au ciseau des David! Apportez-leur enfin une seule patère !... ils en déduiront tout un boudoir, une chambre, un palais.

Cet ensemble, rigoureusement exigé par l'unité, rend solidaires tous les accessoires de l'existence ; car un homme de goût juge, comme un artiste, sur un rien. Plus l'ensemble est parfait et plus un barbarisme y est sensible. Il n'y a qu'un sot ou un homme de génie qui puissent mettre une bougie dans un martinet. Les applications de cette grande loi fashionable furent bien comprises de la femme célèbre (Mme T***) à laquelle nous devons cet aphorisme :

XXII - On connaît l'esprit d'une maîtresse de maison en franchissant le seuil de sa porte.

Cette vaste et perpétuelle image qui représente[7] votre fortune ne doit jamais en être le spécimen infidèle car vous seriez placé entre deux écueils : l'avarice ou l'impuissance. Or, trop vain comme trop modeste, vous n'obéissez plus à cette unité, dont la moindre des consequences est d'amener un heureux équilibre entre vos forces productrices et votre forme extérieure.

Une faute aussi capitale détruit toute une physionomie.

Premier terme de cette proposition, l'avarice a déjà été jugée ; mais, sans pouvoir être accusés d'un vice aussi honteux, beaucoup de gens, jaloux d'obtenir deux résultats, tâchent de mener une vie élégante avec économie ; ceux-là parviennent sûrement à un but : ils sont ridicules. Ne ressembleront-ils pas, à tout moment, à des machinistes inhabiles dont les décorations laissent apercevoir les ressorts, les contrepoids et les coulisses manquant ainsi à ces deux axiomes fondamentaux de la science :

XXIII - L'effet le plus essentiel de l'élégance est de cacher les moyens.

XXIV - Tout ce qui révèle une économie est inélégant.

En effet l'économie est un moyen. Elle est le nerf d'une bonne administration, mais elle ressemble à l'huile qui donne de la souplesse et de la douceur aux roues d'une machine : il ne faut ni la voir ni la sentir.

---

7) Ces mots : *bien representer, la representation*, n'ont pas d'autre origine.

Ces inconvénients ne sont pas les seuls châtiments dont les gens parcimonieux soient punis. En restreignant le développement de leur existence, ils descendent de leur sphère ; et, malgré leur pouvoir, se mettent au niveau de ceux que la vanité précipite vers l'écueil opposé. Qui ne frémirait pas de cette épouvantable fraternité ?

Que de fois n'avez-vous pas rencontré, à la ville ou à la campagne, les bourgeois semi-aristocrates qui, parés outre mesure, sont obligés, faute d'un equipage, de calculer leurs visites, leurs plaisirs et leurs devoirs d'après Mathieu Laensberg ? Esclave de son chapeau, madame redoute la pluie et monsieur craint le soleil ou la poussière. Impressibles comme des baromètres, ils devinent le temps, quittent tout et disparissent à l'aspect d'un nuage. Mouillés et crottés, ils s'accusent réciproquement au logis de leurs misères, gênés partout, ils ne jouissent de rien.

Cette doctrine a été résumée pas un aphorisme applicable à toutes les existences, depuis celle de la femme forcée de retrousser sa robe pour s'asseoir en voiture jusqu'au petit prince d'Allemagne qui veut avoir des bouffes :

XXV - De l'accord entre la vie extérieure et la fortune, résulte l'aisance.

L'observation religieuse de ce principe permet seule à un homme de déployer, jusque dans ses moindres actes, une liberté sans laquelle la grâce ne saurait exister. S'il mesure ses désirs sur sa puissance, il reste dans sa sphère sans avior peur d'en déchoir. Cette sécurité d'action, qu'on pourrait nommer *la conscience du bien-être*, nous préserve de tous les orages occasionnés pas une vanité mal entendue.

Ainsi les experts de la vie élégante ne tracent pas de longs chemins en toile verte sur leurs tapis, et ne redoutent pas, pour eux, les visites d'un vieil oncle asthmatique. Ils ne consultent pas le thermomètre pour sortir avec leurs chevaux. Egalement soumis aux charges de la fortune comme à ses bénéfices, ils ne paraissent jamais contrariés d'un dommage ; car, chez eux, tout se répare avec de l'argent, ou se résout par le plus ou moins de peine que prennent leurs gens. Mettre un vase, une pendule en cage, couvrir ses divans de housses, ensacher un lustre, n'est-ce pas ressembler à ces bonnes gens qui, après avoir fait des tirelires pour s'acheter des candélabres, les habillent aussitôt d'une gaze épaisse ? L'homme de goût doit jouir de tout ce qu'il possède. Comme Fontenelle, *il n'aime pas les choses qui veulent être par trop respectées*. A l'exemple de la Nature, il ne craint pas d'étaler, tous les jours, sa splendeur : il peut la reproduire. Aussi n'attend-il pas que, semblables aux vétérans du Luxembourg, ses meubles lui attestent leurs services par de nombreux chevrons, pour en changer la destination ; et ne se plaint-il jamais du prix excessif des choses, car il a tout prévu. Pour l'homme *de la vie occupée*, les réceptions sont des solennités : il a ses *sacres* périodiques pour lesquels il fait ses déballages, vide ses armoires, et décapuchonne ses bronzes ; mais l'homme *de la vie élégante* sait recevoir à toute heure, sans se laisser surprendre. Sa devise est celle d'une famille dont la gloire s'associe à la découverte du nouveau monde, il est *semper paratus*, toujours prêt, toujours semblable à lui-même. Sa maison, ses gens, ses voitures, son luxe ignorent le préjugé du dimanche. Tous les jours sont des jours de fête. Enfin, *si magna licet componere parvis*, il est comme le fameux *Dessein* qui répondait, sans se déranger, en apprenant l'arrivée du duc d'York : «Mettez-le au numéro quatre.»

Ou comme la duchesse d'Abrantès qui, priée la veille par Napoléon de recevoir la Reine de Westphalie, au Raincy, dit à son maître d'hôtel : «J'ai demain une reine», et donne, le lendemain, les plaisirs d'une chasse royale, d'opulents festins et un bal somptueux à des souverains.

Tout fashionable doit imiter, dans sa sphère, cette large entente de l'existence. Il obtiendra facilement ces merveilleux resultats par une constante recherche, par une exquise fraîcheur dans les détails. Le soin perpétue la bonne grâce de l'ensemble, et de là vient cet axiome anglais :

XXVI - L'entretien est le *sine qua non* de l'élégance.

L'entretien n'est pas seulement cette condition vitale de la propreté qui nous oblige d'imprimer aux choses leur lustre journalier, ce mot exprime tout un système.

Du moment où la finesse et la grâce des tissus ont remplacé, dans le costume européen, la lourdeur des draps d'or et les cottes armoriées du laborieux Moyen Age, une révolution immense a eu lieu dans les choses de la vie. Au lieu d'enfouir un fonds dans un mobilier périssable, nous en avons consommé l'intérêt en objets plus légers, moins chers, faciles à renouveler, et les familles n'ont plus été déshéritées du capital[8)].

Ce calcul, d'une civilisation avancée, a reçu ses derniers développements en Angleterre. Dans cette patrie du *confortable*, le matériel de la vie est considéré comme un grand vêtement, essentiellement muable et soumis aux caprices de la *fashion*. Les riches changent annuellement leurs chevaux, leurs voitures, leurs ameublements ; les diamants mêmes sont remontés ; tout prend une forme nouvelle. Aussi, les moindres meubles sont-ils fabriqués dans cet esprit : les matières premières y sont sagement économisées. Si nous ne sommes pas encore parvenus à ce degré de science, nous avons cependant fait quelques progrès. Les lourdes menuiseries de l'Empire sont entièrement condamnées, ainsi que ses voitures pesantes et ses sculptures, demi-chefs-d'oeuvre qui ne satisfaisaient ni l'artiste, ni l'homme de goût. Nous marchons enfin dans une voie d'élégance et de simplicité. Si la modestie de nos fortunes ne permet pas encore des mutations fréquentes, nous avons au moins compris cet aphorisme qui domine les mœurs actuelles :

XXVII - Le luxe est moins dispendieux que l'élégance.

---

8) L'habit de Bassompierre, que nous citons à cause de la vulgarité du fait, coûtait cent mille écus de notre monnaie actuelle. Aujourd'hui, l'homme le plus élégant ne dépense pas 15.000 francs pour sa toilette, et renouvelle ses habits à chaque saison. La différence du capital employé constitue des différences de luxe qui ne détruisent pas cette observation : elle s'applique à la toilette des femmes et à toutes les parties de notre science.

Et nous tendons à nous éloigner du système en vertu duquel nos aïeux considéraient l'acquisition d'un meuble comme un placement de fonds ; car chacun a senti instinctivement qu'il est tout à la fois plus élégant et plus confortable de manger dans un service de porcelaine unie, que de montrer aux curieux une coupe sur laquelle Constantin a copié la *Fornarina*. Les arts enfantent des merveilles que les particuliers doivent laisser aux rois, et des monuments qui n'appartiennent qu'aux nations. L'homme assez niais pour introduire dans l'ensemble de sa vie un seul échantillon d'une existence supérieure cherche à paraître ce qu'il n'est pas, et retombe alors dans cette impuissance dont nous avons tâché de flétrir les ridicules. Aussi, nous avons rédigé la maxime suivante pour éclairer les victimes de la manie des grandeurs :

XXVIII - La vie élégante étant un habile développement de l'amour-propre, tout ce qui révèle trop fortement la vanité y produit un pléonasme.

Chose admirable !... Tous les principes généraux de la science ne sont que des corollaires du grand principe que nous avons proclamé car l'entretien et ses lois sont en quelque sorte la consequence immédiate de *l'unité*.

Bien des personnes nous ont objecté l'énormité des dépenses necessitées par nos despotiques aphorismes...

Quelle fortune, nous a-t-on dit, pourrait suffire aux exigences de vos théories ? Le lendemain du jour où une maison a été remeublée, retapissée, où une voiture a été restaurée, où la soie d'un boudoir a été changée, un fashionable ne vient-il pas insolemment appuyer sa tête pommadée sur une tenture ? Un homme en colére n'arrive-t-il pas exprès Pour souiller un tapis ? Des maladroits n'accrochent-ils pas la voiture ? Et peut-on toujours empêcher les impertinents de franchir le seuil sacré du boudoir ? ...

Ces reclamations, présentées avec l'art spécieux dont les femmes savent colorer toutes leurs défenses, ont été pulvérisées par cet aphorisme :

XXIX - Un homme de bonne compagnie ne se croit plus le maître de toutes les choses qui, chez lui, doivent être mises à la disposition des autres.

Un élégant ne dit pas tout à fait comme le Roi : *notre* voiture, *notre* palais, *notre* château, *nos* chevaux ; mais il sait empreindre toutes ses actions de cette délicatesse royale, heureuse métaphore, à l'aide de laquelle un homme semble convier à sa fortune tous ceux dont il s'entoure. Aussi, cette noble doctrine implique-t-elle un autre axiome non moins important que le précédent :

XXX - Admettre une personne chez vous, c'est la supposer digne d'habiter votre sphère.

Alors les prétendus malheurs, dont une petite maîtresse demanderait raison à nos dogmes absolus, ne peuvent procéder que d'un défaut de tact impardonnable. Une maîtresse de maison peut-elle jamais se plaindre d'un manque d'égards ou de soin ? N'est-ce pas sa faute ? N'existe-t-il pas, pour les gens comme il faut, des signes maçonniques à la faveur desquels ils doivent se reconnaître ? En ne recevant dans son intimité que ses égaux, l'homme élégant n'a plus d'accidents à redouter : s'il en survient, ce sont de ces coups du sort que personne n'est dispensé de subir. L'antichambre est une institution. En Angleterre, où l'aristocratie a fait de si grands progrès, il est peu de maisons qui n'aient un parloir. Cette pièce est destinée à donner audience à tous les inférieurs. La distance plus ou moins grande qui sépare nos oisifs des hommes occupés est représentée par l'étiquette. Les philosophes, les frondeurs, les rieurs, qui se moquent des cérémonies, ne recevraient pas leur épicier, fût-il électeur du grand collège, avec les attentions dont ils entoureraient un marquis. Ils ne s'ensuit pas de là que les fashionables méprisent les travailleurs. Bien loin, ils ont pour eux une admirable formule de respect social :

« Ce sont *des gens estimables*...»

Il est aussi maladroit à un élégant de se moquer de la classe industrielle, que de tourmenter des mouches à miel, que de déranger un artiste qui travaille : cela est de mauvais ton.

Les salons appartiennent donc à ceux qui ont le *pied élégant*, comme les frégates à ceux qui ont le *pied marin*. Si vous n'avez pas refusé nos prolégomènes, il faut en accepter toutes les conséquences.

De cette doctrine, dérive un aphorisme fondamental :

XXXI - Dans la vie élégante, il n'existe plus de supériorités : on y traite de puissance à puissance.

Un homme de bonne compagnie ne dit à personne : « J'ai l'honneur, etc. » Il n'est *le très humble serviteur* d'aucun homme.

Le sentiment des convenances dicte aujourd'hui de nouvelles formules que les gens de goût savent approprier aux circonstances. Sous ce rapport, nous conseillons aux esprits stériles de consulter les *Lettres de Montesquieu.* Cet illustre écrivain a déployé une rare souplesse de talent dans la manière dont il terminait ses moindres billets, en horreur de l'absurde monographie du « J'ai l'honneur d'être... »

Du moment où les gens de la vie élégante représentent les aristocraties naturelles d'un pays, ils se doivent réciproquement les égards de l'égalité la plus complète. Le talent, l'argent et la puissance donnant les mêmes droits, l'homme en apparence faible et dénué auquel vous adressez maladroitement un léger coup de tête sera bientôt au sommet de l'État, et celui que vous saluez obséquieusement va rentrer demain dans le néant de la fortune sans pouvoir.

Jusqu'ici l'ensemble de nos dogmes a plutôt embrassé l'esprit que la forme des choses. Nous avons en quelque sorte présenté l'Esthétique de la vie élégante. En recherchant les lois générales qui régissent les détails, nous avons été moins étonné que surpris de découvrir une sorte de similitude entre les vrais principes de l'architecture et ceux qu'il nous reste à tracer. Alors nous nous sommes demandé si, par hasard, la plupart des objets qui servent à la vie élégante n'étaient pas dans le domaine de l'architecture.

Le vêtement, le lit, le coupé, sont des abris de la personne, comme la maison est le grand vêtement qui couvre l'homme et les choses à son usage. Il semble que nous ayons employé tout, jusqu'au langage, comme l'a dit M. de Talleyrand, pour cacher une vie, une pensée qui, malgré nos efforts, traverse tous les voiles.

Sans vouloir donner à cette régle plus d'importance qu'elle n'en mérite, nous consignerons ici quelques-unes de ces règles :

XXXII - L'élégance veut impérieusement que les moyens soient appropriés au but.

De ce principe, dérivent deux autres aphorismes, qui en sont la conséquence immédiate.

XXXIII - L'homme de goût doit toujours savoir réduire le besoin au simple.

XXXIV - Il faut que chaque chose paraisse ce qu'elle est.

XXXV - La prodigalité des ornements nuit à l'effet.

XXXVI - L'ornement doit être mis en haut.

XXXVII - En toute chose, la multiplicité des couleurs sera de mauvais goût.

Nous ne chercherons pas à démontrer ici, par quelques applications, la justesse de ces axiomes ; car dans les deux parties suivantes, nous en développerons plus rationnellement les conséquences, en signalant leurs effets à chaque détail. Cette observation nous a conduit à retrancher de cette parite les principes généraux qui devaient dominer chacune des divisions subsidiaires de la science, pensant qu'ils seraient mieux placés, en forme de sommaires, au commencement des chapitres dont ils régissent plus spécialement les matières.

Du reste, tous les préceptes que nous avons déjà proclamés, et auxqules nous serons forcé de recourir souvent par la suite, pourront paraître vulgaires à bien des gens.

Nous accepterions au besoin ce reproche comme un éloge. Cependant, malgré la simplicité de ces lois que plus d'un élégantologiste aurait peut-être mieux rédigées, déduites ou enchaînées, nous n'achèverons pas sans faire observer aux néophytes de la *fashion* que le bon goût ne résulte pas encore tant de la connaissance de ces règles, que de leur application. Un homme doit pratiquer cette science avec l'aisance qu'il met à parler sa langue maternelle. Il est dangereux de balbutier dans le monde élegant. N'avez-vous pas souvent vu de ces demi-fashionables qui se fatiguent à courir après la grâce, sont gênés s'ils voient un pli de moins à leur chemise, et suent sang et eau pour arriver à une fausse correction, et semblables à ces pauvres Anglais tirant à chaque mot leur *Pocket* ?

Souvenez-vous, pauvres crétins de la vie élégante, que de notre XXXIIIe aphorisme, résulte essentiellement cet autre principe, votre condamnation éternelle :

XXXVIII - L'élégance travaillée est à la véritable élégance ce qu'est une perruque à des cheveux.

Cette maxime implique, en conséquence sévère, le corollaire suivant :

XXXIX - Le *Dandysme* est une hérésie de la vie élégante.

En effet le Dandysme est une affectation de la mode. En se faisant Dandy, un homme devient un meuble de boudoir, un mannequin extrêmement ingénieux qui peut se poser sur un cheval ou sur un canapé, qui mord ou tète habilement le bout d'une canne ; mais un être pensant ?... jamais. L'homme qui ne voit que la mode dans la mode est un sot. La vie élégante n'exlut ni la pensée, ni la science ; elle les consacre. Elle ne doit pas apprendre seulement à jouir du temps, mais à l'employer dans un ordre d'idées extrêmement élevé.

Puisque nous avons, en commençant cette seconde partie de notre traité, trouvé quleque similitude entre nos dogmes et ceux du christianisme, nous la terminerons en empruntant à la théologie des termes scolastiques propres à exprimer les résultats obtenus par ceux qui savent appliquer nos principes avec plus ou moins de bonheur.

Un homme nouveau se produit. Ses équipages sont de bon goût, il reçoit à merveille, ses gens ne sont pas grossiers, il donne d'excellents dîners, il est au courant de la mode, de la politique, des mots nouveaux, des usages éphémères, il en crée même ; enfin, chez lui, tout a un caractère de confortabilisme exact. Il est en quelque sorte le *méthodiste* de l'élégance, et marche à la hauteur du siècle. Ni gracieux ni déplaisant, vous ne citerez jamais de lui un mot inconvenant et il ne lui échappe aucun geste de mauvais ton... N'achevons pas cette peinture, cet homme a la *grâce suffisante.*

Ne connaissons-nous pas tous un aimable égoïste qui possède le secret de nous parler de lui sans trop nous déplaire ? Chez lui, tout est gracieux, frais, recherché, poétique même. Il se fait envier. Tout en vous associant à ses jouissances, à son luxe, il semble craindre votre manque de fortune. Son obligeance, toute en discours, est une politesse perfectionnée. Pour lui, l'amitié n'est qu'un thème dont il connaît admirablement bien la richesse, et dont il mesure les modulations au diapason de chaque personne.

Sa vie est empreinte d'une personnalité perpétuelle, dont il obtient le pardon, grâce à ses manières : artiste avec les artistes, vieux avec un viellard, enfant avec les enfants, il séduit sans plaire ; car il nous meut dans son intérêt et nous amuse par calcul. Il nous garde et nous câline parce qu'il s'ennuie ; et si nous nous apercevons aujourd'hui que nous avons été joués, demain, nous irons encore nous faire tromper... Cet homme a la *grâce essentielle.*

Mais il est une personne dont la voix harmonieuse imprime au discours un charme également répandu dans ses manières. Elle sait et parler et se taire ; s'occuper de vous avec délicatesse ; ne manie que des sujets de conversation convenables, ses mots sont heureusement choisis ; son langage est pur, sa raillerie caresse et sa critique ne blesse pas. Loin de contredire avec l'ignorante assurance d'un sot, elle semble chercher, en votre compagnie, le bon sens ou la vérité. Elle ne disserte pas plus qu'elle ne dispute, elle se plaît à conduire une discussion, qu'elle arrête à propos. D'humeur égale, son air est affable et riant, sa politesse n'as rien de forcé, son empressement n'est pas servile ; elle réduit le respect á n'être plus qu'une ombre douce ; elle ne vous fatigue jamais et vous laisse satisfait d'elle et de vous. Entraîné dans sa sphère par une puissance inexplicable, vous retrouvez son esprit de bonne grâce empreint sur les choses dont elle s'environne : tout y flatte la vue, et vous y respirez comme l'air d'une patrie. Dans l'intimité, cette personne vous séduit par un ton naïf. Elle est naturelle. Jamais d'effort, de luxe, d'affiche. Ses sentiments sont simplement rendus parce qu'ils sont vrais. Elle est franche sans offenser aucun amour-propre. Elle accepte les hommes comme Dieu les a faits ; pardonnant aux défauts et aux ridicules ; concevant tous les âges et ne s'irritant de rien, parce qu'elle a le tact de tout prévoir. Elle oblige avant de consoler ; elle est tendre et gaie, aussi l'aimerez-vous irréistiblement. Vous la prenez pour type et lui vouez un culte.

Cette personne a la *grâce divine et concomitante.*

Charles Nodier a su personnifier cet être idéal dans son OUDET, gracieuse figure à laquelle la magie du pinceau n'a pas nui ; mais ce n'est rien de lire la notice, il faut entendre Nodier lui-même, racontant certaines particularités qui tiennent trop à la vie privée pour être écrites ; et alors vous concevriez la puissance prestigieuse de ces créatures privilégiées...

Ce pouvoir magnétique est le grand but de la vie élégante. Nous devons tous essayer de nous en emparer ; mais la réussite est toujours difficile, car la cause du succès est dans une belle âme. Heureux ceux qui l'exercent, il est si beau de voir tout nous sourire, et la nature et les hommes...

Maintenant les sommités sont entièrement parcourues, nous allons nous occuper des détails.

Troisième partie

DES CHOSES QUI PROCÈDENT IMMÉDIATEMENT DE LA PERSONNE

« Croyez-vous qu'on puisse être homme
de talent, sans toutes ces niaiseries ?
— Oui, monsieur ; mais vous serez
un homme de talent plus ou moins aimable,
bien ou mal élevé », répondit-elle.

Inconnus causant dans un salon.

CHAPITRE V
DE LA TOILETTE DANS TOUTES SES PARTIES

Nous devons à un jeune écrivain dont l'esprit philosophique a donné de graves aspects aux questions les plus frivoles de la Mode une pensée que nous transformerons en axiome :

XL - La toilette est l'expression de la société.

Cette maxime résume toutes nos doctrines et les contient si virtuellement que rien ne peut plus être dit qui ne soit un développement plus ou moins heureux de ce savant aphorisme.

L'érudit ou l'homme du monde élégant qui voudrait rechercher, à chaque époque, les costumes d'un peuple, en ferait ainsi l'histoire la plus pittoresque et la plus nationalement vraie. Expliquer la longue chevelure des Francs, la tonsure des moines, les cheveux rasés du serf, les perruques de Popocambou, la poudre aristocratique et les titus de 1790, ne serait-ce pas raconter les principales révolutions de notre pays ? Demander l'origine des souliers à la poulaine, des aumônières, des chaperons, de la cocarde, des paniers, des vertugadins, des gants, des masques, du velours, c'est entrainer un *modilogue* dans l'effroyable dédale des lois somptuaires, et sur tous les champs de bataille où la civilisation a triomphé des mœurs grossières importées en Europe par la barbarie du Moyen Âge. Si l'Église excommunia successivement les prêtres qui prirent des culottes et ceux qui les quittèrent pour des pantalons ; si la perruque des chanoines de Beauvais occupa jadis le parlement de Paris pendant un demi-siècle, c'est que ses choses, futiles en apparence, représentaient ou des idées ou des intérêts. Soit le pied, soit le buste, soit la tête, vous verrez toujours un progrès social, un système rétrograde ou quelque lutte acharnée se formuler à l'aide d'une partie quelconque du vêtement. Tantôt la chaussure annonce un privilège ; tantôt le chaperon, le bonnet ou le chapeau signalent une révolution ; la, une broderie, ou une écharpe ; ici des rubans ou quelque ornement de paille expriment un parti ; et alors vous appartenez aux Croisés, aux Protestants, aux Guises, à la Ligue, au Béarnais ou à la Fronde.

Avez-vous un bonnet vert ?... Vous êtes un homme sans honneur.

Avez-vous une roue jaune en guise de crachet à votre surcot ? Allez, paria de la chrétienté !... Juif, rentre dans ton clapier à l'heure du couvre-feu, ou tu seras puni d'une amende.

Ah ! jeune fille, tu as des *annels* d'or, des colliers mirifiques, et des pendants d'oreille qui brillent comme tes yeux de feu ?... prends garde ! Si le sergent de ville t'aperçoit, il te saisira et tu seras emprisonnée pour avoir ainsi *dévallé* par la ville, courant, folle de ton corps, à travers les rues où tu fais étinceler les yeux des vieillards dont tu ruines les escarcelles !...

Avez-vous les mains blanches ?... Vous êtes égorgé aux cris de : « Vive Jaques Bonhomme, mort aux seigneurs !... »

Avez-vous une croix de Saint-André ?... Entrez sans crainte à Paris : Jean-Sans-Peur y règne.

Portez-vous la cocarde tricolore ?... Fuyez !... Marseille vous assassinerait ; car les derniers canons de Waterloo nous ont craché la mort et les vieux Bourbons.

Pourquoi la toilette serait-elle donc toujours le plus éloquent des styles, si elle n'était pas réellement tout l'homme, l'homme avec ses opinions politiques, l'homme avec le texte de son existence, l'homme hiéroglyphié ? Aujourd'hui même encore la *vestignomie* est devenue presque une branche de l'art créé par Gall et Lavater. Quoique maintenant nous soyons à peu près tous habillés de la même manière, il est facile à l'observateur de retrouver, dans une foule, au sein d'une assemblée, au théâtre, à la promenade, l'homme du Marais, du faubourg Saint-Germain, du Pays Latin, de la Chaussée d'Antin, le propriétaire, l'homme qui parle et l'homme qui agit.

Les intendants de nos armées ne reconnaissent pas les uniformes de nos régiments avec plus de promptitude que le physiologiste ne distingue les livrées imposées à l'homme par le luxe, par le travail ou la misère.

Dressez là un portemanteau, mettez-y des habits !... Bien. Pour peu que vous ne vous soyez pas promené comme un sot qui ne sait rien voir, vous devinerez le bureaucrate à cette flétrissure des manches, à cette large raie horizontalement imprimée dans le dos par la chaise sur laquelle il s'appuie si souvent en pinçant sa prise de tabac ou en se reposant des fatigues de la fainéantise. Vous admirerez l'homme d'affaires dans l'enflure de la proche aux carnets ; le flâneur, dans la dislocation des goussets où il met souvent ses mains ; le boutiquier, dans l'ouverture extraordinaire des poches qui bâillent toujours, comme pour se plaindre d'être privées de leurs paquets habituels, Enfin, un collet plus ou moins propre, poudré, pommadé, usé, des boutonnières plus ou moins flétries, une basque pendante, la fermeté d'un bougran neuf sont les diagnostics infaillibles des professions, des mœurs, ou des habitudes. Voilà l'habit frais du Dandy, l'Elbeuf du rentier, la redingote courte du courtier marron, le frac à boutons d'or sablé d'un Lyonnais arriéré, ou le spencer crasseux d'un avare !...

Brummell avait donc bien raison de regarder la TOILETTE comme le point culminant de la Vie Élégante ; car elle domine les opinions, elle les détermine, elle règne !... C'est peut-être un malheur, mais ainsi va le monde. Là où il y a beaucoup de sots, les sottises se perpétuent ; et, certes, il faut bien reconnaître alors cette pensée pour un axiome :

XLI - L'incurie de la toilette est un suicide moral.

Mais si la toilette est tout l'homme, elle est encore bien plus toute la femme. La moindre incorrection dans une parure peut faire reléguer une duchesse inconnue dans les derniers rangs de la société.

En méditant sur l'ensemble des questions graves dont se compose la science du vêtement, nous avons été frappé de la généralité de certains principes qui régissent en quelque sorte tous les pays et la toilette des hommes aussi bien que celle des femmes ; puis, nous avons pensé qu'il fallait, pour établir les lois du costume, suivre l'ordre même dans lequel nous nous habillons ; et alors, certains faits prédominent l'ensemble ; car de même que l'homme s'habille avant de parler, d'agir, de même, il se baigne avant de s'habiller. Les divisions de ce chapitre résultent donc d'observations consciencieuses, qui ont ainsi dicté l'ordonnance de la matière vestimentaire.

§ Ier Principes œcuméniques de la toilette.

§ II De la propreté dans ses rapports avec la toilette.

§ III De la toilette des hommes.

§ IV De la toilette des femmes.

§ V Des variations du costume et résumé du chapitre.

§ Ier PRINCIPES ŒCUMÉNIQUES DE LA TOILETTE

Les gens qui s'habillent à la manière du manouvrier dont le corps endosse quotidiennement et avec insouciance la même enveloppe, toujours crasseuse et puante, sont aussi nombreux que ces niais allant dans le monde pour n'y rien voir, mourant sans avoir vécu, ne connaissant ni la valeur d'un mets, ni la puissance des femmes, ne disdant ni un bon mot ni une sottise ; mais *mon Dieu, pardonne-leur, car ils ne savent ce qu'ils font* ! ...

S'il s'agit de les convertir à l'élégance, pourront-ils jamais comprendre ces axiomes fondamentaux de toutes nos connaissances ?

XLII - La brute se couvre, le riche ou le sot se parent, l'homme élégant s'habille.

XLIII - La toilette est, tout à la fois, une science, un art, une habitude, un sentiment.

En effet, quelle est la femme de quarante ans qui ne reconnaîtra pas une science profonde dans la toilette ? N'avouerez-vous pas qu'il ne saurait exister de grâce dans le vêtement si vous n'êtes accoutumés à le porter ? Y a-t-il rien de plus ridicule que la grisette en robe de cour ? Et quant au sentiment de la toilette !... Combien, par le monde, compterez-vous de dévotes, de femmes et d'hommes auxqules sont prodigués l'or, les étoffes, les soieries, les créations les plus merveilleuses du luxe et qui s'en servent pour se donner l'air d'une idole japonaise. De là, suit un aphorisme également vrai, que même les coquettes émérites et les professeurs de séduction doivent toujours étudier :

XLIV - La toilette ne consiste pas tant dans le vêtement que dans une certaine manière de le porter.

Aussi n'est-ce pas tant le chiffon en lui-même que l'esprit du chiffon qu'il faut saisir. Il existe au fond des provinces, et même à Paris, bon nombre de personnes capables de commettre, en fait de modes nouvelles, l'erreur de cette duchesse espagnole qui, recevant une précieuse cuvette de structure inconnue, crut, après bien des méditations, entrevoir que sa forme la destinait à paraître sur la table, offrant aux regards des convives une daube truffée ; n'alliant pas des idées de propreté avec la porcelaine dorée de ce meuble nécessaire.

Aujourd'hui, nos mœurs ont tellement modifié le costume qu'il n'y a plus de costume, à proprement parler. Toutes les familles européennes ont adopté le drap, parce que les grands seigneurs comme le peuple ont compris instinctivement cette grande vérité : il vaut beaucoup mieux porter des draps fins et avoir des chevaux, que de semer sur un habillement les pierreries du Moyen Âge et de la monarchie absolue. Alors, réduite à la toilette, l'élégance consiste en une extrême recherche dans les détails de l'habillement : c'est moins la simplicité du luxe qu'un luxe de simplicité. Il y a bien une autre élégance... Mais elle n'est que la vanité dans la toilette. Elle pousse certaines femmes à porter des étoffes bizarres pour se faire remarquer, à se servir d'agrafes en diamants pour attacher un nœud, à mettre une boucle brillante dans la coque d'un ruban, de même que certains martyrs de la mode, gens à cent louis de rente, habitant une mansarde et voulant *se mettre dans le dernier genre*, ont des pierres à leurs chemises, le matin, attachent leurs pantalons avec des boutons d'or, retiennent leurs fastueux lorgnons par des chaînes, et vont dîner chez Tabar !... Combien de ces Tantales parisiens ignorent, volontairement peut-être, cet axiome :

XLV - La toilette ne doit jamais être un luxe.

Beaucoup de personnes, même de celles auxquelles nous avons reconnu quelque distinction dans les idées, de l'instruction, et de la supériorité de cœur, savent difficilement connaître le point d'intersection qui sépare la toilette de pied et la toilette de voiture !...

Quel plaisir ineffable pour l'observateur, pour le connaisseur, de rencontrer par les rues de Paris, sur les boulevards, ces femmes de génie qui, apès avoir signé leur nom, leur rang, leur fortune dans le sentiment de leur toilette, ne paraissent rien aux yeux du vulgaire et sont tout un poème pour les artistes, pour les gens du monde occupés à flâner. C'est un accord parfait entre la couleur du vêtement et les dessins, c'est un fini dans les agréments qui révèle la main industrieuse d'une adroite femme de chambre. Ces hautes puissances féminines savent merveilleusement bien se conformer à l'humble rôle du piéton, parce qu'elles ont maintes fois expérimenté les hardiesses autorisées par un équipage, car il n'y a que les gens habitués au luxe du carrosse qui savent se vêtir pour aller à pied.

C'est à l'une de ces ravissantes déesses parisiennes que nous devons les deux formules suivantes :

XLVI - L'équipage est un passeport pour tout ce qu'une femme veut oser.

XLVII - Le fantassin a toujours à lutter contre un préjugé.

D'où il suit que l'axiome suivant doit, avant tout, régler les toilettes des prosaïques piétons :

XLVIII - Tout ce qui vise à l'effet est de mauvais goût, comme tout ce qui est tumultueux.

Brummell a, du reste, laissé la maxime la plus admirable sur cette matière et l'assentiment de l'Angleterre l'a consacrée :

XLIX - Si le peuple vous regarde avec attention vous n'êtres pas bien mis, vous êtes trop bien mis, trop empesé, ou trop recherché.

D'après cette immortelle sentence, tout fantassin doit passer inaperçu. Son triomphe est d'être à la fois vulgaire et distingué, reconnu par les siens et méconnu par la foule. Si Murat s'est fait nommer le *Roi-Franconi*, jugez de la sévérité avec laquelle le monde poursuit un fat ? Il tombe au-dessous du ridicule. Le trop de recherche est peut-être un plus grand vice que le manque de soin, et l'axiome suivant fera frémir sans doute les femmes à prétention :

L - Dépasser la mode, c'est devenir caricature.

Maintenant, il nous reste à détruire la plus grave de toutes les erreurs qu'une fausse expérience accrédite chez les esprits peu accoutumés à réfléchir ou à observer ; mais nous donnerons despotiquement et sans commentaires notre arrêt souverain, laissant aux femmes de bon goût et aux philosophes de salon le soin de discuter.

LI - Le vêtement est comme un enduit, il met tout en relief, et la toilette a été inventée bien plutôt pour faire ressortir des avantages corporels que pour voiler des imperfections.

D'où suit ce corollaire naturel :

LII - Tout ce qu'une toilette cherche à cacher, dissimuler, augmenter et grossir plus que la nature ou la mode ne l'ordonnent ou ne le veulent, est toujours censé vicieux.

Aussi, toute mode qui a pour but un mensonge est essentiellement passagère et de mauvais goût.

D'après ces principes dérivés d'une jurisprudence exacte, basés sur l'observation, et dus au calcul le plus sévère de l'amour-propre humain ou féminin, il est clair qu'une femme mal faite, déjetée, bossue ou boiteuse, doit essayer, par politesse, à diminuer les défauts de sa taille ; mais elle serait moins qu'une femme si elle s'imaginait produire la plus légère illusion. Mlle de Lavallière boitait avec grâce, et plus d'une bossue sait prendre sa revanche par les charmes de l'esprit, ou par les éblouissantes richesses d'un cœur passionné. Nous ne savons pas quand les femmes comprendront qu‘un défaut leur donne d'immenses avantages !... L'homme ou la femme parfaits sont les êtres plus nuls.

Nous terminerons ces réflexions préliminaires, applicables à tous les pays, par un axiome qui peut se passer de commentaires :

LIII - Une déchirure est un malheur, une tache est un vice.

(La prochaine livraison contiendra la suite de ce chapitre.)

Du dandysme et de George Brummell

par Jules Barbey d'Aurevilly

Il est plus difficile de plaire aux gens de sang-froid que d'être aimé de quelques âmes de feu.

(Traité de la princesse.)

I

Les sentiments ont leur destinée. Il en est un contre lequel tout le monde est impitoyable : c'est la vanité. Les moralistes l'ont décriée dans leurs livres, même ceux qui ont le mieux montré quelle large place elle a dans nos âmes. Les gens du monde, qui sont aussi des moralistes à leur façon, puisque vingt fois par jour ils ont à juger la vie, ont répété la sentence portée par les livres contre ce sentiment, à les entendre, le dernier de tous.

On peut opprimer les choses comme les hommes. Cela est-il vrai, que la vanité soit le dernier sentiment dans la hiérarchie des sentiments de notre âme ? Et si elle est le dernier, si elle est à sa place, pourquoi la mépriser ?...

Mais est-elle même le dernier ? Ce qui fait la valeur des sentiments, c'est leur importance sociale : quoi donc, dans l'ordre des sentiments, peut être d'une utilité plus grande pour la société que cette recherche inquiète de l'approbation des autres, que cette inextinguible soif des applaudissements de la galerie, qui, dans les grandes choses, s'appelle *amour de la gloire*, et dans les petites, *vanité* ? Est-ce l'amour, l'amitié, l'orgueil ? L'amour, dans ses mille nuances et ses nombreux dérivés, l'amitié et l'orgueil même, partent d'une préférence pour un autre, ou plusieurs autres, ou soi, et cette préférence est exclusive. La vanité, elle, tient compte de tout. Si elle préfère parfois de certaines approbations, c'est son caractère et son honneur de souffrir quand une seule lui est refusée ; elle ne dort plus sur cette rose repliée. L'amour dit à l'être aimé : Tu es mon univers ; l'amitié : Tu me suffis, et bien souvent : Tu me consoles. Quant à l'orgueil, il est silencieux. Un homme d'un esprit éclatant disait : « C'est un roi solitaire, oisif et aveugle ; son diadème est sur ses yeux. » La vanité a un univers moins étroit que celui de l'amour ; ce qui suffit à l'amitié n'est pas assez pour elle. C'est une reine aussi comme l'orgueil est roi ; mais elle est entourée, occupée, clairvoyante, et son diadème est placé là où il l'embellit davantage.

Il fallait bien dire cela avant de parler du Dandysme, fruit de cette vanité qu'on a trop flétrie, et du grand vaniteux, Georges Brummell.

II

Quand la vanité est satisfaite et qu'elle le montre, elle devient de la fatuité. C'est le nom assez impertinent que les hypocrites de modestie — c'est-à-dire tout le monde — ont inventé, par peur des sentiments vrais. Ainsi ce serait une erreur que de croire, comme on le croit peut-être, que la fatuité est exclusivement de la vanité montrée dans nos relations avec les femmes. Non ! il y a des fats de tout genre : il y en a de naissance, de fortune, d'ambition, de science ; Tufière en est un, Turcaret un autre. Mais comme les femmes occupent beaucoup en France, on a surtout donné le nom de fatuité à la vanité de ceux qui leur plaisent et qui se croient irrésistibles. Seulement, cette fatuité, commune à tous les peuples chez qui la femme est quelque chose n'est point cette autre espèce qui, sous le nom de *Dandysme*, cherche depuis quelque temps à s'acclimater à Paris. L'une est la forme de la vanité humaine, universelle ; l'autre, d'une vanité particulière et très particulière : de la vanité anglaise. Comme tout ce qui est universel, humain, a son nom dans la langue de Voltaire ; ce qui ne l'est pas, on est obligé de l'y mettre, et voilà pourquoi le mot *Dandysme* n'est pas français.

Il restera étranger comme la chose qu'il exprime. Nous avons beau réfléchir toutes les couleurs : le caméléon ne peut réfléchir le blanc ; et le blanc, pour les peuples, c'est la force même de leur originalité. Nous posséderions plus grand encore le pouvoir d'assimilation qui nous distingue, que ce don de Dieu ne maîtriserait pas cet autre don, cette autre puissance — le pouvoir d'être soi — qui constitue la personne même, l'essence d'un peuple. Eh bien, c'est la force de l'originalité anglaise, s'imprimant sur la vanité humaine — *Cette vanité ancrée jusqu'au cœur des marmitons* et contre laquelle le mépris de Pascal n'était qu'une aveugle insolence — qui produit ce qu'on appelle le Dandysme. Nul moyen de partager cela avec l'Angleterre. C'est profond comme son génie même. Singerie n'est pas ressemblance. On peut prendre un air ou une pose, comme on vole la forme d'un frac ; mais la comédie est fatigante, mais un masque est cruel, effroyable à porter, même pour les gens à caractère qui seraient les Fiesques du Dandysme, s'il le fallait, à plus forte raison pour nos aimables jeunes gens. L'ennui qu'ils respirent et inspirent ne leur donne qu'un faux reflet de Dandysme. Qu'ils prennent l'air dégoûté, s'ils veulent, et se gantent de blanc jusqu'au coude, le pays de Richelieu ne produira pas de Brummell.

III

Ces deux fats célèbres peuvent se ressembler par la vanité humaine, universelle ; mais ils diffèrent de toute la physiologie d'une race, de tout le génie d'une société. L'un appartenait à cette race nervo-sanguine de France, qui va jusqu'aux dernières limites dans la foudre de ses élans ; l'autre descendait de ces hommes du Nord, lymphatiques et pâles ; froids comme la mer dont ils sont les fils, mais irascibles comme elle, et qui aiment à réchauffer leur sang glacé avec la flamme des alcools (*high-spirits*). Quoique de tempérament opposé, ils avaient tous les deux une grande force de vanité, et naturellement ils la prirent pour le mobile de leurs actions. Sur ce point, ils bravent également le reproche des moralistes qui condamnent la vanité au lieu de la classer et de l'absoudre. A-t-on lieu de s'en étonner, quand on pense au sentiment dont il est question, écrasé depuis dix-huit cents ans sous l'idée chrétienne du mépris du monde, qui règne encore dans les esprits les moins chrétiens ? Et d'ailleurs les gens d'esprit ne gardent-ils presque pas tous dans la pensée quelque préjugé au pied duquel ils font pénitence de l'esprit qu'ils ont ? C'est ce qui explique le mal que les hommes qui se croient sérieux, parce qu'ils ne savent pas sourire, ne manqueront pas de dire de Brummell. C'est ce qui explique, plus encore que l'esprit de parti, les cruautés de Chamfort contre Richelieu. Il l'a attaqué avec son esprit incisif, brillant et venimeux, comme on perce avec un stylet de cristal empoisonné. En cela, Chamfort, tout athée qu'il fût, a porté le joug de l'idée chrétienne, et, vaniteux lui-même, il n'a pas su pardonner au sentiment dont il souffrait de donner du bonheur aux autres.

Car Richelieu, comme Brummell, — plus même que Brummell, — eut tous les genres de gloire et de plaisir que l'opinion peut créer. Tous les deux, en obéissant aux instincts de leur vanité (apprenons à dire ce mot sans horreur) comme on obéit aux instincts de son ambition, de son amour, etc., ils réussirent ; mais l'analogie s'arrête là. Ce n'était pas assez que de différer par le tempérament ; la société dont ils dépendaient apparaît en eux, et, de nouveau, les fait contraster. Pour Richelieu, cette société avait brisé tous ses freins, dans sa soif implacable d'amusements ; pour Brummell, elle mâchait les siens avec ennui. Pour le premier, elle était dissolue ; pour le second, hypocrite. C'est dans cette double disposition que se trouve surtout la différence qu'il y a entre la fatuité de Richelieu et le Dandysme de Brummell.

IV

En effet, il ne fut qu'un Dandy. Avant d'être le genre de fat que son nom représente, Richelieu, lui, était un grand seigneur dans une aristocratie expirante. Il était général dans un pays militaire. Il était beau à une époque où les sens révoltés partageaient fièrement l'empire avec la pensée, et où les mœurs du temps ne défendaient pas ce qui plaisait. En dehors de ce que fut Richelieu, on peut concevoir Richelieu encore. Il avait pour lui toutes les forces de la vie. Mais ôtez le Dandy, que reste-t-il de Brummell ? Il n'était propre à n'être rien de plus, mais aussi rien de moins que le plus grand Dandy de son temps et de tous les temps. Il le fut exactement, purement ; on dirait presque naïvement, si l'on osait. Dans le pêle-mêle social qu'on appelle une société par politesse, presque toujours la destinée est plus grande que les facultés, ou les facultés supérieures à la destinée. Mais pour lui, pour Brummell, chose rare, il y eut accord entre la nature et le destin, entre le génie et la fortune. Plus spirituel ou plus passionné, c'était Sheridan; plus grand poète (car il fut poète), c'était lord Byron ; plus grand seigneur, c'était lord Yarmouth ou Byron encore : Yarmouth, Byron, Sheridan, et tant d'autres de cette époque, fameux dans tous les genres de gloire, qui furent Dandys, mais quelque chose de plus. Brummell n'eut point ce quelque chose qui était chez les uns de la passion ou du génie, chez les autres une haute naissance, une immense fortune. Il gagna à cette indigence ; car, réduit à la seule force de ce qui le distingua, il s'éleva au rang d'une chose : il fut le Dandysme même.

V

Ceci est presque aussi difficile à décrire qu'à définir. Les esprits qui ne voient les choses que par leur plus petit côté, ont imaginé que le Dandysme était surtout l'art de la mise, une heureuse et audacieuse dictature en fait de toilette et d'élégance extérieure. Très certainement c'est cela aussi ; mais c'est bien davantage[1]. Le

---

1) Tout le monde s'y trompe, les Anglais eux-mêmes! Dernièrement leur Thomas Carlyle, l'auteur du *Sartor resartus*, ne s'est-il pas cru obligé de parler du Dandysme et des Dandys dans un livre qu'il appelle la *Philosophie du costume* (*Philosophy of clothes*) ? Mais Carlyle a dessiné une gravure de modes avec le crayon ivre d'Hogarth, et il a dit : « Voilà le Dandysme! » Ce n'en était pas même la caricature ; car la caricature outre tout et ne supprime rien. La caricature, c'est l'outrance exaspérée de la réalité, et la réalité du Dandysme est humaine, sociale et spirituelle... Ce n'est pas un habit qui marche tout seul ! au contraire, c'est une certaine manière de le porter qui crée le Dandysme. On peut être Dandy avec un habit chiffonné. Lord Spencer le fut bien avec un habit qui n'avait plus qu'une basque. Il est vrai qu'il la coupa et qu'il en fit cette chose qui, depuis, a porté son nom. Un jour même, le croirait-on ? les Dandys ont eu la fantaisie de *l'habit râpé*. C'était précisément sous Brummell. Ils étaient à bout d'impertinence, ils n'en pouvaient plus. Ils trouvèrent celle-là, qui était si dandie ! (je ne sais pas un autre mot pour l'exprimer), de faire râper leurs habits, avant de les mettre, dans toute l'étendue de l'étoffe, jusqu'à ce qu'elle ne fût plus qu'une espèce de dentelle, — une nuée. Ils voulaient marcher dans leur nuée, ces dieux ! L'opération était très délicate et très longue, et on se servait, pour l'accomplir, d'un morceau de verre aiguisé. Eh bien ! voilà un véritable fait de Dandysme. L'habit n'y est pour rien. Il n'*est* presque *plus*.

Et en voici un autre encore : Brummell portait des gants qui moulaient ses mains comme une mousseline mouillée. Mais le Dandysme n'était pas la perfection de ces gants, qui prenaient le contour des ongles comme la chair le prend : c'était qu'ils eussent été faits par quatre artistes spéciaux : trois pour la main et un pour le pouce ★ [v.p. suiv.].

Thomas Carlyle, qui a écrit un autre livre intitulé les *Héros*, et qui nous a donné le Héros Poète, le Héros Roi, le Héros Homme de lettres, le

Dandysme est toute une manière d'être, et l'on n'est pas que par le côté matériellement visible. C'est une manière d'être, entièrement composée de nuances, comme il arrive toujours dans les sociétés très vieilles et très civilisées, où la comédie devient si rare et où la convenance triomphe à peine de l'ennui. Nulle part l'antagonisme des convenances et de l'ennui qu'elles engendrent ne s'est fait plus violemment sentir au fond des moeurs qu'en Angleterre, dans la société de la Bible et du droit, et peut-être est-ce de ce combat à outrance, éternel comme le duel de la Mort et du Péché dans Milton, qu'est venue l'originalité profonde de cette société puritaine, qui donne dans la fiction Clarisse Harlowe, et lady Byron dans la

---

Héros Prêtre, le Héros Prophète, et même le Héros Dieu, aurait pu nous donner le Héros de l'élégance oisive, — le Héros Dandy ; mais il l'a oublié. Ce qu'il dit, du reste, dans le *Sartor resartus*, des Dandys en général, qu'il appelle du gros mot de secte (*Dandiacal sect*), montre assez qu'avec son regard embarbouillé d'Allemand le Jean-Paul anglais n'eût rien vu de ces nuances précises et froides qui furent Brummell, Il en aurait parlé avec la profondeur de ces petits historiens français qui, dans des revues bêtement graves, ont jugé Brummell à peu près comme l'auraient fait des bottiers ou des tailleurs qu'il eût dédaigné de faire travailler. Dantans de quatre sous qui ont taillé leur faux buste, avec leur canif, dans la pâte d'un savon de Windsor dont on ne voudrait pas pour son bain!

★ *J'ai si bonne envie d'être clair et d'être compris que je risquerai une chose ridicule. Je mettrai une noie dans une note. Le prince de Kaunitz, qui, sans être Anglais (il est vrai qu'il était Autrichien), se rapproche le plus des Dandys parle calme, la nonchalance, la frivolité majestueuse et l'égoïsme féroce (il disait majestueusement : «* Je n'ai pas un ami ! *» et ni la mort ni l'agonie de Marie-Thérèse n'avancèrent l'heure de son lever et n'abrégèrent d'une minute le temps qu'il donnait à ses indescriptibles toilettes) ; le prince de Kaunitz n'était pas un Dandy quand il mettait un corset de satin comme l'Andalouse d'Alfred de Musset, mais il l'était quand, pour donner à ses cheveux la nuance exacte, il passait dans une enfilade de salons dont il avait calculé la grandeur et le nombre, et que des valets armés de houppes le poudraient*, seulement le temps qu'il passait !

réalité[2]. Le jour où la victoire sera décidée, il est à penser que la manière d'être qu'on appelle Dandysme sera grandement modifiée, si elle existe encore ; car elle résulte de cet état de lutte sans bout entre la convenance et l'ennui[3].

Aussi, une des conséquences du Dandysme, un de ses principaux caractères, — pour mieux parler, son caractère le plus général, — est-il de produire toujours l'imprévu, ce à quoi l'esprit accoutumé au joug des règles ne peut pas s'attendre en bonne logique. L'Excentricité, cet autre fruit du terroir anglais, le produit aussi, mais d'une autre manière, d'une façon effrénée, sauvage, aveugle. C'est une révolution individuelle contre l'ordre établi, quelquefois contre la nature : ici on touche à la folie. Le Dandysme, au contraire, se joue de la règle et pourtant la respecte encore. Il en souffre et s'en venge tout en la subissant ; il s'en réclame, quand il y échappe; il la domine et en est dominé tour à tour : double et muable caractère ! Pour jouer ce jeu, il faut avoir à son service toutes les souplesses qui font la grâce, comme les nuances du prisme forment l'opale en se réunissant.

C'était là ce qu'avait Brummell. Il avait la grâce comme le ciel

---

2) En écrivains, elle donne aussi des femmes comme miss Edgeworth, comme miss Aikin, etc. Voir les *Mémoires* de cette dernière sur Elisabeth : style et opinions d'une pédante et d'une prude sur une prude et sur une pédante.

3) Inutile d'insister sur l'ennui qui mange le cœur de la société anglaise, et qui lui donne, sur les sociétés que ce mal dévore, la triste supériorité des corruptions et des suicides. L'ennui moderne est fils de l'analyse; mais à celui-là, notre maître à tous, se joint pour la société anglaise, la plus riche du monde, l'ennui romain, fils de la satiété, et qui multiplierait le nombre des Tibère à Caprée, moins l'Empire, si la moyenne proportionnelle des sociétés était composée d'âmes plus fortes.

la donne et comme souvent les compressions sociales la faussent. Mais enfin il l'avait, et par là il répondait aux besoins de caprice des sociétés ennuyées et trop durement ployées sous les strictes rigueurs de la convenance. Il était la preuve de cette vérité qu'il faut redire sans cesse aux hommes de la règle : c'est que si l'on coupe les ailes à la Fantaisie, elles repoussent plus longues de moitié[4]. Il avait cette familiarité charmante et rare qui touche à tout et ne profane rien. Il vécut de pair à compagnon avec toutes les puissances, toutes les supériorités de son époque, et, par l'aisance, il s'éleva jusqu'à leur niveau. Où de plus habiles se seraient perdus, il se sauvait. Son audace était de la justesse. Il pouvait toucher impunément à la hache. On a dit pourtant que cette hache, dont il avait tant de fois défié le tranchant, le coupa enfin ; qu'il intéressa à sa perte la vanité d'un Dandy comme lui, d'un Dandy royal, S. M. George IV ; mais son empire avait été si grand que, s'il avait voulu, il l'eût repris.

VI

Sa vie tout entière fut une influence, c'est-à-dire ce qui ne peut guères se raconter. On la sent tout le temps qu'elle dure, et quand elle n'est plus on en peut signaler les résultats ; mais si ces résultats sont de la même nature que l'influence qui les créa,

4) Voir dans les journaux américains l'enthousiasme inspiré par mademoiselle Elssler aux descendants des puritains de la vieille Angleterre : une jambe de danseuse tournant des Têtes-Rondes !

et s'ils n'ont pas plus de durée, l'histoire en devient impossible. On retrouve Herculanum sous la cendre ; mais quelques années sur les mœurs d'une société l'ensevelissent mieux que toute la poussière des volcans. Les Mémoires, histoire de ces mœurs, ne sont eux-mêmes que des à-peu-près[5]. On ne retrouvera donc pas comme il le faudrait, détaillée et nette, sinon vivante, la société anglaise du temps de Brummell. On ne suivra donc jamais, dans son ondoyante étendue et sa portée, l'action de Brummell sur ses contemporains. Le mot de Byron, qui disait aimer mieux être Brummell que l'empereur Napoléon, paraîtra toujours une affectation ridicule ou une ironie. Le vrai sens d'un pareil mot est perdu.

Seulement, au lieu d'insulter l'auteur de *Childe Harold*, comprenons-le plutôt quand il exprimait son audacieuse préférence. Poète, homme de fantaisie, il était frappé, parce qu'il pouvait en juger, de l'empire de Brummell sur la fantaisie d'une société hypocrite et lasse de son hypocrisie. Il y avait là un fait de toute puissance individuelle, qui devait plus convenir à la nature de son capricieux génie que tout autre fait d'omnipotence quel qu'il fût.

VII

C'est pourtant avec des mots semblables à celui de Byron que l'histoire de Brummell sera écrite, et, comme par une singulière

5) Encore pas toujours, Que sont les *Mémoires* de Wraxall, par exemple ? Et pourtant quel homme fut jamais mieux placé pour observer que celui-là ?

mystification de la destinée, ce sont de tels mots qui la rendront indéchiffrable. L'admiration ne se justifiant point par des faits qui ont péri tout entiers, parce que, de leur nature, ils étaient éphémères, l'autorité du plus grand nom, l'hommage du plus entraînant génie, rendront l'énigme plus obscure. En efi"et, ce qui reste le moins de toute société, la partie des mœurs qui ne laisse pas de débris, l'arôme trop subtil pour qu'il se conserve, ce sont les manières, les intransmissibles manières[6], par lesquelles Brummell fut un prince de son temps. Semblable à l'orateur, au grand comédien, au causeur, à tous ces esprits qui parlent au corps par le corps, comme disait Buffon, Brummell n'a qu'un nom qui brille d'un reflet mystérieux dans tous les Mémoires de son époque. On y explique mal la place qu'il y tient ; mais on la voit, et ce vaut la peine qu'on y pense. Quant à l'étude présente, détaillée, du portrait qui reste à faire, nul homme jusqu'ici n'en a affronté la lutte douloureuse; nul penseur n'a cherché à se rendre compte, gravement, sévèrement, de cette influence qui répond à une loi ou à un travers, c'est-à-dire à la déviation d'une loi, — à une loi encore. Pour cela, les esprits profonds n'avaient pas assez de finesse ; les esprits fins, de profondeur.

Plusieurs ont essayé, nonobstant. Du vivant même de Brummell, deux plumes célèbres, mais taillées trop fin, trempées d'encre de Chine trop musquée, jetèrent sur un papier bleuâtre, à tranches d'argent, quelques traits faciles à travers lesquels on vit Brummell. C'était charmant de légèreté spirituelle et de pénétration négligente.

6) Les manières, c'est la fusion des mouvements de l'esprit et du corps, et l'on ne peint pas des mouvements.

Ce fut Pelham, ce fut Granby. Ce fut Brummell aussi jusqu'à un certain point, puisqu'on y dogmatisait sur le Dandysme ; mais l'intention avait-elle été de le peindre, sinon dans les faits de sa vie, au moins dans les réalités de son être et les possibilités du roman ? Pour Pelham, ce n'est pas bien sûr. Pour Granby, on le croirait davantage : le portrait de Trebeck semble avoir été fait sur le vif ; on n'invente pas ces nuances étranges, mi-nature et mi-société, et l'on sent que la présence réelle a dû vivifier le coup de pinceau qui les retrace.

Mais, à cela près du roman de Lister, où Brummell, s'il fallait l'y chercher, se retrouverait bien mieux que dans le *Pelham* de Bulwer, il n'y a point de livre en Angleterre qui montre Brummell comme il fut, et qui explique un peu nettement la puissance de ce personnage. Récemment, il est vrai, un homme distingué[7] a publié deux volumes dans lesquels il a réuni avec une patience d'ange curieux tous les faits connus de la vie de Brummell. Pourquoi faut-il que tant d'efforts et de sollicitudes n'aient abouti qu'à une chronique timorée, sans le dessous des cartes de l'histoire? C'est l'explication historique qui manque à Brummell. Il a encore des admirateurs comme l'épigrammatique Cecil, des curieux comme M. Jesse, des ennemis... on ne cite personne. Mais parmi ses contemporains restés debout, parmi les pédants de tous les âges, honnêtes gens qui ont à l'esprit les deux bras gauches que Rivarol donnait à toutes les Anglaises, il en est qui s'indignent de

---

7) Le capitaine Jesse. Il a publié deux forts volumes in-8° sur Brummell ; et, avant de les avoir publiés, il avait mis à notre disposition, avec une courtoisie parfaite, les renseignements qu'il possédait sur le fameux Dandy.

bonne foi contre l'éclat attaché au nom de Brummell. Lourdauds de moralité grave, cette gloire de la frivolité les insulte. Seul, l'historien, c'est-à-dire le juge, — le juge sans enthousiasme et sans haine, — n'a point encore paru pour le grand Dandy, et chaque jour qui passe est un empêchement pour qu'il naisse. On a dit pourquoi. S'il ne vient pas, la gloire aura été pour Brummell un miroir de plus. Vivant, elle l'aura réfléchi dans l'étincelante pureté de sa fragile surface ; mais, — comme les miroirs quand il n'y a plus là personne, — mort, elle n'en aura rien gardé.

VIII

Le Dandysme n'étant pas de l'invention d'un homme, mais la conséquence d'un certain état de société qui existait avant Brummell, il serait peut-être convenable d'en constater la présence dans l'histoire des mœurs anglaises, et d'en préciser l'origine. Tout porte à penser que cette origine est française. La Grâce est entrée en Angleterre, à la restauration de Charles II, sur le bras de la Corruption qui se disait sa sœur alors et qui quelquefois l'a fait croire. Elle vint attaquer avec de la moquerie le sérieux terrible et imperturbable des Puritains de Cromwell. Les mœurs, toujours profondes dans la Grande-Bretagne, — quelle que soit leur tendance, bonne ou mauvaise, — exagéraient la sévérité. Il fallait bien pour respirer se soustraire à leur empire, déboucler ce lourd ceinturon, et les courtisans de Charles II, qui avaient bu, dans les verres à Champagne de France, un lotus qui faisait oublier les sombres et religieuses habitudes de la patrie, tracèrent la tangente par laquelle on put échapper. Beaucoup, par là, se précipitèrent : « Les disciples mêmes eurent bientôt dépassé leurs anciens maîtres, et, comme l'a dit un écrivain avec une piquante exactitude[8)], leur bonne volonté d'être corrompus était si bonne, que les Rochester et les Shaftesbury enjambèrent d'un siècle sur les mœurs françaises de leur temps et sautèrent jusqu'à la Régence. » On ne parle ni de Buckingham, ni d'Hamilton, ni de Charles II lui-même, ni de tous ceux chez qui les souvenirs de l'exil furent plus puissants que les impressions du retour. On a plutôt en vue ceux-là qui, restés Anglais, furent atteints de plus loin par le souffle étranger, et qui ouvrirent le règne des *Beaux*, comme sir Georges Hevett, Wilson, tué, dit-on, par Law, dans un duel, et Fielding, dont la beauté arrêta le regard sceptique de l'insouciant Charles II, et qui, après avoir épousé la fameuse duchesse de Cleveland, renouvela les scènes de Lauzun avec la grande Mademoiselle. Ainsi qu'on le voit, le nom même qu'ils portèrent accuse l'influence française. Leur grâce aussi était comme leur nom. Elle n'était pas assez indigène, assez mêlée à cette originalité du peuple au milieu duquel naquit Shakespeare, à cette force intime qui devait plus tard la pénétrer. Qu'on ne s'y méprenne pas, les *Beaux* ne sont pas les Dandys ; ils les précèdent. Déjà le Dandysme, il est vrai, s'agite sous ces surfaces ; mais il ne paraît point encore. C'est du fond de la société anglaise qu'il doit sortir. Fielding meurt en 1712. Après lui, le colonel Edgeworth, vanté par Steele (un *Beau*

8) M. Amédée Renée, dans son introduction aux *Lettres de lord Chesterfield*. Paris, 1842.

aussi dans sa jeunesse), continue la chaîne d'or ouvragée des *Beaux*, qui se ferme à Nash, pour se rouvrir à Brummell ; mais avec le Dandysme en plus.

Car s'il est né plus tôt, c'est dans l'intervalle qui sépare Fielding de Nash que le Dandysme a pris son développement et sa forme. Pour son nom (dont la racine est peut-être française encore), il ne l'eut que tard. On ne le trouve pas dans Johnson. Maisquantàlachose qu'il signifie, elle existait, et, comme cela devait être, dans les personnalités les plus hautes. En effet, la valeur des hommes étant toujours en vertu du nombre des facultés qu'ils ont, et le Dandysme représentant justement celles qui n'avaient pas leur place dans les mœurs, tout homme supérieur dut se teindre et se teignit plus ou moins de Dandysme. Ainsi Marlborough, Chesterfield, Bolingbroke, Bolingbroke surtout ; car Chesterfield, qui avait fait dans ses *Lettres* le traité du *Gentleman*, comme Machiavel a fait le traité du *Prince*, moins en inventant la règle qu'en racontant la coutume, Chesterfield est bien attaché encore à l'opinion admise, et Marlborough, avec sa beauté de femme orgueilleuse, est plus cupide que vaniteux. Bolingbroke seul est avancé, complet, un vrai Dandy des derniers temps. Il en a la hardiesse dans la conduite, l'impertinence somptueuse, la préoccupation de l'effet extérieur, et la vanité incessamment présente. On se rappelle qu'il fut jaloux de Harley assassiné par Guiscard, et qu'il disait pour se consoler que l'assassin avait sans doute pris un ministre pour un autre. Rompant avec les pruderies des salons de Londres, ne l'avait-on pas vu — chose horrible à penser ! — afficher l'amour le plus naturel pour une marchande d'oranges, qui peut-être n'était pas jolie, et qui se tenait sous les galeries du

Parlement[9]? Enfin, il inventa la devise même du Dandysme, le *Nil mirari* de ces hommes, — dieux au petit pied, — qui veulent toujours produire la surprise en gardant l'impassibihté[10]. Plus qu'à personne d'ailleurs le Dandysme seyait à Bolingbroke. N'était-ce pas de la libre pensée en fait de manières et de convenances du monde, de même que la philosophie en était en matière de morale et de religion ? Comme les philosophes, qui dressaient devant la loi une obligation supérieure, les Dandys, de leur autorité privée, posent une règle au-dessus de celle qui régit les cercles les plus aristocratiques, les plus attachés à la tradition[11] ; et, par la plaisanterie qui est un acide, et par la grâce qui est un fondant, ils parviennent à faire admettre cette règle mobile, qui n'est, en fin de compte, que l'audace de leur propre personnalité. Un tel résultat est curieux et tient à la nature des choses. Les sociétés

---

9) *London and Westminster Review.*

10) Le Dandysme introduit le calme antique au sein des agitations modernes ; mais le calme des anciens venait de l'harmonie de leurs facultés et de la plénitude d'une vie librement développée, tandis que le calme du Dandysme est la pose d'un esprit qui doit avoir fait le tour de beaucoup d'idées et qui est trop dégoûté pour s'animer. Si un Dandy était éloquent, il le serait à la façon de Périclès, les bras croisés sous son manteau. Voir la ravissante, impertinente et très moderne attitude du Pyrrhus de Girodet, écoutant les imprécations d'Hermione. Gela ferait mieux comprendre ce que je veux dire que tout ce que j'écris là.

11) Et il n'y a pas qu'en Angleterre. Quand, en Russie, la princesse d'Aschekolf ne portait pas de rouge, elle faisait acte de Dandysme, et peut-être trop, car c'était un acte de la plus scandaleuse indépendance. En Russie, rouge veut dire beau, et, au XVIIIe siècle, les mendiants, au coin des rues, s'ils n'avaient pas eu de rouge, n'auraient pas osé quêter [Suite p. suiv.]. Voir Rulhière sur cette femme. Rulhière, écrivain qui a du dandysme aussi dans le coup de plume, — Rulhière, *piquant dans le profond.* Si l'histoire n'était qu'une anecdote, comme il l'écrirait !

ont beau se tenir ferme, les aristocraties se fermer à tout ce qui n'est pas l'opinion reçue, le caprice se soulève un jour et pousse à travers ces classements qui paraissaient impénétrables, mais qui étaient minés par l'ennui. C'est ainsi que, d'une part, la Frivolité[12)] chez un peuple d'une tenue rigide et d'un utilitarisme grossier, de l'autre, l'Imagination réclamant son droit à la face d'une loi morale trop étroite pour être vraie, produisirent un genre de traduction, une science de manières et d'attitudes, impossibles ailleurs, dont Brummell fut l'expression achevée et qu'on n'égalera jamais plus. On verra pourquoi.

IX

George Bryan Brummell est né à Westminster, de W. Brummell, esquire, secrétaire privé de ce lord North, Dandy aussi à certaines heures, qui dormait de mépris, sur son banc de ministre, aux plus virulentes attaques des orateurs de l'opposition. North fit la fortune de W. Brummell, homme d'ordre et de capacité active. Les pamphlétaires qui crient à la corruption, en espérant qu'on les corrompra, ont appelé lord North le dieu des appointements (*the god of emoluments*). Mais toujours est-il vrai de dire qu'en payant Brummell, il récompensait des services. Après la chute du ministère et de son bienfaiteur, M. Brummell devint haut-sherifif dans le Berkshire. Il habita près de Domington-Castle, lieu célèbre

---

12) Nom haineux donné à tout un ordre de préoccupations très légitimes au fond, puisqu'elles correspondent à des besoins réels.

pour avoir été la résidence de Chaucer, et là il vécut avec cette hospitalité opulente dont les Anglais, seuls dans le monde, ont le sentiment et la puissance. Il avait conservé de grandes relations. Entre auires célébrités contemporaines, il recevait beaucoup Fox et Sheridan. Une des premières impressions du futur Dandy fut donc de sentir le souffle de ces hommes forts et charmants sur sa tête. Ils furent comme les Fées qui le douèrent ; mais ils ne lui donnèrent que la moitié de leurs forces, les plus éphémères de leurs facultés. Nul doute qu'en voyant, qu'en entendant ces esprits, la gloire de la pensée humaine, qui menaient la causerie comme le discours politique, et dont la plaisanterie valait l'éloquence, le jeune Brummell n'ait développé les facultés qui étaient en lui et qui l'ont rendu plus tard (pour se servir du mot employé par les Anglais) un des premiers *conversatioinnistes* de l'Angleterre. Quand son père mourut, il avait seize ans (1794). On l'avait, en 1790, envoyé à Eton, et déjà il s'était distingué — en dehors du cercle des études — par ce qui le caractérisa si éminemment plus tard. Le soin de sa mise et la langueur froide de ses manières lui firent donner par ses condisciples un nom fort en vogue alors; car le nom de Dandy n'était pas encore à la mode, et les despotes de l'élégance s'appelaient *Bucks* ou *Macaronies*. On le nomma *Buck Brimmell*[13]. Nul, du témoignage de ses contemporains, n'exerça plus d'influence que lui sur ses compagnons à Eton, excepté peut-être Georges Canning ; mais l'influence de Canning était la conséquence de son ardeur de tête et de cœur, tandis que celle de Brummell

13) *Buck* signifie mâle, en anglais ; mais ce n'est pas le mot qui est intraduisible, c'est le sens.

venait de facultés moins enivrantes. Il justifiait le mot de Machiavel : « Le monde appartient aux esprits froids. » D'Eton il alla à Oxford, où il eut le genre de succès auquel il était destiné. Il y plut par les côtés les plus extérieurs de l'esprit : sa supériorité, à lui, ne se marquant pas dans les laborieuses recherches de la pensée, mais dans les relations de la vie. En sortant d'Oxford, trois mois après la mort de son père, il entra comme cornette dans le loe de hussards, commandé par le Prince de Galles.

On s'est beaucoup efforcé pour expliquer le goût si vif que Brummell inspira soudainement à ce prince. On a raconté des anecdotes qui ne méritent pas qu'on les cite. Qu'a-t-on besoin de ces commérages ? Il y a mieux. En effet, Brummell donné, il était impossible qu'il n'attirât pas l'attention et les sympathies de l'homme qui, disait-on, était plus fier et plus heureux de la distinction de ses manières que de l'élévation de son rang. On sait d'ailleurs l'éclat de cette jeunesse qu'il essaya d'éterniser. A cette époque, le Prince de Galles avait trente-deux ans. Beau de la beauté lymphatique et figée de la maison de Hanovre, mais cherchant à l'animer par la parure, à la vivifier par le rayon de feu du diamant; scrofuleux d'âme comme de corps, mais n'ayant pas du moins dégradé la grâce en lui, cette dernière vertu des courtisanes, celui qui fut Georges IV reconnut en Brummell une portion de lui-même, la partie restée saine et lumineuse, et voilà le secret de la faveur qu'il lui montra. Ce fut simple comme une conquête de femme. N'y a-t-il pas des amitiés qui prennent leur source dans les choses du corps, dans la grâce extérieure, comme des amours qui viennent de l'âme, du charme immatériel et secret ?... Telle fut l'amitié du Prince de Galles pour le jeune cornette de hussards : sentiment qui était de la sensation encore, le seul peut-être qui pût germer au fond de cette âme obèse, dans laquelle le corps remontait.

Ainsi l'inconstante faveur que lord Barrymore, G. Hanger et tant d'autres, effeuillèrent, à leur tour, tomba sur la tête de Brummell avec tout l'imprévu du caprice et la furie de l'engouement. Sa présentation eut lieu sur la fameuse terrasse de Windsor, en présence de la fashion la plus exigeante. Il y déploya tout ce que le Prince de Galles devait estimer le plus parmi les choses humaines : une grande jeunesse relevée par l'aplomb d'un homme qui aurait su la vie et qui pouvait la dominer, le plus fin et hardi mélange d'impertinence et de respect, enfin le génie de la mise protégé par une repartie toujours spirituelle. Certes ! il y avait, dans l'enlèvement d'un tel succès, autre chose que de l'extravagance des deux côtés. Le mot *extravagance* est employé par les moralistes déroutés comme le mot *nerfs* par les médecins. A dater de ce moment, il se trouva classé très haut dans l'opinion. On le vit, de préférence aux plus grands noms de l'Angleterre, lui, le fils d'un simple Esquire, du secrétaire privé dont le grand-père avait été marchand, remplir les fonctions de *chevalier d'honneur* de l'héritier présomptif, lors de son mariage avec Caroline de Brunswick. Tant de distinction groupa immédiatement autour de lui, sur le pied de la familiarité la plus flatteuse, l'aristocratie des salons : lord R. E. Somerset, lord Petersham[14], Charles Ker, Charles et Robert Manners. Jusque-là, rien d'étonnant : il n'était qu'heureux. Il était né,

14) Pour des myopes, c'était un modèle de Dandysme ; mais pour ceux qui ne se payent pas d'apparences, ce n'était pas plus un Dandy qu'une femme très bien mise n'est une femme élégante.

comme disent les Anglais, avec une cuiller d'argent dans la bouche. Il avait pour lui ce quelque chose d'incompréhensible que nous appelons *notre étoile*, et qui décide de la vie sans raison ni justice. Mais ce qui surprend davantage, ce qui justifie son bonheur, c'est qu'il le fixa. Enfant gâté de la fortune, il le devint de la société, Byron parle quelque part d'un portrait de Napoléon dans son manteau impérial, et il ajoute : « Il semblait qu'il y fût éclos, » On en peut dire autant de Brummell et de ce frac célèbre qu'il inventa. Il commença son règne sans trouble, sans hésitation, avec une confiance qui est une conscience. Tout concourut à son étrange pouvoir et personne ne s'y opposa. Là où les relations valent plus que le mérite et où les hommes, pour que chacun d'eux puisse seulement exister, doivent se tenir comme des crustacés, Brummell avait pour lui, encore plus comme admirateurs que comme rivaux, les ducs d'York et de Cambridge, les comtes de Westmoreland et de Chatham (le frère de William Pitt), le duc de Rutland, lord Delamere, politiquement et socialement ce qu'il y avait de plus élevé. Les femmes, qui sont, comme les prêtres, toujours du côté de la force, sonnèrent, de leurs lèvres vermeilles, les fanfares de leurs admirations. Elles furent les trompettes de sa gloire; mais elles restèrent trompettes, car c'est ici l'originalité de Brummell. C'est ici qu'il diffère essentiellement de Richelieu et de presque tous les hommes organisés pour séduire. Il n'était pas ce que le monde appelle libertin, Richelieu, lui, imita trop ces conquérants tartares qui se faisaient un lit avec des femmes entrelacées. Brummell n'eut point de ces butins et de ces trophées de victoire ; sa vanité ne trempait pas dans un sang brûlant. Les Sirènes, filles de la mer à la voix irrésistible, avaient les flancs couverts d'écailles impénétrables, d'autant plus charmantes, hélas ! qu'elles étaient plus dangereuses !

Et sa vanité n'y perdit pas : au contraire. Elle ne se rencontrait jamais en collision avec une autre passion qui la heurtait, qui lui faisait équilibre : elle régnait seule, elle était plus forte[15]. Aimer, même dans le sens le moins élevé de ce mot, désirer, c'est toujours dépendre, c'est être esclave de son désir. Les bras les plus tendrement fermés sur vous sont encore une chaîne, et si l'on est Richelieu, — et serait-on Don Juan lui-même, — quand on les brise, ces bras si tendres, de la chaîne qu'on porte, on ne brise jamais qu'un anneau. Voilà l'esclavage auquel Brummell échappa. Ses triomphes eurent l'insolence du désintéressement. Il n'avait jamais le vertige des têtes qu'il tournait. Dans un pays comme l'Angleterre, où l'orgueil et la lâcheté réunis font de la pruderie pour de la pudeur, il fut piquant de voir un homme, et un homme si jeune, qui résumait en lui toutes les séductions de convention et toutes les séductions naturelles, punir les femmes dans leurs prétentions sans bonne foi et s'arrêter avec elles à la limite de galanterie, qu'elles n'ont pas mise là pour qu'on la respecte. C'était pourtant ainsi qu'agissait Brummell, sans aucun calcul et sans le moindre effort. Pour qui connaît les femmes, cela doublait sa puissance : parmi ces ladys altières, il blessait l'orgueil romanesque, il faisait rêver l'orgueil corrompu.

Roi de la mode, il n'eut donc point de maîtresse en titre. Plus

---

15) L'affectation produit la sécheresse. Or, un Dandy, quoique ayant trop bon ton pour n'être pas simple, est toujours un peu affecté. C'est l'affectation très raffinée du talent très artificiel de Mlle Mars. Si on était passionné, on serait trop vrai pour être Dandy. Alfieri n'aurait jamais pu l'être, et Byron ne l'était qu'à certains jours.

habilement Dandy que le Prince de Galles, il ne se donna point de madame Fitz-Herbert. Il fut un sultan sans mouchoir. Nulle illusion du cœur, nul soulèvement des sens n'influa, pour les énerver ou les suspendre, sur les arrêts qu'il portait. Aussi étaient-ils souverains. Que ce fût un éloge ou un blâme, un mot de Georges Bryan Brummell était tout alors. Il était le maître de l'opinion. En Italie, si, par hypothèse, un pareil homme, un pareil pouvoir étaient possibles, quelle femme bien éprise y penserait ? Mais en Angleterre, la plus follement amoureuse, en posant une fleur ou en essayant une parure, songeait bien plus au jugement de Brummell qu'au plaisir de son amant. Une duchesse (et l'on sait ce qu'un titre permet de hauteur dans les salons de Londres) disait en plein bal à sa fille, au risque d'être entendue, de veiller avec soin sur son attitude, ses gestes, ses réponses, si par hasard M. Brummell daignait lui parler ; car, à cette première phase de sa vie, il se mêlait encore à la foule des danseurs dans ces bals où les mains les plus belles restaient oisives eh attendant la sienne. Plus tard, enivré de la position exceptionnelle qu'il s'était faite, il renonça à ce rôle de danseur trop vulgaire pour lui. Il restait seulement quelques minutes à l'entrée eu bal ; il le parcourait d'un regard, le jugeait d'un mot, et disparaissait, appliquant ainsi le fameux principe du Dandysme : « Dans le monde, tout le temps que vous n'avez pas produit d'effet, restez ; si l'effet est produit, allez-vous-en. » Il connaissait son foudroyant prestige. Pour lui, l'effet n'était plus une question de temps.

Avec cet éclat dans sa vie, cette souveraineté sur l'opinion, cette grande jeunesse qui augmente la gloire, et cet aspect charmant et cruel que les femmes maudissent et adorent, pas de doute qu'il n'ait inspiré bien des passions en sens contraires, — des amours profonds, d'inexorables haines ; mais rien de cela n'a transpiré[16].

Le *cant* a étouffé le cri des âmes, s'il en fut qui aient osé crier. En Angleterre, la convenance qui châtre les cœurs s'oppose un peu à l'existence des mademoiselles de Lespinasse qui voudraient naître; et quant à une Caroline Lamb, Brummell n'en eut point, par la raison que les femmes sont plus sensibles à la trahison qu'à l'indifférence. Une seule, à notre connaissance, a laissé sur Brummell de ces mots qui cachent la passion et qui la révèlent, c'est la courtisane Henriette Wilson : chose naturelle, elle était jalouse non du cœur de Brummell, mais de sa gloire. Les qualités d'où le Dandy tirait sa puissance étaient de celles qui eussent fait la fortune de la courtisane. Et d'ailleurs, — sans être des Henriette Wilson, — les femmes s'entendent si bien aux réserves en faveur de leur sexe ! Elles ont le génie des mathématiques, comme les hommes, et tous les génies, et elles ne passent pas à Sheridan, malgré le sien, l'impertinence d'avoir fait sculpter sa main comme la plus belle de l'Angleterre.

---

16) On a parlé de lady J....y, qu'il aurait *soufflée* au Régent, comme on dit avec une légèreté digne de la chose. Mais lady J....y est restée son amie, et les amours finissant en amitiés sont plus chimériques que les belles femmes finissant en queue de poisson. Il y a un beau coup de hache donné de main de poète dans les illusions des cœurs généreux et mortels : « Tout le temps qu'on est amants, on n'est point amis ; quand on n'est plus amants, on n'est moins qu'amis. »

X

Quoique Alcibiade ait été le plus joli des bons généraux, Georges Bryan Brummell n'avait pas l'esprit militaire. Il ne resta pas longtemps dans 10e de hussards. Il y était entré peut-être dans un but plus sérieux qu'on n'a cru, — pour se rapprocher du Prince de Galles et nouer les relations qui le mirent vite en relief. On a dit, avec assez de mépris, que l'uniforme dut exercer une fascination irrésistible sur la tête de Brummell. C'était expliquer le Dandy avec des sensations de sous-lieutenant. Un Dandy qui marque tout son cachet, qui n'existe pas en dehors d'une *certaine exquise originalité* (lord Byron)[17)], doit nécessairement haïr l'uniforme. Du reste, et pour des choses plus graves que cette question de costume, c'est dans la donnée des facultés de Brummell d'être mal jugé, son influence morte. Quand il vivait, les plus récalcitrants la subissaient mais, à présent, c'est de la psychologie difficile à faire, avec les préjugés dominants, que l'analyse d'un tel personnage. Les femmes ne lui pardonneront jamais d'avoir eu de la grâce comme elles ; les hommes, de n'en pas avoir comme lui.

On l'a déjà dit plus haut, mais on ne se lassera point de le

---

17) Il n'y a qu'un Anglais qui puisse se servir de ce mot-là. En France, l'originalité n'a point de patrie : on lui interdit le feu et l'eau; on la hait comme une distinction nobiliaire. Elle soulève les gens médiocres, toujours prêts, contre ceux qui sont *autrement qu'eux*, à une de ces morsures de gencives qui ne déchirent pas, mais qui salissent. *Être comme tout le monde* est le principe équivalant, pour les hommes, au principe dont on bourre la tête des jeunes filles : «Sois considérée, il le faut», du *Mariage de Figaro*.

répéter : ce qui fait le Dandy, c'est l'indépendance. Autrement, il y aurait une législation du Dandysme, et il n'y en a pas[18]. Tout Dandy est un *oseur*, mais un oseur qui a du tact, qui s'arrête à temps et qui trouve, entre l'originalité et l'excentricité, le fameux point d'intersection de Pascal. Voilà pourquoi Brummell ne put se plier aux contraintes de la règle militaire, qui est un uniforme aussi. Sur ce point de vue, il fut un détestable officier. M. Jesse, cet admirable chroniqueur qui n'oublie pas assez, raconte plusieurs anecdotes sur l'indiscipline de son héros. Il rompt les rangs dans les manoeuvres, manque aux ordres de son colonel ; mais le colonel est sous le charme : il ne sévit pas. En trois ans, Brummell devient capitaine. Tout à coup son régiment est commandé pour aller tenir garnison à Manchester, et, sur cela seul, le plus jeune capitaine du plus magnifique régiment de l'armée quitte le service. Il dit au Prince de Galles qu'il ne voulait pas s'éloigner de lui. C'était plus aimable que de parler de Londres ; car c'était Londres surtout qui le retenait. Sa gloire était née là ; elle était autochthone de ces salons où la richesse, le loisir et le dernier degré de civilisation produisent ces affectations charmantes qui ont remplacé le naturel. La perle du Dandysme tombée à Manchester, ville de manufactures, c'est aussi monstrueux que Rivarol à Hambourg !

Il sauva l'avenir de sa renommée : il resta à Londres. Il prit

---

18) S'il y en avait, on serait Dandy en observant la loi. Serait Dandy qui voudrait ; ce serait une prescription à suivre, voilà tout. Malheureusement pour les petits jeunes gens, il n'en est pas tout à fait ainsi. Il y a sans doute, en matière de Dandysme, quelques principes et quelques traditions ; mais tout cela est dominé par la fantaisie, et la fantaisie n'est permise qu'à ceux à qui elle sied, et qui la consacrent en l'exerçant.

un logement dans Chesterfield Street, au N^0 4, en face de Georges Selwyn, — un de ces astres de la mode qu'il avait fait pâlir. Sa fortune matérielle, assez considérable, n'était point au niveau de sa position. D'autres, et beaucoup parmi ces fils de lords et de nababs, avaient un luxe qui eût écrasé le sien, si ce qui ne pense pas pouvait écraser ce qui pense. Le luxe de Brummell était plus intelligent qu'éclatant ; il était une preuve de plus de la sûreté de cet esprit qui laissait l'écarlate aux sauvages, et qui inventa plus tard ce grand axiome de toilette : « Pour être bien mis, il ne faut pas être remarqué. » Bryan Brummel eut des chevaux de main, un excellent cuisinier et le *home* d'une femme qui serait poète. Il donnait des dîners délicieux où les convives étaient aussi choisis que les vins. Comme les hommes de son pays et surtout de son époque[19)], il aimait à boire jusqu'à l'ivresse. Lymphatique et nerveux, dans l'ennui de cette existence oisive et anglaise, à laquelle le Dandysme n'échappe qu'à moitié, il recherchait l'émotion de cette autre vie que l'on trouve au fond des breuvages, qui bat plus fort, qui tinte et qui éblouit. Mais alors, même le pied engagé dans le tourbillonnant abîme de l'ivresse, il y restait maître de sa plaisanterie, de son élégance, comme Sheridan dont on parle toujours, parce qu'on le retrouve sans cesse au bout de toutes les supériorités.

C'est par là qu'il asservissait. Les prédicateurs méthodistes (et

---

19) Tous buvaient, depuis les plus occupés jusqu'aux plus oisifs, depuis les lazzaroni de salon (les Dandys) jusqu'aux ministres d'État. *Boire comme Pitt et Dundas* est resté proverbe. Quand Pitt buvait, cette grande âme que l'amour de l'Angleterre remplissait, mais n'assouvissait pas, c'est de variété qu'il avait soif. Les hommes forts cherchent souvent à se donner le change ; mais, hélas ! la nature ne le prend pas toujours.

il n'y en a pas qu'en Angleterre), tous les myopes qui ont risqué leur mot sur Brummell, l'ont peint, et rien n'est plus faux, comme une espèce de poupée sans cerveau et sans entrailles; et, pour rapetisser l'homme davantage encore, ils ont rapetissé l'époque dans laquelle il vécut, en disant qu'elle avait sa folie. Tentatives et peines inutiles ! Ils ont beau frapper sur ce temps glorieux pour la Grande-Bretagne, comme à Florence on frappa sur la boule d'or dans laquelle l'eau qu'on voulait comprimer était renfermée : l'élément rebelle traversa les parois plutôt que de plier, et eux ne réduiront pas la société anglaise de 1794 à 1816 jusqu'à n'être qu'une société en décadence. Il est des siècles incompressibles qui résistent à tout ce qu'on en dit. La grande époque des Pitt, des Fox, des Windham, des Byron, des Walter Scott, deviendrait tout à coup petite parce qu'elle eût été remplie du nom de Brummell ! Si une telle prétention est absurde, Brummell avait donc en lui quelque chose digne d'attirer et de captiver les regards d'une grande époque, — sorte de regards qui ne se prennent pas, comme les oisillons au miroir, seulement à l'appeau de vêtements gracieux ou splendides. Brummell, qui les a passionnés, attachait d'ailleurs beaucoup moins d'importance qu'on n'a cru à cet art de la toilette pratiqué par le grand Chatham[20].

Ses tailleurs Davidson et Meyer, dont on a voulu faire, avec toute la bêtise de l'insolence, les pères de sa gloire, n'ont point tenu dans sa vie la place qu'on leur donne. Écoutons Lister plutôt ; il peint ressemblant : « Il lui répugnait de penser que ses tailleurs

---

20) Le seul homme historique qui soit grand sans être simple.

étaient pour quoi que ce fût dans sa renommée, et il ne se fiait qu'au charme exquis d'une aisance noble et polie qu'il possédait à un très remarquable degré. » Lors de son début, il est vrai, et avec ses tendances extérieures, au moment où le démocratique Charles Fox introduisait (apparemment comme effet de toilette) le talon rouge sur les tapis de l'Angleterre, Brummell dut se préoccuper de la forme sous tous ses aspects. Il n'ignorait pas que le costume a une influence, latente mais positive, sur les hommes qui le dédaignent le plus du haut de la majesté de leur esprit immortel. Mais plus tard il se déprit, comme le dit Lister, de cette préoccupation de jeunesse, sans l'abolir pourtant dans ce qu'elle avait de conforme à l'expérience et à l'observation. Il resta mis d'une façonn irréprochable ; mais il éteignit les couleurs de ses vêtements, en simplifia la coupe, et les porta sans y penser.[21)]

Il arriva ainsi au comble de l'art qui donne la main au naturel. Seulement, ses moyens de faire effet étaient de plus haut parage, et c'est ce qu'on a trop, beaucoup trop oublié. On l'a considéré comme un être purement physique, et il était au contraire intellectuel jusque dans le genre de beauté qu'il possédait. En effet, il brillait bien moins par la correction des traits que par la physionomie. Il avait les cheveux presque roux, comme Alfieri, et une chute de cheval, dans une charge, avait altéré la ligne grecque de son profil. Son air de tête était plus beau que son visage, et sa contenance — physionomie du corps — l'emportait jusque sur la perfection

---

21) Comme s'ils étaient impondérables ! Un Dandy peut mettre s'il veut dix heures à sa toilette, mais une fois faite, il l'oublie. Ce sont les autres qui doivent s'apercevoir qu'il est bien mis.

de ses formes. Écoutons Lister : « Il n'était ni beau ni laid ; mais il y avait dans toute sa personne une expression de finesse et d'ironie concentrée, et dans ses yeux une incroyable pénétration. » Quelquefois ces yeux sagaces savaient se glacer d'indifférence sans mépris, comme il convient à un Dandy consommé, à un homme qui porte en lui quelque chose de supérieur au monde visible. Sa voix magnifique faisait la langue anglaise aussi belle à l'oreille qu'elle l'est aux yeux et à la pensée. « Il n'aflfectait pas d'avoir la vue courte ; mais il pouvait prendre, — dit encore Lister, — quand les personnes qui étaient là n'avaient pas l'importance que sa vanité eût désirée, ce regard calme, mais errant, qui parcourt quelqu'un sans le reconnaître, qui ne se fixe ni ne se laisse fixer, que rien n'occupe et que rien n'égare. » Tel était le *beau* Georges Bryan Brummell. Nous qui lui consacrons ces pages, nous l'avons vu dans sa vieillesse, et l'on reconnaissait ce qu'il avait été dans ses plus étincelantes années ; car l'expression n'est pas à la portée des rides, et un homme remarquable surtout par la physionomie est bien moins mortel qu'un autre homme.

Du reste, ce que promettait sa physionomie, son esprit le tenait et au-delà. Ce n'était pas pour rien que le rayon divin se jouait autour de son enveloppe. Mais parce que son intelliligence, d'une espèce infiniment rare, s'adonnait peu à ce qui maîtrise celle des autres hommes, serait-il juste de la lui nier ? Il était un grand artiste à sa manière ; seulement son art n'était pas spécial, ne s'exerçait pas dans un temps donné. C'était sa vie même ; le scintillement éternel de facultés qui ne se reposent pas dans l'homme, créé pour vivre avec ses semblables. Il plaisait avec sa personne, comme d'autres plaisent avec leurs œuvres. C'était sur place qu'était sa valeur. Il tirait de sa torpeur[22] — chose difficile ! — une société horriblement blasée, savante, en proie à toutes les fatigues par l'émotion des vieilles civilisations, — et, pour cela, il ne sacrifiait pas une ligne de sa dignité personnelle. On respectait jusqu'à ses caprices. Ni Etherege, ni Cibber, ni Congreve, ni Vanburgh, ne pouvaient introduire un tel personnage dans leurs comédies ; car le ridicule ne l'atteignait jamais. Il ne l'eût pas esquivé à force de tact, bravé à force d'aplomb, qu'il s'en fût garanti à force d'esprit, — bouclier qui avait un dard à son centre et qui changeait la défense en agression. Ici on comprendra mieux peut-être. Les plus durs à sentir la grâce qui glisse sentent la force qui appuie, et l'empire de Brummell sur son époque paraîtra moins fabuleux, moins inexplicable, quand on saura, ce qu'on ne sait pas assez, quelle force de raillerie il avait. L'Ironie est un génie qui dispense de tous les autres. Elle jette sur un homme l'air de sphinx qui préoccupe comme un mystère et qui inquiète comme un danger[23]. Or, Brummell la possédait, et s'en servait de manière à transir tous les amours-propres, même en les caressant, et à redoubler les mille intérêts d'une conversation supérieure par la peur des

---

22) Sans sortir de la sienne. Il y a dans l'amabilité, en effet, quelque chose de trop actif et de trop direct pour qu'un Dandy soit parfaitement aimable. Un Dandy n'a jamais la recherche et l'anxiété de quoi que ce soit. Si donc l'on a pu se risquer à dire que Brummell fut aimable à certains soirs, c'est que la coquetterie des hommes puissants peut être très médiocre et paraître irrésistible. Ils sont comme les jolies femmes, à qui l'on sait gré de tout (quand on est homme toutefois).

23) « Vous êtes un palais dans un labyrinthe, » écrivait une femme impatientée de regarder sans voir et de chercher sans découvrir. Elle ne se doutait pas qu'elle exprimait là un principe de Dandysme. A la vérité, n'est pas *palais* qui veut, mais on *peut* toujours être *labyrinthe*.

vanités qui ne donne pas d'esprit, mais qui l'anime dans ceux qui en ont et fait circuler plus vite le sang de ceux qui n'en ont pas. C'est le génie de l'ironie qui le rendit le plus grand mystificateur que l'Angleterre ait jamais eu. « Il n'y avait pas — dit l'auteur de *Granby* — de gardien de ménagerie plus habile à montrer l'adresse d'un singe, qu'il ne l'était à montrer le côté grotesque caché plus ou moins dans tout homme ; son talent était sans égal pour manier sa victime et pour lui faire exposer elle-même ses ridicules sous le meilleur point de vue possible. » Plaisir, si l'on veut, quelque peu féroce ; mais le Dandysme est le produit d'une société qui s'ennuie, et s'ennuyer ne rend pas bon.

C'est ce qu'il importe de ne pas perdre de vue quand on juge Brummell. Il était avant tout un Dandy, et il ne s'agit que de sa puissance. Singulière tyrannie qui ne révoltait pas ! — Comme tous les Dandys, il aimait encore mieux étonner que plaire : préférence très humaine, mais qui mène loin les hommes ; car le plus beau des étonnements, c'est l'épouvante. Sur cette pente, où s'arrêter ? Brummell le savait seul. Il versait à doses parfaitement égales la terreur et la sympathie, et il en composait le philtre magique de son influence. Son indolence ne lui permettait pas d'avoir de la verve, parce qu'avoir de la verve, c'est se passionner ; se passionner, c'est tenir à quelque chose ; et tenir à quelque chose, c'est se montrer inférieur ; mais de sang-froid il avait *du trait*, comme nous disons en France. Il était mordant dans sa conversation autant qu'Hazlitt dans ses écrits. Ses mots crucifiaient[24] ; seulement son

---

24) Il ne les lançait pas, mais il les laissait tomber. L'esprit des Dandys ne frétille et ne pétille jamais. Il n'a point les mouvements de vif-argent et

impertinence avait trop d'ampleur pour se condenser et tenir dans des épigrammes. Des mots spirituels qui l'exprimaient, il la faisait passer dans ses actes, dans son attitude, son geste et le son de sa voix. Enfin, il la pratiquait avec cette incontestable supériorité qu'elle exige entre gens comme il faut pour être subie ; car elle touche à la grossièreté comme le sublime touche au ridicule, et, si elle sort de la nuance, elle se perd. Génie toujours à moitié voilé, l'Impertinence n'a pas besoin du secours des mots pour apparaître ; sans appuyer, elle a une force bien autrement pénétrante que l'épigramme la plus brillamment rédigée. Quand elle existe, elle est le plus grand porte-respect qu'on puisse avoir contre la vanité des autres si souvent hostile, comme elle est aussi le plus élégant manteau qui puisse cacher les infirmités qu'on sent en soi. A ceux qui l'ont, qu'est-il besoin d'autre chose ? N'a-t-elle pas plus fait pour la réputation de l'esprit du prince de Talleyrand que cet esprit même ? Fille de la Légèreté et de l'Aplomb, — deux quahtés qui semblent s'exclure, — elle est aussi la sœur de la Grâce, avec laquelle elle doit rester unie. Toutes deux s'embellissent de leur mutuel contraste. En effet, sans l'Impertinence, la Grâce ne ressemblerait-elle pas à une blonde trop fade, et sans la

---

de flamme de celui d'un Casanova, par exemple, ou d'un Beaumarchais; par rencontre, il trouverait les mêmes mots, qu'il les prononcerait autrement. Les Dandys ont beau représenter le Caprice dans une société classée et symétrique, ils n'en respirent pas moins, quelque bien organisés qu'ils soient, la contagion de l'affreux Puritanisme. Ils vivent dans cette tour de la Peste, et une pareille habitation est malsaine. C'est pour cela qu'ils parlent tant de dignité. Ils croiraient peut-être en manquer s'ils s' abandonnaient à la frénésie de l'esprit. Ils vivent toujours sur l'idée de dignité comme sur un pal, — ce qui — si souple qu'on soit ! — gêne un peu la liberté des mouvements et fait tenir par trop droit.

Grâce, l'Impertinence ne serait-elle pas une brune trop piquante ? Pour qu'elles soient bien ce qu'elles sont chacune, il convient de les entremêler.

Et voilà ce à quoi Georges Bryan Brummell réussissait mieux que personne. Cet homme, trop superficiellement jugé, fut une puissance si intellectuelle qu'il régna encore plus par les airs que par les mots. Son action sur les autres était plus immédiate que celle qui s'exerce uniquement par le langage. Il la produisait par l'intonation, le regard, le geste, l'intention transparente, le silence même[25] ; et c'est une des explications à donner du peu de mots qu'il a laissés. D'ailleurs, ces mots, à en juger par ceux que les Mémoires du temps ont rapportés, manquent pour nous de saveur ou en ont trop ; ce qui est une manière d'en manquer encore. On y sent l'âpre influence du génie salin de ce peuple qui boxe et s'enivre, et qui n'est pas grossier où nous, Français, nous cesserions d'être délicats. Qu'on y songe : ce que l'on appelle exclusivement *esprit*, dans les produits de la pensée, tenant essentiellement à la langue, aux mœurs, à la vie sociale, aux circonstances, qui changent le plus de peuple à peuple, doit mourir dépaysé dans l'exil d'une traduction. Même les expressions qui le caractérisent pour chaque

---

25) Il jouait trop bien de la conversation pour n'être pas souvent silencieux ; mais ce silence n'avait pas la profondeur du silence de qui écrivait : « Ils me regardaient pour savoir si je comprenais leurs idées sur je ne sais quoi et leurs jugements sur je ne sais qui. Mais ils me prenaient probablement pour quelque médiocrité de salon, et moi je jouissais de l'opinion présumable qu'ils avaient de ma personne. J'ai pensé aux rois qui aiment à garder l'incognito. » Cette solitaire et orgueilleuse conscience de soi doit être inconnue aux Dandys. Le silence de Brummell était un moyen de plus de faire effet, la coquetterie taquine des êtres sûrs de plaire et qui savent par quel bout s'allume le désir.

nation sont intraduisibles avec netteté dans la profondeur du sens qu'elles ont. Essayez, par exemple, de trouver des corrélatifs exacts au *wit*, à l'*humour*, au *fun*, qui constituent l'esprit anglais dans son originale triplicité. Muable comme tout ce qui est individuel, l'esprit ne se transborde pas plus d'une langue dans une autre que la poésie, qui, du moins, s'inspire de sentiments généraux. Comme de certains vins, qui ne savent pas voyager, il doit être bu sur son terroir. Il ne sait pas vieillir non plus; il est de la nature des plus belles roses, qui passent vite, et c'est peut-être le secret du plaisir qu'il cause. Dieu a souvent remplacé la durée par l'intensité de la vie, afin que le généreux amour des choses périssables ne se perdît pas dans nos cœurs.

On ne citera donc pas les mots de Brummell. Ils ne justifieraient pas sa renommée, et pourtant ils la lui méritèrent ; mais les circonstances dont ils ont jailli, et qui les avaient chargés d'électricité, pour ainsi dire, ne sont plus. Ne remuons pas, ne comptons pas ces grains de sable qui furent des étincelles, et que le temps dispersa après les avoir éteints. Grâce à la diversité des vocations, il y a des gloires qui ne sont rien plus que du bruit dans un silence, et qui doivent à jamais alimenter la rêverie en désespérant la pensée.

Seulement, comment n'être pas frappé de ce vague de gloire tombant sur un homme aussi positif que Brummell, qui l'était trois fois, puisqu'il était vaniteux. Anglais et Dandy ! Comme tous les gens positifs, qui ne vivent pas loin d'eux-mêmes et qui n'ont de foi et de volonté que pour les jouissances immédiates, Brummell ne désira jamais que celles-là et il les eut à foison. Il fut payé par la destinée de la monnaie qu'il estimait le plus. La société lui donna tous les bonheurs dont elle dispose, et pour lui il n'y avait pas de plus grandes félicités[26) ; car il ne pensait pas, comme Byron, — tantôt renégat et tantôt relaps du Dandysme, — que le monde ne vaut pas une des joies qu'il nous ôte. A cette vanité, éternellement enivrée, le monde n'en avait pas ôté. De 1799 jusque vers 1814, il n'y eut pas de raout, à Londres, pas de fête, où la présence du grand Dandy ne fût regardée comme un triomphe et son absence comme une catastrophe. Les journaux imprimaient son nom à l'avance en tête des plus illustres invités. Aux bals d'Almack, aux *meetings* d'Ascot, il pliait tout sous sa dictature. Il fut le chef du club Watier, dont lord Byron était membre avec lord Alvanley, Mildmay et Pierrepoint. Il était l'âme (est-ce l'âme qu'il faut dire ?) du fameux pavillon de Brighton, de Carlton-House, de Belvoir. Lié plus particulièrement avec Sheridan, la duchesse d'York, Erskine, lord Townshend, et cette passionnée et singulière duchesse de Devonshire, poète en trois langues, et qui embrassait les bouchers de Londres, avec ses lèvres patriciennes, pour enlever des voix de plus à M. Fox, il s'imposait jusqu'à ceux qui pouvaient le juger, qui auraient pu trouver le creux sous le relief, si réellement il n'avait été que le favori du hasard. On a dit que madame de Staël fut presque affligée de ne pas lui avoir

26) Les moralistes demanderont insolemment : fut-il heureux de cet unique bonheur du monde, qui fait pitié ? — Et pourquoi pas ?... La vanité satisfaite peut suffire à la vie aussi bien que l'amour satisfait. Mais l'ennui ?... Ehl mon Dieu ! c'est la paille où se rompt l'acier le miedx trempé en fait de bonheur. C'est le fond de tout et pour tous, à plus forte raison pour une âme de Dandy, pour un de ces hommes dont on a dit bien ingénieusement, mais bien tristement aussi : « Ils rassemblent autour d'eux tous les agréments de la vie, mais, ainsi qu'une pierre qui attire la mousse, sans se laisser pénétrer par la fraîcheur qui la couvre. »

plu. Sa toute-puissante coquetterie d'esprit fut repoussée par l'âme froide et la plaisanterie éternelle du Dandy, de ce capricieux de neige qui avait d'excellentes raisons pour se moquer de l'enthousiasme. Corinne échoua sur Brummell comme sur Bonaparte : rapprochement qui rappelle le mot de lord Byron cité déjà. Enfin, succès plus original encore : une autre femme, lady Stanhope, l'amazone arabe qui sortit au galop de la civilisation européenne et des routines anglaises, — ce vieux cirque où l'on tourne en rond, — pour ranimer ses sensations dans le péril et dans l'indépen- dance du désert, ne se rappelait, après bien des années d'absence, de tous les civilisés laissés derrière elle, que le plus civilisé peut-être, — le Dandy Georges Brummell.

Certes ! quand on fait le compte de ces impressions vivantes, ineffaçables, sur les premières têtes d'une époque, on est obligé de traiter celui qui les a produites, fût-ce un fat, avec le sérieux que l'on doit à tout ce qui prend en vainqueur les imaginations des hommes. Les poètes, par cela seul qu'ils réfléchissent leur temps, se sont imprégnés de Brummell. Moore l'a chanté ; mais qu'est-ce que Moore[27)] ? Brummell fut peut-être une des muses de Don Juan, invisible au poète. Toujours est-il que ce poème étrange a le ton essentiellement dandy d'un bout à l'autre, et qu'il éclaire puissamment l'idée que nous pouvons concevoir des qualités et du genre d'esprit de Brummell. C'est par ces qualités évanouies qu'il monta sur l'horizon et s'y maintint. Il n'en descendit pas ; mais il en tomba, emportant avec lui, dans sa perfection, une chose qui, depuis lui, n'a plus reparu que dégradée. Le *Turf* hébétant a

---

27) Le sentiment irlandais à part, un poète de papier rose mâché.

remplacé le Dandysme. Il n'y a plus maintenant dans le *High life* que des jockeys et des fouetteurs de chiens[28].

---

28) Il y a eu d'Orsay. Mais d'Orsay, ce *lion* dans le sens de la fashion et qui n'en avait pas moins la beauté de ceux de l'Atlas, d'Orsay n'était pas un Dandy. On s'y est mépris. C'était une nature infiniment plus complexe, plus ample et plus humaine que cette chose anglaise. On l'a beaucoup dit, mais sans cesse il faut y revenir : la lymphe, cette espèce d'eau dormante qui n'écume que quand la Vanité la fouette, est la base physiologique du Dandy, et d'Orsay avait le sang rouge de France. C'était un nerveux sanguin aux larges épaules, à la poitrine *François Ier* et à la beauté sympathique. Il avait une main superbe sans superbe, et une manière de la tendre qui prenait les cœurs et les enlevait ! Ce n'était pas là le *shake hand* hautain du Dandysme. D'Orsay plaisait si naturellement et si passionnément à *tout le monde.* qu'il faisait porter son médaillon jusqu'à des hommes ! tandis que les Dandys ne font porter aux hommes que ce que vous savez et *plaisent aux femmes en leur déplaisant.* (Ne jamais oublier cette nuance, lorsqu'il s'agit de les juger.) D'Orsay était enfin un roi de bienveillance aimable ; or, la bienveillance est un sentiment entièrement inconnu aux Dandys. Comme eux, il est vrai, il avait l'art de la toilette, non éclatante, mais profonde, et c'est par cette raison, sans doute, que les Superficiels l'ont regardé comme le successeur de Brummell; mais le Dandysme n'est pas l'art brutal de mettre une cravate. Il y a même des Dandys qui n'en ont jamais porté. Exemple, lord Byron qui avait le cou si beau ! D'un autre côté, d'Orsay fut un artiste. De cette main *qu'il donnait trop,* — car la coquetterie règne bien plus par ce qu'elle refuse que par ce qu'elle accorde, — il sculptait, et non pas comme Brummell peignait ses éventails, pour des visages faux et des tètes vides. Les marbres laissés par d'Orsay ont de la pensée. Ajoutez à ce talent de sculpteur qu'il avait bien failli être un écrivain, et qu'à vingt-trois ans il avait mérité cette lettre de Byron à Alfred D... qu'on trouve dans ces fameux Mémoires où la lâcheté de Moore a remplacé les noms par des astérisques et les anecdotes piquantes par des points (aimable homme que ce Moore !)... Quoique fat, d'Orsay fut aimé par les femmes les plus *fates* de son temps. On ne parle pas des naturelles : il n'y en a jamais que deux ou trois dans un siècle ; à quoi bon en parler ? Il a même inspiré une passion qui dura et qui restera historique. Les Dandys, eux, ne sont aimés que par *spasmes*. Les femmes, qui les détestent, ne s'en donnent pas moins très bien à eux, et ils ont celte sensation, qui vaut pour eux beaucoup de livres sterling, de

XI

On touche vite, quand on écrit cette histoire d'impressions plutôt que de faits, à la disparition du météore, à la fin de cet incroyable roman (qui n'est pas un conte), dont la société de Londres fut l'héroïne et Brummell le héros. Mais, dans la réalité, cette fin se fit longtemps attendre. A défaut de faits, — la mesure historique du temps, — qu'on prenne les dates, et l'on jugera de la profondeur de cette influence par sa durée. De 1793 à 1816, il y a vingt-deux ans. Or, dans le monde moral comme dans le monde physique, ce qui est léger se déplace aisément. Un succès continu de tant d'années montre donc que c'était bien à un besoin de nature humaine, sous la convention sociale, que répondait l'existence de Brummell. Aussi, quand plus tard il fut obligé de quitter l'Angleterre, l'intérêt qu'il avait concentré sur sa personne n'était pas épuisé. L'enthousiasme ne se détournait pas de lui. En 1812, en 181 3, il était plus puissant que jamais, malgré les échecs que le jeu avait faits à sa fortune matérielle, la base de son élégance ; en effet, il était fort grand joueur. On n'a pas besoin d'examiner s'il avait trouvé dans son organisme ou dans les tendances de la société qu'il voyait cette audace de l'inconnu et cette soif d'aventures qui fait les joueurs et les pirates ; mais ce qu'il y a de certain, c'est que la société anglaise est encore plus avide d'émotions que de guinées, et qu'on

---

presser des haines dans leurs bras... Quant à ce duel charmant de d'Orsay, jetant son assiette à la tête de l'officier qui parlait mal de la Sainte Vierge, et se battant pour elle parce qu'elle était femme et qu'il ne voulait pas qu'on manquât de respect à une femme devant lui, quoi de moins dandy et de plus français ?...

ne domine une société qu'en épousant ses passions. Outre les pertes au jeu, une autre raison, à ce qu'il semble, pour que Brummell déclinât, c'était sa brouillerie avec le Prince qui l'avait aimé et qui avait été, pour ainsi dire, le seul courtisan de leurs relations. Le Régent commençait à vieillir. L'embonpoint, ce polype qui saisit la beauté et la tue lentement dans ses molles étreintes, l'embonpoint l'avait pris, et Brummell, avec son implacable plaisanterie et cet orgueil de tigre que le succès inspire aux cœurs, s'était quelquefois moqué des efforts de coquette impuissante à réparer les dégâts du temps qui compromettaient le Prince de Galles, Comme il y avait à Carlton-House un concierge d'une monstrueuse corpulence, qu'on avait surnommé *Big-Ben* (le Gros-Ben), Brummell avait déplacé le surnom du valet au maître. Il appelait aussi madame Fitz-Herbert *Benina*. Ces audacieuses dérisions ne pouvaient manquer de pénétrer jusqu'au fond de ces âmes vaniteuses, et madame Fitz-Herbert ne fut pas la seule des femmes qui entouraient le Prince héréditaire à s'offenser des familiarités de l'ironie de Brummell. Telle fut, pour le dire en passant, la cause réelle de la disgrâce qui frappa soudainement le grand Dandy. L'histoire de la sonnette, racontée d'abord pour l'expliquer, est apocryphe, à ce qu'il paraît[29]. M. Jesse ne s'appuie pas seulement pour la repousser sur la dénégation de Brummell, mais encore sur la vulgaire impudence (*the vulgar impudence*) qu'elle révèle, et il a raison ; car l'impudence était

---

29) Voici l'histoire : Brummell aurait un soir, à souper et pour gagner le plus irrespectueux pari, donné cet ordre au Prince de Galles : « Georges, Sonnez! » en lui montrant la sonnette. Le Prince, iqui eût obéi, aurait dit au domestique qui entra, en lui désignant Brummell : « Menez à son lit cet ivrogne. »

bien souvent dans le Dandy, mais la vulgarité n'y était jamais. Un fait d'ailleurs isolé, quelque expressif qu'il soit, ne vaut pas en gravité, pour motiver une disgrâce, les cent mille coups de dard d'aspic lancés par Brummell de sa façon la plus légère contre les affections du Régent. Ce que le mari de Caroline de Brunswick avait toléré, l'amant de madame Fitz-Herbert, de lady Connyngham, ne devait pas le supporter[30]. Et l'eût-il supporté encore, le favori eût-il impunément blessé les favorites, que le Prince, attaqué dans sa personne physique, son véritable *moi*, ne l'aurait pas souffert sans ressentiment. Le « Quel est ce gros homme ? » dit publiquement par Brummell, à Hyde-Park, en désignant Son Altesse Royale, et une foule d'autres mots semblables, expliquent tout bien mieux qu'un oubli de convenances, justifié, du reste, par un pari.

---

30) L'influence, et même la plaisanterie de Brummell, fut pour beaucoup dans l'éloignement du Prince de Galles pour Caroline de Brunswick. On sait que cette fameuse première nuit de noces, passée par le Prince sur un tapis au coin du feu, pendant que sa jeune femme l'attendait sous les plumes d'autruche du lit nuptial, avait été précédée d'un souper avec les Dandys. Ces hommes positifs n'aimaient pas le vaporeux sentimentalisme qui se matérialisa un peu depuis, mais qu'apportait alors Caroline dans ses bagages d'Allemande; et d'ailleurs elle était la femme légitime dans le pays du bonheur conjugal officiel et des *verseuses* de thé ! Or, le Dandysme, qui aime l'imprévu et déteste la pédanterie des vertus domestiques, doit mieux aimer tous les malheurs par les maîtresses que l'imperturbable bonheur public de lord et de lady Grey, par exemple, si vanté par Mme de Staël. Les Dandys qui coudoient ces bonheurs légaux en Angleterre n'ont pas et ne peuvent pas avoir les opinions de Mme de Staël qui ne les rencontrait guères dans les salons de Paris. Ce qui fait la poésie, c'est la distance, et il faut bien que l'imagination ait toujours sa chimère à caresser ; mais quand la femme qui se peignit dans Corinne, qui aima D..., qui aima C..., qui aima T..., caresse celle-là, elle est moins dans la vérité du cœur et de l'imagination que les Dandys, et elle ravale Mme de Staël jusqu'à n'être plus que la fille de Mme Necker.

Mais ni l'éloignement rancunier du Prince, ni les revers au jeu, n'avaient encore, vers cette époque (1813), ébranlé la position de Brummell. La main qui avait servi à son élévation, en se retirant ne l'avait pas fait tomber, et l'opinion des salons lui était demeurée fidèle. Ce ne fut pas assez. Le Régent vit avec amertume un Dandy à moitié ruiné lutter fièrement d'influence contre lui, l'homme le plus élevé de la Grande-Bretagne. Anacréon-ArchiloqueMoore, qui n'écrivait pas toujours sur du papier bleu céleste, et dont la haine irlandaise savait trouver parfois le mot qui poignarde le mieux, mettait dans la bouche du Prince de Galles ces vers adressés au duc d'York et cités partout : « Je n'ai jamais eu de ressentiment ou d'envie de nuire à personne, excepté, maintenant que j'y pense, au Beau Brummell, qui m'a menacé l'an dernier avec colère de me faire rentrer dans le néant et d'introduire, à ma place, dans la fashion, le vieux roi Georges. » Ces vers offensants ne donnaient-ils pas raison au propos tenu par le roi des Dandys sur le Dandy royal, au colonel Mac-Mahon : « Je l'ai fait ce qu'il est, je peux bien le défaire » ; et ne prouvaient-ils pas jusqu'à l'évidence combien le pouvoir d'opinion qu'exerçait ce Warwick de l'élégance lui appartenait en propre, et à quel point il était indépendant et souverain ? Une autre preuve encore plus éclatante de ce pouvoir fut donnée, en cette année de 1813, par les chefs du club Watier, qui, préparant une fête solennelle, mirent en sérieuse délibération s'ils inviteraient le Prince de Galles, par cela seul qu'il était brouillé avec G. Brummell. Il fallut que Brummell, qui savait mettre de l'impertinence jusque dans ses générosités, insistât fortement pour que le Prince fût invité. Sans nul doute, il était bien aise de voir chez lui (puisqu'il était du club) l'amphitryon qu'il ne voyait plus à Carlton-House, de se ménager ce face à face en présence de toute la jeunesse dorée de l'Angleterre ; mais le Prince, au-dessous de lui-même dans cette entrevue, oubliant ses prétentions de gentilhomme accompli, ne se souvint pas même des devoirs que l'hospitalité impose à ceux qui la reçoivent, et Brummell, qui s'attendait à opposer Dandysme à Dandysme, répondit à l'air de la bouderie par cette élégante froideur qu'il portait sur lui comme une armure et qui le rendait invulnérable[31)].

De tous les clubs de l'Angleterre, c'était précisément ce club Watier où la fureur du jeu dominait le plus. Il s'y passait d'affreux scandales. Ivres de porto gingembre, ces *blasés*, dévorés de spleen, y venaient chaque nuit cuver le mortel ennui de leur vie et soulever leur sang de Normand — ce sang qui ne bout que quand on prend ou qu'on pille — en exposant sur un coup de dé les plus magnifiques fortunes. Brummell, on l'a vu, était l'astre de ce fameux club. Il ne l'aurait point été s'il ne se fût pas plongé au plus épais du jeu et des paris qu'on y tenait. A la vérité, il n'était ni plus ni moins joueur que tous ceux qui s'agitaient dans ce charmant pandémonium, où l'on perdait des sommes immenses avec l'indifférence parfaite qui, dans ces occasions, était pour les Dandys ce qu'était la grâce pour les gladiateurs tombant au cirque. Beaucoup — ni plus ni moins que lui — éprouvèrent dans tous

---

31) *Qui le faisait croire invulnérable* serait peut-être mieux dit. Mais le beau soupir de lassitude de Cleopâtre dans Shakespeare : « Ah ! si tu savais quel travail c'est de porter cette nonchalance aussi près du cœur que je la porte ! » est étouffé dans la poitrine des Dandys. Ces stoïciens de boudoir boivent dans leur masque leur sang qui coule, et restent masqués. Paraître, c'est *être* pour les Dandys, comme pour les femmes.

les sens la chance commune ; mais beaucoup aussi purent ralfronter plus longtemps. Quoique habile, à force de sang-froid et d'habitude, il ne pouvait rien contre le hasard qui devait mater le bonheur de sa vie par la pauvreté de ses derniers jours. En 1814, les étrangers arrivés à Londres, les officiers russes et prussiens des armées d'Alexandre et de Blücher, redoublèrent la conflagration du jeu parmi les Anglais. Ce fut pour Brummell le moment terrible du désastre. Il y avait dans sa gloire et dans sa position un côté aléatoire par lequel l'une et l'autre devaient s'écrouler. Comme tous les joueurs, il s'acharna contre le sort et fut vaincu. Il eut recours aux usuriers et s'engouffra dans les emprunts ; on a dit même, avec sa dignité ; mais rien de précis n'a été articulé à cet égard. Ce qui aurait pu autoriser quelques bruits peut-être, c'est qu'il était doué des qualités dangereuses qui relèvent, par la pose, jusqu'à la bassesse[32], et qu'il en abusa parfois. Ainsi, par exemple, on se souvenait de l'avoir vu accepter, dans ses gênes dernières, une somme assez considérable de quelqu'un qui voulait compter parmi les Dandys en se réclamant de l'homme qu'ils reconnaissaient pour leur maître. Depuis, l'argent ayant été redemandé au milieu d'un cercle nombreux, Brummell avait tranquillement répondu à l'importun créancier qu'il avait déjà été

---

32) Ces qualités ont toujours entraîné ceux qui les eurent. Voyez, par exemple, Henri IV, le duc d'Orléans (le Régent), Mirabeau, etc., etc. Henri IV ne les avait qu'un peu, il est vrai ; mais le Régent d'Orléans les avait beaucoup, et Mirabeau énormément. Mirabeau mettait autant de fierté à secouer la fange, que le duc d'Orléans de gaîté et de grâce à en affronter les souillures. N'a-t-on pas vu celui-ci *spiritualiser* des coups de pied au derrière ?... et de quel pied ?... du pied de bouc de Dubois. Plus coupables en cela, ces profanateurs de facultés adorables, que Brummell ; car ils n'avaient pas comme lui, en face d'eux, une société puritaine ; ce qui explique tous les excès et justifie bien des torts.

payé. « Payé ! quand ? » avait dit le prêteur surpris, et Brummell avait répondu, avec son ineffable manière : « Mais, quand je me tenais à la fenêtre de White, et que je vous ai dit, à vous qui passiez : *Jemmy, comment vous portez-vous ?* » Une telle réponse traînait la grâce jusqu'au cynisme, et il n'en faut pas beaucoup de semblables pour que les hommes qui les entendent ne prennent plus la peine d'être justes.

Du reste, l'heure à laquelle on ne l'est plus pour personne, l'heure du malheur, allait sonner pour Brummell. Sa ruine était consommée ; il le savait. Avec son impassibilité de Dandy, il avait calculé, montre à la main, le temps qu'il devait rester sur le champ de bataille, sur le théâtre des plus admirables succès qu'homme du monde ait jamais eus, et il avait résolu de n'y pas montrer l'humiliation après la gloire. Il fit comme ces fières coquettes qui aiment mieux quitter ce qu'elles aiment encore que d'être quittées par qui ne les aime plus. Le 16 de mai 1816, après avoir dîné d'un chapon en-voyé par Watier, il but une bouteille de bordeaux.[33)]

— Byron en avait bu deux quand il avait répondu à l'article de la *Revue d'Édimbourg* par sa satire des *Bardes anglais et des Critiques écossais*, — et il écrivit, sans espoir et nonchalamment, comme un homme perdu tente le sort, cette lettre qu'on a déjà citée :

« Mon cher Scrope, envoyez-moi deux cents livres. La Banque est fermée et tous mes fonds sont dans le trois pour cent. Je vous

33) Système physiologique anglais. Le courage moral se détermine comme le courage physique. Les Anglais sont de mauvais soldats s'ils sont mal nourris. La gloire de Wellington est d'avoir toujours été un excellent fournisseur.

rendrai cet argent demain matin. Tout à vous. »(Georges Brummell)

Il lui fut répondu immédiatement par Scrope Davies ce billet, spartiate de laconisme et d'amitié :

« Mon cher George, c'est très malheureux ; mais tous mes fonds sont dans le trois pour cent. Tout à vous. » (Scrope)

Brummell était trop Dandy pour se blesser d'un tel billet. Il n'était pas homme à moraliser là-dessus, dit spirituellement M. Jesse. Il avait jeté, par amour de joueur pour les décisions du hasard, une feuille sur l'eau, et l'eau l'amportait! La réponse de Scrope avait une sécheresse cruelle; mais elle n'était pas vulgaire. De Dandy à Dandy, l'honneur restait donc sain et sauf. — Brummell fit une stoïque toilette et le soir même parut à l'Opéra. Il y fut ce qu'est le Phénix sur son bûcher et plus beau encore, car il sentait qu'il ne renaîtrait pas de ses cendres. En le voyant, qui aurait dit un homme foudroyé ? Après l'opéra, la voiture qu'il prit fut une chaise de poste. Le 17 il était à Douvres, et le 18 il avait quitté l'Angleterre. Quelques jours après ce départ, on vendit *by auction* et par ordre du sheriff de Middlesex, l'élégant mobilier du Dandy (*man of fashion*) « parti pour le continent », ainsi que le disait le livre de vente. Les acheteurs furent ce qu'il y avait de plus à la mode à Londres et de plus distingué dans l'aristocratie anglaise. On comptait parmi eux le duc d'York, les lords Yarmouth et Besborough, lady Warburton, sir H. Smyth, sir H. Peyton, sir W. Burgoyne, les colonels Sheddon et Cotton, le général Phipps, etc., etc. Tous voulaient, et payèrent comme des Anglais qui désirent, ces reliques précieuses d'un luxe épuisé, ces objets consacrés par le goût d'un homme, ces frêles choses fungibles, touchées et à moitié usées par Brummell. Ce qui fut payé le plus cher par cette société opulente chez laquelle le superflu était devenu le nécessaire, fut précisément ce qui avait le moins de valeur en soi, les babioles (*the knick-knacks*) qui n'existent que par la main qui les a choisies et le caprice qui les a fait naître. Brummell passait pour avoir une des plus nombreuses collections de tabatières qu'il y eût en Angleterre. On en ouvrit une dans laquelle on trouva, écrit de sa main : « Je destinais cette boîte au Prince Régent, s'il s'était mieux conduit avec moi. » Le naturel d'une pareille phrase la rend plus impertinente encore. Il n'y a que des fatuités de petite espèce qui manquent de simplicité.

Arrivé à Calais, « cet asile des débiteurs anglais », Brummell chercha à tromper l'exil. Il avait emporté dans sa fuite quelques débris de sa magnificence passée, et ces débris d'une fortune anglaise étaient presque une fortune en France. Il loua chez un libraire de la ville un appartement qu'il meubla avec une somptueuse fantaisie, et de manière à rappeler son boudoir de Chesterfield-Street ou ses salons de Chapel-Street, dans Park-Lane. Ses amis, s'il est permis de tracer un mot si sincère, car les amis d'un Dandy sont toujours un peu les sigisbées de l'amitié, fournirent aux dépenses de sa vie, qui garda longtemps un certain éclat. Le duc et la duchesse d'York, avec lesquels il s'était lié plus étroitement depuis sa rupture avec le Prince de Galles, M. Chamberlayne et beaucoup d'autres, alors et plus tard, vinrent très noblement en aide au *beau* malheureux, montrant ainsi, et plus éloquemment que jamais, la force d'impression qu'il avait exercée sur tous ceux qui l'avaient connu.

Il fut pensionné par les hommes qu'il avait charmés, comme un écrivain, un orateur politique le sont quelquefois par les partis dont ils représentent les opinions. Cette libéralité, qui n'emporte avec elle aucune idée dégradante dans les mœurs anglaises, n'était pas nouvelle. Chatham n'avait-il pas reçu une somme considérable de la vieille duchesse de Marlborough, pour un discours d'opposition, et Burke lui-même, qui n'avait pas la largeur de Chatham et qui faisait du *bombast* en vertu comme en éloquence, n'avait- il pas accepté du ministre, le marquis de Rockingham, une propriété qui le rendit éligible au Parlement ? Ce qui était nouveau, c'était la cause même de cette libéralité. On était reconnaissant au nom d'un plaisir senti comme au nom d'un service rendu, et l'on avait raison ; car le plus grand service à rendre aux sociétés qui s'ennuient, n'est-ce pas de leur donner un peu de plaisir ?

Mais il y eut plus étonnant encore que cet exemple d'une reconnaissance toujours rare. L'ascendant du Dandy n'était pas mort du coup de l'absence ; il survivait à son départ. Les salons de la Grande-Bretagne s'occupèrent autant de Brummell exilé que quand il était là, dictant ses arrêts à ce monde qu'on soumet quand on l'aime, mais qui écrase quand on le fuit. L'attention publique perçait le brouillard, franchissait la mer, et l'atteignait sur l'autre rive dans cette ville étrangère où il s'était réfugié. La fashion fit maint pèlerinage à Calais. On y vit les ducs de Wellington, de Rutland, de Richmond, de Beaufort, de Bedford ; les lords Sefton, Jersey, Willoughby d'Eresby, Craven, Ward et Stuart de Rothsay. Aussi superbe qu'à Londres, Brummell conserva toutes les habitudes de sa vie extérieure. Un jour, lord Westmoreland, passant par Calais, lui manda qu'il serait heureux de lui donner à dîner et que le dîner serait pour trois heures. Le *Beau* répondit qu'il ne mangeait jamais à cette heure-là et refusa Sa Seigneurie. Il vivait, du reste, avec la monotone routine des Anglais oisifs sur le continent, et dans une solitude troublée seulement par les visites de ses compatriotes. Quoiqu'il n'affectât pas de hauteur aristocratique ou misanthropique, sa courtoisie avait si grand air qu'elle n'attirait pas beaucoup les hommes dont le hasard l'avait rapproché ; il restait étranger par le langage[34], et il le restait davantage par les habitudes de son passé. Un Dandy est plus insulaire qu'un Anglais ; car la société de Londres ressemble à une île dans une île, et d'ailleurs il ne faut pas être trop souple pour y paraître distingué. Cependant, malgré sa réserve un peu orgueilleuse[35], il résistait moins aux avances quand on les faisait sous les apparences d'un bon dîner. Son amour de la table, fin comme un goût et exigeant comme une passion, avait toujours été un des côtés les plus développés de son sybaritisme. Cette sensualité, assez commune dans les hommes spirituels, rendait sa vanité moins intraitable ; mais son incomparable aplomb couvrait

---

34) On sait la plaisanterie de Scrope Davies, à laquelle Byron fit l'honneur d'un écho dans un de ses poèmes : « Comme Napoléon en Russie, Brummell, apprenant le français, fut vaincu par les *éléments*. » C'est trop que cela, mais c'est une plaisanterie. Il resta, il est vrai, incorrect et Anglais dans notre langue, comme toutes ces bouches accoutumées à mâcher le caillou saxon et à parler au bord des mers ; mais sa manière de dire, corrigée par l'aristocratie, sinon par la propriété des mots, et ses manières de gentleman irréprochable, donnaient à ce qu'il disait une distinction étrange et étrangère, une originalité sérieuse, quoique piquante, et qui n'existait pas à ses dépens.

35) Les Dandys ne brisent jamais complètement en eux le puritanisme originel. Leur grâce, si grande qu'elle soit, n'a point le *dénoué* de celle de Richelieu ; elle ne va jamais jusqu'à l'oubli de toute réserve. « A Londres, quand on est prévenant, — dit le prince de Ligne, — on passe pour étranger. »

tout. « Qu'est cela qui vous salue, Sefton ? » disait-il à lord Sefton, dans une promenade publique ; et c'était l'honnête provincial chez lequel, lui, Brummell, dînait le jour même, qui le saluait.

Il habita Calais plusieurs années. Sous le vernis de cette vanité toujours en grande tenue, il cacha probablement bien des douleurs. Parmi toutes les autres, il y en eut aussi d'intelligence. En effet, suprêmement homme de conversation, la conversation lui était devenue impossible[36].

---

36) On *parle* plusieurs langues, mais on ne cause que dans une seule. Paris même, pour Brummell n'aurait pas remplacé Londres. D'ailleurs, Paris n'est pas plus le pays de la causerie que toute autre ville maintenant. La conversation y est à. peu près nulle, et Mme de Staël n'aimerait plus guères son *ruisseau de la rue du Bac*. A Paris, on pense trop à l'argent qu'on n'a pas, et l'on se croit trop l'égal de tout le monde, pour bien causer. On ne jette pas plus l'esprit par les fenêtres qu'autre chose. A Londres, les intérêts d'une fortune à faire agitent et dominent beaucoup d'esprits ; mais à une certaine hauteur on trouve une société qui peut penser à mieux que cela. Puis il y a des rangs, un classement (bon ou mauvais, ce n'est pas la question ici), et voilà ce qui fait mousser l'esprit en le comprimant. Dans une pareille société, il faut tant de finesse pour être impertinent et tant de grâce pour que les politesses donnent du plaisir ! Or, les difficultés créent les héros. Mais à Paris, c'est trop facile que la vie de salon ; c'est entrer et sortir. Les écrivains, les artistes, qui devraient ranimer les sensations dans les autres et du moins avoir toujours sur leur esprit la limaille d'or de leurs travaux, sont dans le monde aussi éteints que les gens médiocres. Fatigués de penser ou de faire semblant toute la journée, ils y viennent le soir se délasser à écouter la musique qui les fait lever comme des fakirs, ou à prendre du thé comme des Chinois. Je ne connais qu'une exception...
Brummell vint à Paris ; mais il n'y resta pas. Qu'y eût-il fait ? Il n'avait plus le luxe qui l'aurait rendu charmant, eût-il été bête et laid autant que le prince T... Il n'avait que des manières dont le sens se perd de plus en plus tous les jours. On n'eût rien compris au passé d'un pareil homme : triste impression pour lui, et pour les autres triste spectacle ! Mme Guiccioli en a donné un pareil, et pourtant c'était une femme, et quand il s'agit d'une femme, il y a toujours du sexe et des nerfs dans nos opinions.

Son esprit, qui avait besoin pour s'enflammer de l'étincelle de l'esprit d'autrui, demeurait sans ressource. Rude angoisse que Madame de Staël a sentie ! La pensée qu'il lançait son nom jusqu'à Londres, que les plus pimpants de ce monde qu'il ne hantait plus venaient de temps en temps lui apporter quelque souvenir mêlé d'une curiosité impérissable, ne suffisait plus pour le dédommager de ce qu'il avait perdu. Mais la vanité d'un Dandy, quand elle souffre, est presque de l'orgueil ; elle devient muette comme la honte. Qui a tenu compte de cela à l'homme frivole ? Ne sachant peut-être comment occuper des facultés désormais inutiles, il se jeta dans une correspondance avec la duchesse d'York, pour laquelle il peignit un écran très compliqué et dont il inventa les figures. A Belvoir, à Oatlands, partout, le duc et la duchesse d'York l'avaient comblé ; mais, depuis la trahison de la fortune, la duchesse lui avait montré un sentiment qui jette un reflet de sérieuse tendresse sur cette vie brillante et aride[37]. Brummell ne l'oublia jamais. Il paraît même

---

37) Ce sentiment est singulier. L'amitié n'existe pas entre les femmes (pourquoi la vérité n'est-elle pas toujours originale ?), et un Dandy est femme par certains côtés. Quand il ne l'est plus, il est pis qu'une femme pour les femmes : c'est un de ces monstres chez qui la tête est au-dessus du cœur. Même en amitié, c'est détestable. Il y a dans le Dandysme quelque chose de froid, de sobre, de railleur, et, quoique contenu, d'instantanément mobile, qui doit choquer immensément ces dramatiques machines à larmes pour qui les attendrissements sont encore plus que la tendresse. Dans l'extrême jeunesse, par exemple, l'odieux puritanisme les choque moins. Les jeunes gens très graves plaisent aux très jeunes personnes. Dupes d'une pose et bien souvent d'un embarras qui se guindé pour n'être pas aperçu, elles rêvent la profondeur devant le vide. Avec un Dandy, devant la légèreté de l'esprit elles rêvent cette autre légèreté dont les mères parlent, en pinçant le bec, devant leurs filles. Malgré cela pourtant, — et peut-être à cause de cela, car qui elles ne dominent pas les domine, — elles peuvent très bien aimer d'amour un insupportable

que, sans l'amitié de la duchesse d'York, à laquelle il avait promis de ne point révéler ce qu'il savait de la vie intime du Régent, il aurait écrit des Mémoires et refait ainsi sa fortune ; car les libraires de Londres lui proposèrent des sommes immenses pour prix de ses indiscrétions. Ce silence, très délicat du reste (que la duchesse le lui ait fait garder ou qu'il l'ait gardé lui-même), ne toucha pas beaucoup l'épais égoïsme de Georges IV. Quand il traversa Calais, il est vrai, pour aller visiter son royaume de Hanovre (1821), il laissa, avec la mollesse d'une âme blasée, arranger les choses autour de lui pour une réconciliation ; mais Brummeli ne se prêta qu'à moitié à ces combinaisons officieuses. Comme *la vanité ne nous lâche jamais, même sur la roue*, il ne voulut point demander d'audience au Prince, qui n'était qu'un Dandy fort inférieur à ce qu'il était, lui, à ses propres yeux. Placé sur le passage de Georges, il s'y tint avec une douloureuse contrainte. L'ancien convive de Carlton-House le vit sans l'espèce d'émotion qu'on trouve à revoir un compagnon de sa jeunesse, — ce regret souriant du passé, poésie à l'usage des plus vulgaires. Dans un autre moment, comme on lui offrit une tabatière qu'il reconnut pour avoir fait partie de la fameuse collection de Brummell, il demanda qu'on le lui présentât et fixa l'heure de la réception pour le lendemain. Que serait-il arrivé s'il l'avait vu ? Le *Roi de Calais*, comme on disait de Brummeli, serait-il retourné régner à Londres? Mais le lendemain, des dépêches ayant forcé Georges IV d'avancer l'heure du départ,

---

Dandy ; et, en général, qui ne peut-on aimer d'amour dans la vie ? Mais il ne s'agit ici que d'amitié, c'est-à-dire encore plus d'un choix que d'une sympathie.

Brummell fut parfaitement oublié. Son peu d'empressement avait été au moins égal à l'indifférence du Prince. C'était une faute que cet indolent dégoût de toute avance vis-à-vis du roi d'Angleterre, quand on se place au point de vue de la politique de la vie ; mais, s'il ne l'avait pas commise, il aurait été moins Brummell[38].

Depuis, Georges IV ne reparla jamais du Dandy aperçu à Calais ; il retomba dans l'engourdissement des souvenirs. Brummell ne se plaignit pas ; il garda le ferme et discret silence qui est le bon goût de la fierté. Pourtant, les événements qui suivirent eussent motivé, dans une âme plus faible, bien des récriminations. En très peu de temps, ses ressources d'Angleterre s'épuisèrent ; les dettes vinrent, la misère aussi. Il allait commencer de descendre cet escalier de l'exil dans la pauvreté, dont parle Dante, et au bas duquel il devait trouver la prison, l'aumône et un hôpital de fous pour y mourir, La main qui l'arrêta encore sur les premières marches de cet horrible escalier fut une main royale, la main de Guillaume IV, dont le gouvernement créa une place de consul à Caen et la lui donna. D'abord maigrement rétribué, ce poste finit par ne plus l'être ; il s'effaça sous l'incapacité[39] dédaigneuse de Brummell à

---

38) On pense involontairement aux vers divins (dans le *Sardanapale*) :

> If ....
> .... thou feel'st an inward shrinking from
> This leap through flame into the future, say it :
> *I shall not love thee less; may, perhaps more.*
> *For yielding ta thy nature...*

« Si tu ne peux sans froide horreur songer à te lancer dans l'avenir à travers ces flammes, dis-le : *Je ne t'en aimerai pas moins, oh ! non, et peut-être t'en aimerai-je davantage, pour avoir cédé à ta nature...* »

le remplir[40]. Plus tard même, il lui fut ôté. Les gouvernements qui devraient classer les hommes, quand ils les placent à rebours de leur vocation, croient-ils avoir fait beaucoup pour eux ? Le temps que Brummell passa à Caen fut une des plus longues phases de sa vie. La noblesse de cette ville montra, par l'accueil qu'elle lui fit et la considération dont elle l'entoura, que les ancêtres des Anglais étaient des Normands. Cela put lui adoucir, mais non lui épargner les angoisses qui déchirèrent ses derniers jours. M. Jesse a fait le compte de ces abaissements, de ces douleurs; nous, nous les tairons. Pourquoi les raconter ? C'est du Dandy qu'il est question, de son influence, de sa vie publique, de son rôle social. Qu'importe le reste ? Quand on meurt de faim, on sort des affectations d'une société quelconque, on rentre dans la vie humaine : on cesse d'être Dandy[41]. Laissons cela. Seulement, rendons cette justice à Brummell

---

39) *L'impossibilité* dédaigneuse serait plus juste.

40) Il lui fallait des hommes à séduire, et on lui donna des affaires à régler. Si le caprice, si le bonheur fou de la moitié de sa vie ne l'avaient pas rendu impropre à tout ce qui est fonction et devoirs publics, il y avait peut-être en lui des facultés de diplomate que l'on pouvait utiliser. On dit peut-être ; on n'appuie pas. Lord Palmerston a trop montré ce que le Dandysme peut devenir en politique lorsqu'il est seul. Henri de Marsay est une bien tentante fantaisie ; mais c'est une destinée faite par un poète. On ne dit pas qu'il soit impossible ; mais c'est le moins possible des héros de roman.

41) Cessa-t-il même de l'être jamais ?... Un jour, un Vénitien qui se contentait d'être alors le Casanova de la musique et qui en est devenu le Gustave Planche, — M. P. Scudo, présentement de la *Revue des Deux Mondes*, — donnait à Caen un de ces concerts dans lesquels, comme mime et comme musicien, il dépensait un esprit à camper le tétanos aux imbéciles, si les imbéciles étaient nerveux. Il voulut avoir à sa soirée le Dandy exilé qui était encore une puissance *rue Guillebert*. L'ayant rencontré chez un ami, il l'invita, et tirant de sa poche son paquet de

qu'il le fut aussi avant qu'homme puisse l'être dans la pauvreté et

---

billets (à peu près trois cents), il l'ouvrit comme un jeu de cartes pour lui en offrir quelques-uns, quand, souverainement, et avec la simplicité d'un Dandy à qui le monde appartient, Brummell les prit tous d'un seul geste ! « Il ne les paya jamais, — dit M. Scudo, — mais cela fut admirablement exécuté, et j'eus, pour mon argent, une idée de plus sur l'Angleterre. »

C'est à peu de temps de là que Brummell devint fou, et comme le Dandysme, plus fort que sa raison, avait pénétré l'homme tout entier, sa folie se timbra de Dandysme. Il eut la rage de l'élégance au désespoir. Il n'ôtait plus son chapeau dans la rue quand on le saluait, de peur de déranger sa perruque, et il rendait le salut de la main comme Charles X. Il vivait à l'*Hôtel d'Angleterre*. A certains jours, et au grand étonnement des gens de l'hôtel, il ordonnait qu'on lui préparât son appartement comme pour une fête. Lustres, candélabres, bougies, fleurs en masse, rien n'y manquait, et lui, sous le feu de toutes ces lumières, dans la grande tenue de sa jeunesse, avec l'habit bleu Whig à boutons d'or, le gilet piqué et le pantalon noir, collant comme les chausses du XVIe siècle, se tenant au centre, il attendait... Il attendait l'Angleterre morte ! Tout à coup, et comme s'il se fût dédoublé, il annonçait à pleine voix le prince de Galles, puis lady Connyngham, puis lord Yarmouth, et enfin tous ces hauts personnages d'Angleterre dont il avait été la loi vivante ; et, croyant les voir apparaître à mesure qu'il les appelait, et changeant de voix, il allait les recevoir à la porte, ouverte à deux battants, de ce salon vide, par laquelle ne devait, hélas ! passer personne, ce soir-là ni les autres soirs. et il les saluait, ces chimères de sa pensée, il offrait le bras aux tommes, parmi tous ces fantômes qu'il venait d'évoquer, et qui, certes ! pour revenir à ce raout du Dandy déchu n'auraient pas voulu quitter un seul instant leurs tombes. Cela durait longtemps... Enfin, quand tout était plein de ces fantômes, quand tout ce monde de l'autre monde était arrivé, voilà que la raison arrivait aussi et que le malheureux s'apercevait de son illusion et de sa démence ! et c'est alors qu'il tombait accablé dans un de ces fauteuils solitaires, et qu'on l'y surprenait fondant en pleurs.

Mais, au Bon-Sauveur, ses folies turent moins touchantes. Le mal empira et prit un caractère de dégradation qui sembla une revanche de l'élégance de sa vie. Impossible de rien raconter... Affreuse ironie du terrible Railleur caché au fond des choses, qui finit par avoir son tour dans la vie légère de ceux qui ont le plus raillé ! Le pavillon du Bon-Sauveur fit payer à Brummell le pavillon de Brighton. Il aura passé entre ces deux pavillons.

dans la faim. La faculté qui chez lui dominait resta longtemps debout sur les ruines de sa vie. Les autres, qui n'existaient que pour soutenir celle-là en s'harmonisant avec elle, ne purent rien pour sa gloire et pas grand'chose pour son bonheur. Ainsi, il était poète. Il avait juste en lui le degré d'imagination nécessaire à un homme dont la vocation est de plaire ; mais ce qu'il a laissé de poésies, remarquable pour un Dandy, n'illustrerait pas un écrivain[42]. Nous n'avons donc point à nous en occuper. Dans cette étude d'un homme si spécial à sa manière, tout ce qui n'est pas la vocation même, le doigt de Dieu sur l'intelligence, doit être laissé à l'écart.

XII

On sait maintenant quelle fut cette vocation et comme il la remplit. Il était né pour régner par des facultés trèspositives, quoique Montesquieu un jour, dépité, les ait appelées le *je ne sais quoi*, au lieu de montrer ce qu'elles sont. Ce fut par là qu'il prima son époque. Comme l'aurait dit le prince de Ligne : « Il fut roi par la grâce de la Grâce » ; mais à la condition qui pèse sur nous tous, chercheurs d'influence, d'accepter de son temps les préjugés et même jusqu'à un certain point les vices. Aveu triste à faire pour

42) M. Jesse, que désormais il faudra toujours nommer quand il s'agira de Brummell, a cité dans son livre des vers du célèbre Dandy. Brummell les avait .écrits sur un très bel album où Sheridan, Byron, Erskine même, avaient écrit les leurs. Ce ne sont point des vers d'album, quelques lignes tracées à la hâte, mais des pièces assez étendues et d'un certain souffle d'inspiration.

les chastes amis du vrai en toutes choses : si sa grâce avait été plus sincère, elle n'aurait pas été si puissante; elle n'eût pas séduit et captivé une société sans naturel. A quel degré de civilisation raffinée, de corruption secrête, la société anglaise est-elle, en effet, arrivée, pour que ce soit un mot profond et juste que celui-ci, dit à propos d'un Dandy comme Brummell : *Il déplaisait trop généralement pour ne pas être recherché*[43] ? Ne reconnaît-on pas là le besoin d'être battues qui prend quelquefois les femmes puissantes et débauchées ? Est-ce que la grâce simple, naïve, spontanée, serait un stimulant assez fort pour remuer ce monde épuisé de sensations et garrotté par des préjugés de toute sorte ? Si l'on restait parfaitement soi dans un tel milieu, que serait-on ? à peine aperçu par quelques âmes d'élite, restées saines et grandes[44] : public, hélas ! bien incertain. Or on est vaniteux, on veut l'approbation des autres ; mouvement charmant du cœur humain que l'on a trop calomnié. C'est toute l'explication peut-être des aflfectations du Dandysme. Il ne serait donc, en définitive, que la grâce qui se fausse pour être mieux sentie dans une société fausse[45], et dans ce

---

43) Bulwer, dans *Pelham*.

44) Comme cette miss Cornel, par exemple, cette actrice que Stendhal a tant vantée. Mais pour s'apercevoir de la grandeur simple de cette âme, rare comme un diamant noir à Londres, il fallait Stendhal, c'est-à-dire un homme spirituellement positif jusqu'au machiavélisme, mais qui aimait le naturel comme certains empereurs romains aimaient l'impossible.

45) A laquelle manque l'instinct des beaux-arts ; car il lui manque. Les noms de Lawrence, de Rommey, de Reynolds et de quelques autres, n'éclairent que mieux cette indigence. Le peuple romain n'était pas artiste parce qu'il avait des joueurs de flûte. L'art n'existe que littérairement en Angleterre. Michel-Ange, c'est Shakespeare. Comme tout est singulier dans ce pays original, le meilleur sculpteur qu'il ait produit était une

sens que le naturel bien compromis, il est vrai, mais impérissable.

On l'a dit au commencement de cet écrit : le jour où la société qui produit le Dandysme se transformera, il n'y aura plus de Dandysme ; et comme déjà, malgré son attache à ses vieilles mœurs qui ressemble à un fatal esclavage, l'aristocratique et protestante Angleterre s'est fort modifiée depuis vingt ans, il n'est guères plus que la tradition d'un jour. Qui l'aurait cru, ou plutôt qui aurait pu ne pas le prévoir ? Cette modification s'est produite dans le sens d'une pente invariable. Victime de sa vie historique, l'Angleterre, après avoir fait un pas vers l'avenir, revient s'asseoir dans son passé. Si haut qu'elle cingle sur la mer du temps, elle ne brise jamais entièrement — comme le *Corsaire* de son plus grand poète — la chaîne qui l'attache au rivage. Pour elle, qui retient tout, qui garde tout, *marble to retain*, l'habitude asservit d'étrange sorte. Pour elle, la septième peau du serpent ressemble toujours à la première qu'il a dépouillée. On croit un instant la trace de ce qui n'est plus évanouie, on écrit sur ce palimpseste, et il ne faut qu'une circonstance pour que ce qu'on croyait effacé reparaisse, lisible, ferme, éclatant. Aujourd'hui, le Puritanisme, auquel le Dandysme, avec les flèches de sa légère moquerie, a fait une guerre de Parthe, — en le fuyant plutôt qu'en l'attaquant de front, — le Puritanisme blessé se relève et panse ses blessures. Après

---

femme, lady Hamilton, digne d'être Italienne, et qui sculptait par la pose, dans le marbre du plus beau corps qui ait jamais palpité. Statuaire étrange qui était aussi la statue, et dont les chefs-d'œuvre sont morts avec elle ; gloire viagère qui n'a pas plus duré que les frémissements de la vie et l'ardente émotion de quelques jours ! C'est encore une page à écrire ; mais où prendre la plume de Diderot pour la tracer ?

Byron, après Brummell, — ces deux railleurs d'un ordre si différent, mais d'une influence peut-être égale, — qui n'aurait pas cru sur le flanc la vieille moralité anglicane ? Eh bien, non ! elle n'y est pas. Le *cant* indéfectible, immortel, a vaincu encore. L'aimable fantaisie n'a qu'à jeter son sang d'essence de roses vers le ciel. Elle succombe sous l'opiniâtre nature de ce peuple indomptablement coutumier, l'absence de ces grands écrivains qui électrisent les imaginations et leur communiquent toutes les audaces[46)], et enfin l'influence sur la haute société d'une reine qui a l'affectation de l'amour conjugal, comme Elisabeth avec celle de la virginité. Quelles meilleures sources d'hypocrisie et de spleen ? Le Méthodisme, qui était passé des mœurs dans la politique, repasse, à l'heure qu'il est, de la politique dans les mœurs. Un poète, un homme de race, qui tient de sa naissance le très facile courage d'avoir une opinion indépendante, comme il pourrait attendre de son talent une inspiration vraie, lord John Manners, ne vient-il pas de publier un volume de poésies en l'honneur de l'Église établie d'Angleterre ? Shelley, l'athée, n'aurait plus même la sécurité de l'exil. Le libéralisme d'idées, qui avait lui comme un rayon de l'intelligence de ses plus grands hiommes sur ce pays de pharisaïsme hautain, de la convenance glacée et menteuse, n'a brillé qu'un moment rapide, et la momie du sentiment religieux, le formalisme, y règne toujours du fond de son sépulcre blanchi. Tout est fini, tout est mort de cette belle

---

46) Cette absence d'écrivains n'est pas complète, puisqu'il y a Th. Carlyle ; mais quel dommage qu'il préfère souvent le sédatif éther du spiritualisme allemand à ce caviar aiguisé et aimé des Anglais, qui donne des sensations si nettes !

société dont Brummell fut l'idole, parce qu'il en était l'expression dans les choses du monde, dans les relations de pur agrément. De Dandy comme Brummell on n'en verra plus ; mais des hommes comme lui, et même en Angleterre, quelque livrée que le monde leur mette, on peut affirmer qu'il y en aura toujours. Ils attestent la magnifique variété de l'œuvre divine : ils sont éternels comme le caprice. L'humanité a autant besoin d'eux et de leur attrait que de ses plus imposants héros, de ses grandeurs les plus austères. Ils donnent à des créatures intelligentes le plaisir auquel elles ont droit. Ils entrent dans le bonheur des sociétés comme d'autres hommes font partie de leur moralité. Natures doubles et multiples, d'un sexe intellectuel indécis, où la grâce est plus grâce encore dans la force et où la force se retrouve encore dans la grâce, Androgynes de l'Histoire, non plus de la Fable, et dont Alcibiade fut le plus beau type chez la plus belle des nations.

〈해제〉

우아하게 사는 법 그리고 댄디즘에 대하여

삶의 매뉴얼을 다루고 있는 21세기의 책들 중에서 가장 많이 등장하는 제목은 무엇일까? 바로 '웰-빙'이라는 용어가 포획하고 있는 주제들 중의 하나인 "잘 먹고 오래 사는 법"이다. 하지만 우리는 잘살든지 못살든지, 오래 살든지 짧게 살든지, 살아가면서 우아함이란 것에 이따금씩 마음이 끌리는 때가 있게 된다. 우아함이 단순히 인간의 이러저러한 모습을 가리키기 보다는 삶의 방식들과 연결될 때 더욱 그렇다.

발자크는 1830년 『라 모드*La Mode*』의 청탁을 받아 '정신적 귀족주의'를 정치하게 개진한 『우아하게 사는 법*Traité de la vie élégante*』을 집필한다. 당시 프랑스 사회는 프랑스 혁명과 복고왕정의 시대를 거치면서 부르주아지, 전문직 종사자들, 관료들과 부농들이 프랑스 사회의 중추를 형성하고 있었고, 이들 '새로운' 귀족 계급은 이전의 상류 생활의 세련미를 복원하고 유행과 패션을 통해 자신들의 사회적·정신적 세계의 차별성을 드러내고자 했다.

발자크의 글이 발표되던 시기인 1830년을 전후해서 프랑스에는 '규범'(Codes), '매뉴얼'(Manuels), '기술'(Art de), 특정 계급의 생태를 묘사하거나 분석한 '생리학'(Physiologies) 등의 제목을 단 많은 소책자들이 출간되었다.[1)] 넥타이나 장갑, 옷차림의 방법, 상류 사회의 유행 등을 주로 다루고 있는 이 책들에는 '새로운' 세계의 출현 앞에서 나름대로의 삶의 양태를 정립코자 하는 부르주아들의 의식이 반영되어 있다.

프랑스 혁명을 통해 구체제(Ancien Régime)의 신분 사회는 붕괴되고, 계급 간의 경계나 각 계급에 부여되었던 권리들도 사라져버린다. 하지만 시민들의 권리를 일신한 나폴레옹 법전의 적용에도 불구하고 당대의 사회는 과도기적인 혼란을 겪는다. 이는 오래된 가치들의 파괴를 정당화 시킬 수 있는 새로운 가치 체계가 구체적으로 드러나지 않았음을 의미한다. 세상은 여전히 '미숙한' 상태, 즉 정신이 현실보다 훨씬 느리게 움직였던 것이다. 귀족들은 계급, 대립, 구분, 서열 등의 의미들 속에 포획되어 있는 기득권적인 향수를 버리지 못하고 있었다. 점점 더 세력이 강화되었던 부르주아 계급 또한 그러한 기득권적인 향수에 경도된다. 그리고 그들은 구체제 귀족들의 특권 중 일부를 자신들에게 유리하도록 복원하고자 한다.

끊임없이 빠르게 변화되는 현실은 과거의 고정관념들을 깨트린다. 하지만 그러한 현실은 사람들을 또한 더 이상 설명할 수 없는 불확실성 속으로 빠트린다. 19세기는 특히 새로운 시민계급을 중심으로 현실의 다양한 면모와 변화들에 대해 개인적으로 적응할 필요가 있다는 생각이 발전하기 시작한다.

19세기에 발간되었던 '규범'이나 '매뉴얼' 등의 기능은 바로 이러한

---

1) 대표적인 것으로는 다음과 같은 것들이 있다. Emile Marco de Saint-Hilaire, *L'Art de mettre sa cravate*(1827) ; Horace Raisson, *Code de la Toilette*(1828) ; Eugène Ronteix, *Manuel du Fashionable, ou Guide de l'élégant*(1829) ; Mme Celnart, *Manuel des dames, ou l'Art de l'élégance*(1833) ; Georges Guénot-Lecointe, *Physiologie du gant*(1841).

적응을 수월하게 해주는데 있었다. 삶에서 부딪치는 문제들을 개인적인 차원에서 어떻게 조화롭게 해결해야 할 것이라든지, 한 분야에서 성공하기 위해 가장 직접적이고 구체적인 길을 제시하는 것과 같은 목적을 지닌 '생활 법전'의 모습을 띄었다. 이러한 책들이 끊임없이 출간되고 성공을 거두었다는 점은 그것들이 당시의 사람들에게 매우 필요했다는 사실, 즉 새로운 시민 계급이 세상의 빠른 변화를 방관하거나 현실에 안주하지 않으려 했다는 것을 포괄적으로 의미한다. 그러한 책들은 또한 개인의 이해와 야심이 점차 극대화되는 시대에 타인들을 능가할 수 있는 책략을 제시하는 역할을 하였다. 자신이 속해있는 지금 이곳의 사회가 불만족스러운 자들은 세계가 아니라 먼저 자신의 변화를 모색하면서 일종의 구원의 길을 모색하였다. 그리고 이들이 필요로 했던 '매뉴얼'과 '규범'은 대개 과학적인, 혹은 진지한 형식과 내용들을 표방하였다. 하지만 우리는 그 곳에서 희화적(戱畵的)이고 '규범'을 훼손하는 재현들이 빈번했다는 사실을 간과하지 말아야하겠다.

1830년대 프랑스 사회의 징후들을 보여주고, 새로운 세계의 등장 앞에서 실천의 사례들을 제시했던 당대의 책들과 비교해서 발자크의 『우아하게 사는 법』은 어떤 독창적인 시각을 담고 있는가? 유행과 패션에 관한 논의를 통해 발자크가 이야기하고자 한바는 무엇인가? 우리는 이러한 질문을 던지고 답을 찾아가는 과정을 통해 19세기 프랑스 사회를 향한 발자크의 현실적이고 실천적인 고민들을 읽어낼 수 있을 것이다. 그러한 고민들은 또한 발자크가 19세기적인 우아함이라고 명명한 것, 이를테면 "사물에 시(詩)를 부여하는 질서와 조화에 대한 고상한 생각"으로 오늘날의 물질주의 시대를 되돌아보는 단초를 제시하기도 할 것이다.

* * *

발자크의 『우아하게 사는 법』은 총 4부로 구성되어 있다. 제1부("총론")에서 발자크는 우선 프랑스 사회를 삶의 방식에 따라 세 가지로 나눈다. 그리고 1789년 프랑스 혁명 이후 발생한 역사적 사건들에 비추어 우아함의 기본적인 조건들을 고찰한다. 발자크는 자신의 논의를 아포리즘이나 약간 길게 변형한 금언(金言) 등의 형식을 이용해 소개하면서, 연구의 대상이나 성격, 범위 따위를 명확하게 한다. 제2부("일반 원리들")에서는 우아한 삶의 일반 원리들을 다루고 있다. 여기에서 발자크는 우아함의 가장 중요한 요소라고 생각되는 것들을 간략하게 설명한다. 제3부("개인에게서 직접적으로 유래하는 것들")에서는 남성과 여성의 옷차림, 향수, 목욕, 머리 모양에 대해 언급한다. 마지막으로 제4부에서는 살림, 가구, 식사, 말(馬), 하인, 마차 등에 대한 내용을 포함할 예정이었지만, 이 부분을 완성하지는 못했다.

프롤레고멘느(Prolégomènes, 서론)라고 명명한 제1부 제1장에서 발자크는 프랑스 사회를 거의 '동물학적'인 방법에 따라 세 가지로 분류한다. 그러면서 우아한 삶과 각각의 존재 방식을 지닌 다른 삶의 형태를 대립시킨다. 그가 보기에 근대 문명은 "일하는 인간, 생각하는 인간, 아무것도 하지 않는 인간"이라는 세 가지 유형의 인간을 만들어 냈고, 거기에서 "분주한 삶, 예술가의 삶, 우아한 삶"이란 세 개의 존재 방식이 생겨났다.

'일하는 인간'(l'homme qui travaille)의 가장 낮은 층위에는 노동자가 있다. 그들은 "외바퀴 손수레, 삽, 곡괭이와 별반 다를 바가 없다". 그리고 그들은 "개인적인 것이라곤" 아무것도 가지지 못한다. 그들은 "해와 더불어 자고, 해와 더불어 일어나며", 늘 같은 일을 반복한다. 그들에게는 "싸구려 시트"와 "먼저 발견하는 사람이 임자인 누더기 옷들"이 제공된다.

노동자보다 약간 높은 층위에는 소매상인, 하급 장교, 하급 관료들이 있다. 그들은 노동자들보다 조금 나은 삶을 살고 있지만, "그들의 삶 또한 저속한 특징을 보인다". 발자크는 냉정하게 그들을 비판한다. 그들은 완전한 권리를 가진 인격체가 아니라 단지 "피조물(créatures)"에 불과하다고 말한다.

"완전히 제로도 아니고, 완전히 숫자도 아닌 이 피조물들은, 아마도 소수점 이하의 숫자들이라고 해야 할 것이다."

사회적 사다리를 몇 계단 더 올라가면, 의사, 사제, 변호사, 도매상인 등을 발견할 수 있다. 그들은 단지 표면적으로만 우아한 존재들일 뿐인데, 그들의 생각과 삶이 "자유롭지도 않고 폭넓게 풍요롭지도 않으며", 늘 요동치기 때문이다. 휴식을 취할 나이가 되었을 때, 그들은 이미 유행에 대한 감각을 잊어버린 상태에 놓인다. 그들의 "우아한 시절은 감쪽같이 사라져 버리고 만다". 그들은 언제나 분장(粉牆)한 존재처럼 나타난다. 왜냐하면 그들이 부리는 "사치는 (언제나 그렇듯이) 일종의 저축과 같은 성격을 띠기" 때문이다.

'일하는 인간'으로 표상되는 첫 번째 계급은, 경제성과 효율성의 요구에 짓눌려 우아함의 요구를 알지 못한다. 발자크는 열 손가락으로 일하는 사람들에게 우아한 삶은 영원히 금지되어 있다고 말한다. 그가 보기에 우아한 삶이란 활동의 정지 또는 "휴식을 부추기는 기술"이다.

"우아해지기 위해서는 일을 하지 않고 휴식을 즐길 줄 알아야 한다. 달리 말하자면, 복권에 당첨되거나, 백만장자의 아들이거나, 왕족이거나, 한직에 있거나, 부정(不正)하게 겸직을 하거나 해야 한다."

우리는 여기서 우아한 삶의 조건들 속에 돈이 중요한 자리를 차지하고 있음을 알게 된다. 돈을 많이 가지고 있지 않거나 또는 "돈을 아끼면서 우아한 삶을 살기 원하는 자들은 종국에는 우스꽝스러운 존재가 되고 만다". 우아함은 많은 돈, 물 쓰듯 쓸 수 있을 만큼의 풍족한 재산을 요구한다. 왜냐하면 "아끼려는 모습은 어떤 것이든 우아하지 못하기" 때문이다.

절약이란 '예술가의 삶'(la vie d'artiste)에서 있을 수 없는 것이다. 때로 가난하기도 하고 때로 부유하기도 하지만, 예술가는 자신의 재능이 그에게 부과한 법칙 이외의 어떤 다른 법칙도 따르지 않는다. 그는 길들일 수 없는 존재이다. 일하는 자와 아무것도 하지 않는 자 사이에서 "예술가는 예외적인 존재이다. 아무 일도 하지 않는 것이 그의 일이며, 그의 일은 휴식하는 것이다".

예술가의 다른 이름이기도 한 '생각하는 인간'(l'homme qui pense)으로 표상되는 두 번째 계급은 우아함을 알고는 있지만 그것을 현실이 아니라 꿈이나 상상력을 통해 경험한다. 그는 현실을 변화시키고 유행을 주도하며 사람들의 주의를 끈다. 그러나 한편으로 자신만의 우아함, 주변적이고 고독한 우아함을 가짐으로써 우아함의 일반 법칙에서 벗어난다.

'아무것도 하지 않는 인간'(l'homme qui ne fait rien)으로 표상되는 세 번째 계급만이 우아함의 사치를 스스로 허용할 수 있다. 그들이 살고 있는 '우아한 삶'(la vie élégante)은 예술가의 삶과 마찬가지로, 무엇보다 기품(grâce)과 취향(goût)의 미학적 특질을 기본적으로 필요로 한다. 이러한 특질들은 우아한 삶을 "외적이고 물질적인 삶의 완성"이 되게끔 만든다. 우아한 삶은 귀족들이 본래부터 가지고 있었던 도덕적 특질들과 연결되어 있다. 그것은 "귀족의 고결함을 사물들 속으로 옮긴 것이다".

우아한 삶은 많은 재산이 없이는, 심지어 재산에 대한 열정 없이는 발휘될 수 없다. 그것은 "고통스럽고 모욕적인 계층에 속하지 않겠다는 욕망"에서 비롯된다. 따라서 우아한 삶은 필연적으로 "과도하게 이기심을 발전시키고 허영심을 낳는다". 우리는 여기서 미래의 발자크 소설 속에 등장할 많은 인물의 특질을 미리 살펴볼 수 있다. 그들, 우아한 인간들은 기품 있는 태도와 차별화된 복식(服飾)으로 사회에 대해 자신의 힘을 과시한 인물들이 아닌가?

『우아하게 사는 법』에는 때때로 지나칠 정도로 우아한 삶에 대한 찬양이 담겨 있다. 하지만 그 찬양들 사이에, 후에 발자크가 진행할 19세기 프랑스 사회의 구조에 대한 비판이 배치되어 있음을 엿볼 수 있다. 발자크가 『우아하게 사는 법』을 위해 채택한 형식이 바로 그 점을 드러내고 있다. 앞서 우리가 살펴본 것처럼, 우아한 삶에 대한 발자크의 '개론'(traité)은 아포리즘과 약간 길게 변형한 금언(金言)들로 구성되어 있다. 발자크는 '우아한 삶'이라는 주제를 19세기의 정치사 · 경제사 · 사회사와 연결하여 다루고 있으며, 동물학자의 방법에서 영감을 얻은 박물학적 도식에 따라 인간을 분류하고 있다.

재산과 지적 능력을 기준으로 분류된 인간 계층들에는 자신의 "운명 전부를 포기하고" "신에게 자신의 불행한 운명에 대한 설명을 요구해서는 안 되는" 노동자도 있고, 무위도식할 수 있는 지적이고 물질적인 수단을 가지면서 또한 그것을 주장할 권리를 가지고 있는 '한가한 자'(oisif)도 있다. 사뭇 도식적인 이런 분류에 대해 발자크는 매우 신중한 의견을 내놓는다. 그는 자신이 여기에 대해 전적으로 동의하는 것은 아니며, 단지 사회 현실을 서글프게 재현할 뿐이라고 말한다.

"어느 철학자는, 사회 집단에 대한 이 슬픈 분석을 마치면서, 마치 뱀을 만나기라도 한 양 몸을 피하며 서로의 곁을 지나치게 하는 수많은 편견들에 상당한 혐오감을 느껴, 다음과 같이 중얼거리지 않을 수 없다. '나는 어떤 나라를 내 임의대로 지어낸 것이 아니라, 있는 그대로를 받아들였을 뿐이다....'"

발자크는 명료하고 엄중한 관찰을 통해 모든 사회에는 부유한 자와 가난한 자 사이에 영원한 투쟁이 존재한다는 사실을 씁쓸하게 확인한다. 그리하여 발자크는 인간의 운명을 순수한 자유로운 선택이 아니라, 영원히 변치 않는 상황의 숙명적인 산물로 상정한다. 여기서 우리는 발자크가 왜 인간 사회의 분류에 동물학의 방법을 받아들였는지 이해하게 된다. 또한 『우아하게 사는 법』을 아포리즘이나 금언으로 구성한 이유도 짐작하게 된다.

발자크는 우아한 삶의 일반적인 성격들을 아포리즘이나 금언(金言) 등의 형태로 소개하고 있는데, 이러한 표현 형식은 인간 사회의 경직된 구조를 각각의 블록으로 나누어 분석할 수 있게 하고, 인류 자체를 고정되고 정지된 것으로 묘사할 수 있게 한다.

* * *

그럼에도 불구하고, 이러한 계층화되거나 서열화된 사회의 이미지, '하나의 확약'에 의해 대립된 부유한 자와 가난한 자의 변하지 않던 구조는 프랑스 혁명 이후에 발생한 정치·사회적 대혼란에 의해 흔들리지 않았는가? 19세기는 '닫힌' 사회에 변화를 불어넣어 줄 수 있는 사회적 신분 상승의 가능성이나 희망을 사람들에게 부여하지 않았던가? 발자크는 '우아한 삶'이라는 주제를 통해 이 질문들에 대한 답을 모색한다.

분주한 삶(la vie occupée)과 우아한 삶(la vie élégante) 사이의 대립은 획일성(uniformité)과 구별(distinction) 사이의 대립이다. 분주한 삶 속의 일하는 인간은 분리되지 않는 사슬 고리 하나에 불과하다. 그는 개인으로서 존재하지 않는다. 전체에 속해 있는 하나의 요소일 뿐이다.

"노동으로 재편된 인간은 모두 동일한 형태로 생산되며, 개인적인 것을 아무것도 가지지 않는다. [...] 농부, 석공, 군인은 어떤 동일한 덩어리들의 획일적인 조각들이다."

그런 의미에서 구성원들이 서로 비슷하고, 또 서로에게 아무것도 숨기지 않는 이상주의적이고 평등주의적인 도시(국가)를 건설하고자 했던 이론과 사상들은 '우아한 삶'을 완전히 배제하고 있다. 발자크는 페늘롱(Fénelon)이 『텔레마크*Télémaque*』에서 우아한 삶을 비판했고, 생시몽(Saint-Simon)도 "우아한 삶이란 한 사회가 걸릴 수 있는 가장 큰 질병이다"라고 말했다고 전하고 있다.

우리는 여기에다가 다음과 같은 사실을 덧붙일 수 있을 것이다. 플라톤의 『국가*La République*』, 토마스 모어의 『유토피아*L'Utopie*』, 캄파넬라의 『태양의 도시*La Cité du Soleil*』와 같은 이상적 사회를 건설하고자 한 계획 속에는 인간들 사이의 완전한 평등이 언급되어 있다는 것이다. 발자크의 논리에 따르자면 그것은 정신의 획일성과 의복의 획일성을 초래하며, 따라서 우아함의 모든 가능성을 배제한다. 모든 사람들이 거의 같은 옷을 입었던 마오쩌둥 시대의 중국인들의 모습은 발자크의 사유를 보충해주는 예가 될 수 있을 것이다.

의복은 사회적 구별의 표시이다. 따라서 우아한 삶이 태동하고 발전할 수 있는 곳은 바로 계층화되고, 개인주의와 구별에 대한 관심이 분명하게 드러나 있는 사회이다. 그렇다면 구별이란 무엇인가? 그것은 19세기에 성격이나 기준이 변하지 않았는가?

프랑스 구체제(앙시앵 레짐) 하에서는 귀족들만이 태어날 때부터 주어진 특권에 의해 구분될 수 있었다. 수공업에 종사하는 것 말고는 선천적으로 부여된 귀족들의 권리와 특권을 잃어버리게 하는 것은 아무것도 없었다.

"귀족은 빚을 질 수 있고, 술집에서 살 수도 있고, 읽지 못하거나 말하지 못하거나, 무식하거나 바보 같거나, 혈통을 더럽히거나, 어리석은 말을 할 수도 있다. 하지만 그는 귀족으로 남을 것이다."

프랑스 혁명은 평등이란 이름으로 이러한 구별을 없애려고 했다. 그러나 귀족 계급의 특권을 없앤 후에 혁명은 그것을 다른 인간들에게 넘겨주었다. 결과적으로 혁명은 아무것도 바꾸지 못했다. 왜냐하면 "사회는 재정립되었고, 남작과 백작 등의 귀족 칭호가 다시 붙여졌으며, 새로운 리본으로 장식되었기" 때문이다.

다른 한편으로 혁명은 구별 기준을 변화시켰다. 발자크는 다음과 같이 덧붙인다. 1804년, 즉 프랑스 혁명이 끝나고 제1제정이 시작된 때부터 '구별'에 대한 관심이 생겨나기 시작했다. 사람들은 이전에는 구별되는 것에 몰두하지 않았다. 왜냐하면 구별은 태어날 때부터 있는 것이며 일종의 운명에 의해 결정되는 것으로 생각했기 때문이다. 그러나 이제부터 저마다 자신의 동료들을 바라보면서 "나는 저들보다 위에 있고, 나는 저들에게 부를 뽐내고, 저들을 보호하며, 저들을 지배한다."라고 말하기를 좋아하게 된다. 바로 그런 방법으로 사람들은 타인과 '다르게'(autrement) 살아가는 것이다.

혁명으로 프랑스 사회의 계급적 구별은 사라졌다. 귀족 계급과 대(大)부르주아지 사이의 차이도 더 이상 존재하지 않게 되었다. 구체제의 귀족들이 신봉했던 또는 기대었던 전통적 가치들은 이미 그 효력을 상실하였다. 그들이 근대 세계와 단절됨으로써 새로운 분류, 새로운 신분(rang), "운명적으로 선택된" 새로운 집단을 만들어내는 것이 필요했다. 새로이 프랑스 사회를 지배하게 된 (상층) 부르주아들이 이러한 이상적 집단을 구성할 수 있기 때문에 그것은 더욱 중요해졌다.

새로운 형태의 구별(distinction)을 만들어내야 했다. 바로 그것이 '우아함'(élégance)이다. 그리고 우아함은 혁명 이후의 사회에서 점점 더 구별의 본질적이고 가시적인 기준이 된다. 우아한 삶은 한편으로 출생으로 인한 예전의 특권이 사라졌음을 가정한다는 의미에서, 다른 한편으로 '열린 사회'(société ouverte)에서 천박한 삶으로부터 벗어나고자 하는 모든 사람들에게 변화 가능성이 표면적으로 주어졌다는 의미에서, 혁명으로부터 태어났다고 할 수 있다. 하지만 우아한 삶에 도달하기는 쉽지 않아 보인다. 까다로운 조건 때문에 우아한 삶은 특정 집단만이 누릴 수 있는, 그리하여 새로운 종류의 사회적 불평등의 표시가 될 것이다.

19세기 초에 나타난 새로운 형태의 '야심'(ambition)과 '구별'에 대해 구체적으로 언급한 작가가 발자크만은 아니다. 많은 작가들이 그것을 하나의 '질병'으로 간주하면서 도덕적 판단과 함께 드러난 다양한 양상들을 기록하였다. 하지만 그들 대부분은 그것을 표면적인 발현 차원에서만 파악했을 뿐 새로운 사회 상태의 징후로 파악하지는 못했다.

주이(E. de Jouy)가 『거침없이 말하는 자 기욤*Guillaume le franc-parleur*』에서 '야심'에 대해 쓴 부분을 살펴보도록 하자.

"거의 일반적인 질병, 전염병의 실제적인 모든 성격을 다 가지고 있는 질병, 그것이 바로 야심의 열병이다. 그것은 매일 새롭게 퍼져나가며, 점점 사회의 모든 계층에 확대되어 간다. 몇몇 개인들에게 이 열병은 정신착란을 동반할 만큼 악화된다. 발작(發作) 시간 동안 환자는 귀족 가문의 문장(紋章)이나 리본, 십자가나 휘장 따위의 리본 등만을 꿈꾸게 된다. 이 질병의 절정에 음모, 아첨, 비열함이 있다."

1824년에 발표한 『자유로운 은둔자*Hermites en liberté*』란 책에서도 주이(Jouy)는 작위나 칭호를 통해 다른 사람들과 구별되고자 하는 세태를 고발한다. “구별이나 명예 칭호, 훈장 등에 대해 오늘날처럼 탐욕스레 갈구했던 시대는 결단코 없었다. 그리고 이들 구별이나 칭호, 훈장들이 이렇게 가치 없었던 때도 일찍이 없었다. 왕정 시대의 귀족을 부활하고 제정 시대의 귀족을 유지시키고자 하는 열망이 프랑스를 직함이나 칭호를 가진 사람들로 뒤덮었다.” 그리고 젊은이들조차 이러한 ‘구별’에 대한 탐욕적 추구에 희생되었다고 한탄한 다음 작가는 다음과 같은 도덕적 설명을 제시한다.

“이처럼 사회 속에 있는 모든 것은 꾸며낸 것이다. 사람들은 가식적인 사고방식에 열광한다. 어떤 것에 대해서도 확실성이 없다. 신중함, 정직함, 자신감은 망상에 불과하다. 그리고 사람들이 외적인 장식에 그토록 집착하는 이유는 바로 지켜야 할 실질적인 가치가 더 이상 없기 때문이다.”

사람들이 이처럼 가식적이고 피상적인 명예욕에 강박적으로 매달리는 이유는 도덕적 가치의 위기, 개인적 도덕심의 약화 때문이다. 사회·정치적 관점에서 볼 때 그런 상황을 초래한 것은 프랑스 혁명과 혁명에 뒤이은 커다란 변화이다.

“사회의 이러한 도덕적 상태는 정치적 혼란, 계속되는 혁명, 갑작스런 권력 교체, 불안정한 법, 무기력한 제도의 필연적인 결과이다.”

주이(E. de Jouy)와 달리 발자크는 프랑스 사회의 이런 상황을 직접적으로 비판하지 않는다. 그는 거기에서 오히려 역사의 법칙이 얼마나 단호하게 나타났는지 보인다. 그리고 단순히 현상을 파악하는 것이 아니라 프랑스 사회 전반에 대한 분석을 내놓는다. 그는 이런 분석을 토대로 자신의 소설들을 구상하게 된다. 발자크가 보기에 현재의 사회는 "돈, 권력, 재능의 3중의 특권 계급"으로 우스꽝스럽고 타락했던 예전의 봉건 제도를 대체해 버렸다. 3중의 특권 계급은 대중들에게 "은행의 귀족화와, 재능 있는 자들의 목표 달성에 디딤돌이 되는 '신문과 법정'의 정치화 및 상업화를 강요한다." 이제 귀족 계급만으로는 더 이상 충분하지 않다. 새로운 왕자들, 부유한 자와 재능 있는 자들이 귀족 계급과 같은 권리를 가진다. 그리고 부(富)와 재능 또는 권력은 장차 우아한 삶을 구분하는 매우 중요한 기준이 될 것이다.

"예의범절과 태도의 우아함, 뭐라 말할 수 없는 것이 한가한 자와 분주한 자를 구별 짓는 유일한 장애물이 될 것이다."

발자크가 타인과 다르고자 하는 욕망에서 보편적인 필요성, "마음의 욕구, 일종의 갈증"을 보고자 한 것은 분명하다. 그러나 발자크는 인간의 이런 욕망이 영속적인 것임을 전적으로 인정하면서도 그것이 19세기에는 특이한 구성 요소를 가지고 있음을 잊지 않고 지적한다.

우선 돈(argent)을 들 수 있다. 발자크는 다음과 같이 선언한다. "우리는 부유한 자들의 민주주의 시대에 살고 있다". 이 말을 통해 그는 "기만적이고 정치적인 평등"을 규탄한다. 발자크는 1830년 7월 이후 혁명에 대한 환상이 깨지면서 자신의 입장을 더욱 공고히 한다. 그는 새로운 체제가 프랑스 사회를 전혀 변화시키지 못할 것이며, 심지어는 돈의 지배를 확고하게 만들 것이라고 단언한다.

우리는 여기서 『우아하게 사는 법』의 저자가 우아한 삶에서 출발하여 그의 작품 세계에서 가장 중요하고 비판적 주제인 '돈'을 어떻게 도입하는지를 볼 수 있다. 물론 돈은 우아한 삶을 영위하기 위해 반드시 필요하다. 모든 작가들도 이 점에 대해서는 동의한다. 보들레르(Baudelaire)는 댄디에게 돈은 불가피한 것이라고 말한다. 돈 자체를 본질적인 목적으로 열망해서는 안 되지만 무한정의 차입금(crédit indéfini) 정도는 있어야 한다고 여겼다. 발자크는 돈을 필요로 한다는 사실이 근대 세계와 우아함의 새로운 측면 가운데 하나임을 강조한다. 우아한 삶은 소수에게 한정되어 있고, 대부분의 에너지를 외양(apparence)에 쏟고 있는데, 이런 삶으로부터의 소외는 돈이라는 신(神)에 의해 지배되는 인간의 소외에 해당한다는 것이다.

다음으로 "우리 문명의 주축이 되어버린" 지성(intelligence)을 들 수 있다. 19세기에 들어와 새롭게 등장했으며, 19세기를 지배하고 있는 하나의 사상이 있는데, 그 사상의 목표는 "인간이 인간을 착취하는 것을 지성이 인간을 착취하는 것으로 바꾸는 데 있다." 근대 생활의 이러한 측면은 우아한 삶에도 상당한 영향을 미치게 된다. 또한 이를 통해 우아한 삶은 더욱 지적인 것이 되고, 재능 있는 자에게 상속받은 가치가 아니라 인간 내부에 본래부터 들어있는 가치에 의해 자신의 존재를 입증할 수 있도록 해준다. 19세기에 등장한 새로운 영웅은 사상의 영웅이다. 그리고 사상의 이러한 영향은 삶의 세세한 것들을 "고상하게, 세련되게, 더 크게" 만든다.

하지만 귀족이나 부(富)나 재능[지성을 말한다] 그 어느 것도 진실된 우아함을 만들어내기에는 불충분하다. 그것을 위해서는 발자크가 "뭐라 말할 수 없는 것(je-ne-sais-quoi)"이라고 부른 것 또는 "우리로

하여금 정말로 아름답고 좋은 것을 늘 고르게 하는 정의할 수 없는 능력", "세련된 재치" 또는 "사물에 시(詩)를 부여하는 질서와 조화에 대한 고상한 생각"이 필요하다. 바로 그런 이유로 발자크는 마침내 부(富)는 얻게 되는 능력이고 우아함은 타고나는 것, 즉 "부자는 만들어지지만 우아한 인간은 타고난다."라고 말하게 된다.[2)]

바르베 도르비이(Barbey d'Aurevilly)와 보들레르에 의해 계승될 이 의미심장한 아포리즘을 잠시 검토해 보도록 하자. 우리는 다음과 같은 논거를 제시할 수 있을 것이다. 발자크가 우아함에 대한 『개론』을 썼다는 사실만을 보면 발자크에게 우아함은 학습의 대상이다. 따라서 전통적 계급 사회를 탈피하고 있던 1830년대의 프랑스 사회에서 누구나 사회적 신분 상승을 추구할 수 있고, 우아한 삶을 누릴 수 있는 것이다. 하지만 책의 내용을 자세히 들여다보고, 저자의 주장을 되새겨 보면 발자크의 '우아함'은 학습을 통해 이룰 수 있는 것이 아니라 일종의 사회적 운명의 성격을 띠고 있음을 알 수 있다.

---

2) "발자크는 돈과 그와 연관된 정치사회적 권력이 우아한 삶의 필수적인 요건이지만 그 자체로 옛날의 신분처럼 필요충분한 요건은 될 수 없음을 강조한다. 현대에서 우아한 삶을 가능하게 하는 것은 시간과 돈과 재능의 삼박자가 동시에 갖추어져 있어야 한다. 그리고 그 삼박자는 다시 완벽한 교육으로 얻을 수 있는 정신의 우월성(수월성)으로 가능해진다. 그러한 교육의 완수를 이루어주는 정신의 수월성은 만들어지는 것이 아니라 타고나는 것이다. 다시 말해 우아함이 학습을 통해 얻어지는 것이 아니라는 말은 반은 맞고 반은 틀리다. 우아함은 아무나 학습한다고 갖춰지는 것이 아니라 그럴 정신적 능력이 있는 자가 연마해서 얻을 수 있는 것이라는 말이다. 부자는 만들어지지만 우아한 인간은 타고난다는 아포리즘은 우아함이 사회적 운명이라는 의미가 아니라 우아한 삶을 영위하게 하는 그 능력이 천부적이라는 말이다. 다시 한 번 비유하자면 그 능력이 바로 예전 봉건제의 신분처럼 타고난 것이라는 말이다. 이런 주장은 발자크가 같은 시기 『라 모드』에 기고한 「예술가에 대하여」 등에서 일관되게 펼쳐지고 있는 것이다."

부와 재능이 우아함의 조건임은 분명하다. 그러나 우아함은 이 두 요소에 타고난, 인간의 힘으로 제어할 수 없는 어떤 자질을 추가하는 것이다. 그런 점에서 발자크의 '우아함'은 타고난 자질이다. 그리고 우아한 삶은 "부를 즐길 줄 알고 지식으로 얻어진 혜택에 유리하도록 그들의 신분 상승에 대해 용서를 구할 줄 아는 탁월한 사람들의 습관과 풍습이다". 우리가 앞서 살펴본 것처럼 우아함은 귀족 계급에서만 이루어졌던 아무것도 하지 않음(oisiveté)과 밀접하게 연관되어 있다. 사람들이 소유하고 있든 소유하고 있지 않든 우아함은 노동의 결실이 아니다.

발자크는 '우아함'에 대해 '운명적'인 성격을 부여했다.[3] 태생과 부(富)의 특권들은 비판받을 수 있지만 하늘이 내려준 재능을 우리가 거절할 수 있는 성질의 것은 아니다. 화를 잘 내는 것도 타고나고, 감상적인 것도 타고나는 것처럼 우아한 인간도 타고나는 것이라는 발자크의 주장은 거기에 대해 반대하는 것이 헛되거나 사리에 어긋나는 것이라는 숙명성을 내포하고 있다고 할 수 있다. 하지만 우아함에 대한 숙명성의 이면에는 역설적으로 "부자는 만들어지는 것"이라는 당대의 가치에 대한 발자크의 엄중한 비판도 담겨 있음을 우리는 알아차려야 할 것이다.

발자크의 '우아함'은 단순성(simplicité), 조화(harmonie), 신중함(discrétion)에 기초하고 있다. 그는 우아하게 되고 싶어하는 자에게 지나치게 멋을 부리거나, 지나치게 가꾸거나, 지나치게 코드에 얽매

3) 우아함이 운명적이라는 발자크의 생각이 "영감을 받은 시인"(poète inspiré)이라는 낭만주의적 신화와 함께 발전했다는 점을 확인하는 것은 매우 흥미롭다.

이지 말 것을 주문한다. 이 점에 대해 발자크가 그의 『개론』에서 당시 유행하던 댄디즘에 대해 행했던 비판을 살펴보아야 한다. 발자크는 "댄디즘은 우아한 삶의 이단(異端)이다"라고 정의하면서 다음과 같이 말하고 있다.

"스스로를 댄디로 만들면서 인간은 규방의 가구, 말 위에, 소파 위에 포즈를 잡고, 자신의 지팡이 끝을 물어뜯거나 빠는 엄청나게 재간 있는 인형이 된다. 생각하는 존재? … 그건 결코 아니다. 유행과 패션 속에서 유행과 패션만을 보는 인간은 어리석은 인간이다."

우아한 삶이 외양이나 태도의 문제로 국한되어 사유나 과학을 배제해서는 안된다는 것이다. 발자크는 사회의 변화에 대한 완벽한 이해만이 우아한 삶의 감정을 만들어 낼 수 있다고 분명히 말하고 있다.

발자크는 나중에 바르베 도르비이가 그러했던 것처럼 우아함을 삶을 영위하는 방식으로, 정신적 귀족(주의)의 상징으로, 말하자면 과거의 가치와 관계를 맺고 있는 윤리의 확인으로 간주한다. 그리고 그는 '우아함'이라는 연구 주제를 통해 근대 사회의 "가식적이고 정략적인 평등"에 우리가 속아서는 안 되며, 새로운 '불평등'이 출현하고 있음을 인식하고 그에 대한 냉철한 분석이 필요함을 알려준다.

'우아함'에 대한 발자크의 짧은 연구를 통해 우리는 다시 한 번 그를 "현대 생활의 탁월한 관찰자"로 부를 수 있을 것이다. 왜냐하면 가장 돋보이고 진지한 것으로 알려진 것과 경박한 것으로 여기고 있는 것을 같은 층위에 놓고 고민하면서, 근대 사회가 부(富)와 재능과 우아함이라는 구분의 새로운 기준을 만들어냈다는 것을 보여줬기 때문이다.

* * *

발자크는 『우아하게 사는 법』에서 프랑스 사회를 세 계급, 즉 일하는 인간, 생각하는 인간, 아무것도 하지 않는 인간으로 나누고, 거기서 다시 분주한 삶, 예술가의 삶, 우아한 삶이라는 세 개의 존재방식을 이끌어냈다. 그리고 오로지 '아무것도 하지 않는 인간'으로 표상되는 세 번째 계급만이 복식에 있어서 우아함의 사치를 스스로에게 허용할 수 있다고 보았다. 그런데 발자크가 보기에, 모든 우아한 인간들 중에서 유행을 만들어내고 그것을 일반인들에 부과할 줄 알았던 유일한 인물은, 영국의 한량 조지 브러멀(George Bryan Brummell, 1778~1840)이었다. 발자크에 따르면, 그는 진정한 우아함은 복식 그 자체에 있는 것이 아니라, 복식이 그 사람을 상징하는 방식에 있다는 것을 이해했던 사람이다. "이 찬탄할 만한 관찰자는, 가장 정신적인 방식으로, 깔끔하게 수염을 면도한 인간의 사상은 수염이 텁수룩한 인간의 사상과 결단코 같지 않다는 사실을 천명했다."

발자크가 정의하고 있는 우아함의 첫 번째 특성은 그것을 지니고 있는 자들에게 특별한 존재라는 것을 확인하게 해준다는 것이다. "우아한 삶을 영위하는 사람들은 한 나라의 자연적 귀족 계급을 나타낸다. 그들은 서로에 대해 가장 완벽한 평등의 경의를 표할 의무가 있다." 그들은 그들만이 알고 있는 신호를 통해 서로를 인식하게 된다. 그리고 그때부터 '우월성'이란 더 이상 존재하지 않게 된다. 그들은 서로 대등하게 우월성의 문제를 다루게 된다."

이런 조건들 속에서, 의복과 옷차림은 상징적인 권위를 지닌 것으로 나타난다. "옷차림은 사회적 인간이 느끼는 가장 거대한 변화이다. 그것은 모든 삶에 영향을 미친다." 의복이 역사적 사건과 문명들의 상징인 것처럼 옷차림은 "사회의 표현"이다. 만약 우아한 삶이 모든 것 가운데 가장 설득력 있는 하나의 스타일이라면, 옷차림은 획일적인 꾸밈을 넘어서 "자신의 정치적 견해를 지닌 인간, 자신의 실존에 대한 텍스트를 지닌 인간, 규정할 수 없는 인간"의 필요조건이자 충분조건이 된다.

발자크의 『우아하게 사는 법』은 미래에 등장할 수많은 댄디들을 정당화하기 위한 사전 설명이다. 그것은 1830년식 우아함에 대한 정당성 부여이며 우아함에 대한 성찰이다. '우아함'에 대한 발자크의 성찰은 근대 세계를 가장 본질적인 측면에서 가장 넓게 이해할 수 있게 해준다. 우리는 발자크의 글에서 단지 외관상의 스타일을 통해서만 자신들의 자유와 권력을 주장하고 있는 새로운 엘리트 (중심) 사회에 대한 저자의 비판 또한 행간에서 읽을 수 있을 것이다.

『조지 브러멀과 댄디즘에 대하여』

조지 브러멀은 (George Bryan Brummell)은 영국의 멋쟁이 신사이며, 19세기에 유행했던 댄디즘의 선구자로 간주된다. 그는 평민 집안의 출신으로, 훗날 조지 4세가 된 영국 황태자 휘하의 경기병 연대에 기수로 들어가, 세련된 옷차림과 우아한 매너로 황태자의 총애를 받으면서 사교계의 총아로 떠올랐다. 그는 엄청난 노름빚 때문에 망명길에 오르기 전까지 약 20년 동안 영국 상류사회와 사교계를 지배했다. 『우아함의 심판관*Arbitre de l'élégance*』이라는 책을 저술하기도 했던 그는 프랑스의 칼레, 캉 등지를 떠돌며 병과 가난에 시달리며 살다가 1840년 62세의 나이로 이국땅에서 사망한다.

바르베 도르비이[4]는 1845년에 발표한 『조지 브러멀과 댄디즘에 대하여*Du dandysme et de George Brummell*』에서 댄디즘의 가장 순수한 형태를 조지 브러멀에게서 찾아낸다. 그는 단순히 '멋쟁이 브러멀'이라고 불린 예외적인 인물의 생애를 재구성하는 데 그치지 않고, 브러멀을 풍속사학자에서 점차 정념의 철학자로, 나아가 힘(권력)에 의지한 지성과 상상을 구축한 인물로 간주하기에 이른다. 이 책은 총 12개의 장으로 구성되어 있으며, 크게 두 부분으로 나뉘어져 있다. 바르베 도르비이는 우선 댄디즘을 역사적 관점에서 조명한다. 그리고 브러멀이라는 인물에 대한 추상화, 신화화를 통해 댄디즘에 대한 이론을 추출해낸다. 우리는 댄디즘을 이론적으로 정초한 바르베 도르비이의 책을 통해 댄디즘의 탄생에 필요한 조건들을 구체적으로 분석하고 댄디즘이 지향하는 목표를 살펴보고, 그 목표에 도달하기 위해 이행해야 하는 방법들을 살펴보고자 한다.

* * *

댄디즘이 꽃을 피우기 위해 필요한 정신적 조건은 허영심(vanité)이다. 흔히 허영심은 분수에 넘치는 외적인 영예에 대한 자랑, 겉멋만 좇아 들뜬 마음, 필요 이상의 겉치레에 치우치는 허세를 뜻한다.

---

4) 쥘 아메데 바르베 도르비이(Barbey d'Aurevilly, Jules Amédée, 1808~1889). 19세기 프랑스 작가들 중 가장 독특한 문학세계를 이룩한 인물로 손꼽힌다. 정치적으로 공화주의(민주주의)에 끝까지 반대한 왕당파였고, 종교적으론 열렬하지만 비정통적인 로마 가톨릭 교도였다. 그가 지은 『조지 브러멀과 댄디즘에 대하여』는 댄디즘을 이론적으로 정초하고 당시 새로운 계급으로 부상한 부르주아들의 속악한 현실주의와 예술문화의 몰취미성에 노골적인 멸시와 혐오를 드러낸 댄디즘 연구의 귀중한 자료이다.

대부분의 사람들이 부정적으로 받아들이는 이 허영심에 대해 바르베 도르비이는 『조지 브러멀과 댄디즘에 대하여』의 첫 페이지부터 찬사를 보낸다. 그의 찬사는 다분히 도발적이며 사람들을 놀라게 하려는 의도를 띄고 있다. 그는 허영심을 대단히 넓은 범위 안에서 정의한다. 다소 과장되게 말해 타인과의 관계 속에 발생할 수 있는 거의 모든 종류의 감정이나 자아에 대한 이해들을 포함할 정도이다. 바르베 도르비이의 이러한 찬사는 개인주의를 진심으로 옹호하고 있음을 드러내는 하나의 방법이었다. 작가가 『조지 브러멀과 댄디즘에 대하여』 속에서 주로 강조하고 있는 내용은 허영심이 영국에서 어떤 다채로운 변화를 거쳤는지에 관한 것이다. 하지만 허영심의 '영국적' 변화에 대한 이런 강조에서 우리는 작가가 허영심에 모종의 보편적 가치를 부여하고 있음을 읽을 수 있으며, 그것으로 자신을 위한 변론을 삼고 있다는 사실 또한 읽어낼 수 있다.

바르베 도르비이가 세간의 상식을 뒤엎고 허영심을 찬양한 것은 브러멀에 가해진 몇몇 비판이 직접적인 계기였음을 기억할 필요가 있다. 아르누 프레미(Arnould Frémy)는 『르뷔 드 파리』에 발표한 「브러멀의 죽음」이라는 글[5]에서 브러멀의 허영심을 비난하였고, 르무안(John Lemoinne)은 1844년에 출판된 제스(Jesse)의 『브러멀 전기』[6]에 대한 평론에서 "에고이즘의 감정"을 공격하고, "허영심의 약점들"을 비난하였다. 바르베 도르비이는 이런 비난들에 대단히 분개했다.

바르베 도르비이의 찬양은 우선 허영심을 재평가하는 일부터 시작

---

5) ≪La mort de Brummell≫, *Revue de Paris*, mai 1840.

6) *Revue des deux-Mondes*, août, 1844. 평론의 대상이 된 책은 다음과 같다 : Capitaine William Jesse, *The life of George Brummell, Esq. commonly called Beau Brummell*, Caen, 1844.

한다. 그는 어떠한 감정도, 제아무리 "감정의 서열"에서 가장 밑바닥 감정이라 하더라도 경멸의 대상이 되어서는 안된다고 생각한다. 게다가 허영심은 감정의 서열에서 가장 밑바닥 감정도 아니다. 그것은 타인과의 관계들을 조정하거나, 타인들에게 인정받거나 동의받고자 하는 욕망을 자극한다. 일종의 생명의 본능과 비교될 수 있는 허영심은 인간 속에 있는 모든 것에 관계될 뿐 아니라 사랑, 우정, 자존심(orgueil)과 같은 감정들을 가볍게 뛰어넘는다. 역설적이고 도발적인 방식으로 바르베 도르비이는 다음과 같이 적는다.

"허영심의 세계는 사랑의 세계처럼 좁지 않다. 우정이 충분하다고 여기더라도 허영심은 충분하지 않다고 생각한다. 자존심이 왕이듯 허영심은 여왕이다."

허영심이 보편적인 것이므로 댄디즘은 "허영심의 위대한 화신(grand vaniteux)"이었던 브러멀이 보여준 것처럼 허영심이 무르익거나 높아진 형태일 것이다.

허영심과 허영심의 자기만족적이며 과시적 형태인 자만심(fatuité)은 자아의 과장된 감정, 타인에게 볼거리로 제공된 "자기자신이 되는 힘"으로 나타난다. 그런데 댄디즘은 심오한 형태라 하더라도 오로지 타인과의 관계 속에서만 존재한다. 댄디즘의 한복판에는 역설이 자리잡고 있다. 항상 주체로 있으면서 대상(objet)이 되는 주체(sujet), 타인들의 탄복하는 또는 시샘어린 시선으로 대상화[사물화]된 주체인 그는 타인에게 영향을 미치고 타인을 매료시키고 그리하여 주체로서 자신의 지위를 획득한다. 동시에 주체의 이러한 문제제기는 집단적인 가치와 유용성을 획득한다.

타인의 시선을 추구함으로써 허영심은 영광에 대한 사랑과 같은 부류에 속하게 된다. 그리고 가역성의 원리로 타인에게 미(美)의 감정을 전파시킨다. 신중하지 못하고 가벼운 그리고 하찮은 일을 중시하는 경박한 태도(frivolité)는 이렇게 해서 하나의 가치로 변한다. 새로운 도덕 가치론이 형성되고 하찮은 것과 중요한 것이 우열이 없어지는 새로운 기준이 형성된다. 댄디가 자신의 이미지를 연출하는 것이 유럽을 정복하는 것 못지않게 영광스러운 일이 된다. 이런 관점에서 유행과 패션을 통해 영국 사회를 지배한 브러멀은 바르베 도르비이의 주장에 명백한 논거로 제시된다. 물론 그의 성찰은 브러멀에 대한 단순한 초상화 작업을 넘어 브러멀을 철학적으로 깊이있게 연구하는 쪽으로 진행된다.

자아의 감정으로서 허영심은 자아에 대한 인식으로 바뀌고, 타인에게 취하는 복잡한 전략 중 하나가 된다. 그것은 아마도 영국의 댄디 브러멀에게는 익숙하지 않은 것이었으리라. 이 복잡한 전략 때문에 주체는 실체(être)와 외양(paraître)으로, 그 이원성을 의식하면서 때때로 고통스러운 상황에 빠지고 만다. 또한 허영심을 사람들이 진실[실체]과 혼동하는 척하는 외양의 위엄을 타인에게 인정하도록 만드는 의지로 내보이게 된다. 댄디의 허영심이 완수하게 하는 기괴한 노력을 백일하에 드러내는 이런 전략 덕분에 대상(객체)이 되도록 위협받는 주체는 타인에 의한 대상화[사물화]를 벗어난다. 자신의 유일한 의지로 그 자신에게 제공할 수 있는 것을 타인에게 과시함으로써 그는 은밀한 정체성을 보존하는 것이다.

댄디즘에 대한 이러한 분석의 출발점 구실을 한 것이 브러멀이었다. 바르베 도르비이는 댄디즘의 필수불가결한 조건인 허영심이 영국에서 어떤 변화를 거쳤는지를 보여준다. 그는 여기에 자기 스스로의 감정과 자신이 세계와 맺고 있는 복잡하고 개인적인 관계가 굴절되는 것을 막을 수 없었다. 바르베 도르비이가 정의하는 허영심에는 외부의 동의, 또는 적어도 외부의 고려(그것이 비판적이던 신경질적이던)에 대한 불안한 탐구가 섞여 있다. 에르네스트 세이에르(Ernest Seillière)는 바르베 도르비이가 자신의 못생긴 외모 탓에 타인의 주의를 다른 곳으로 돌리고 타인을 신비화하면서 자신을 가면으로 보호한 것이라고 말했다. 자크 프티(Jacques Petit)는 바르베 도르비이의 수줍음으로부터 "댄디즘의 맹아"를 찾아야 한다고 말하기도 했다. 여기서 댄디즘은 결핍의 보상으로 나타난다.

댄디즘에 대한 이런 심리학적 고찰은 단지 그것이 댄디즘의 개념의 흐름을 바꾸었다는 관점에서 우리의 관심을 끈다. 영국의 느리고 둔한 허영심보다 훨씬 더 엉뚱하고 불안한 바르베 도르비이의 허영심이 대중을 찾는 이유는 자신을 알아보게 하기 위해서 뿐만 아니라 자신을 감추기 위해서이다. 바르베 도르비이가 요란하게 스캔들을 불러일으켜 사람들을 놀라게 했던 '놀려주기' 취향의 목적은 타인을 유혹하고 놀라게 하고, 또는 타인과 충돌하면서 타인들이 그러한 행위의 의도를 짐작하지 못하게 하기 위해서 였던 것이다.

* * *

댄디의 첫째 목표는 타인과 마주해서 "규범의 굴레에 익숙해진 정신"에 맞서서 "항상 예상치 못한 일을 만들어내는" 것이다. 또한 타인들이 자신에 대해 가지는 이미지에 절대 부합되지 않도록 하는 것이다. 이런 목표에 도달했을 때 비로소 그는 그가 살아온 세계로부터 벗어날 수 있다. 물론 댄디가 추구한 것이 규범의 단순한 위반이 아닐까 생각할 수도 있을 것이다. 하지만 그것은 아니다. 왜냐하면 그러한 위반은 눈에 빤히 보이기 때문이다.

댄디즘은 "관습들을 여전히 존중하면서 그것들을 가지고 노는" 하나의 섬세한 유희이다. 그것이 예측 불가능한 것은 모종의 대가를 지불하기 때문이다. 댄디의 독창성은 내용보다는 타인의 고정적 시선으로부터 벗어나기 위해 댄디가 수행하는 끊임없는 운동 속에 있다. 모든 사람들이 이런 놀이를 할 수 있는 것은 아니다. 이 놀이의 규칙은 매순간 무언가를 새로 만들어내야 하는 것인데, 바로 그렇기 때문에 그 시도가 어려운 것이다. 바르베 도르비이는 이런 어려운 시도에 정통한 것처럼 보인다. 그 이유 때문인지 그의 친구인 트레뷔시앙(Trebutien)에게 자신의 요란스런 댄디즘 시절을 상기시키면서 그는 독창성(originalité)을 놀라게 할 필요성(nécessité d'étonner)과 동일시했다.

"나의 말은 놀라움으로 기가 눌린 형편없는 영혼들에게 나의 진홍색 조끼와 똑같은 효과를 불러일으킨다. 그것은 그들에게 눈에 질환이 나게 하고 지독한 질투를 불러일으킨다."

댄디의 둘째 목표는 아름다움을 만들어내는 것이다. 화장할 때의 의식이나 자신의 외양을 완벽하게 하기 위해 투자하는 과도한 정성, 옷감이나 고급스럽고 귀하고 사치스러운 물건에 가지고 있는 관심 등은 아름다움에 대한 이런 숭배를 명확히 증명한다. 그의 동작, 그의 발걸음, 재단사의 선택, 그가 자주 드나드는 장소 또한 조화롭게 통제되어 있다.

자신의 삶을 아름답게 장식하기 위해, 그리고 자신을 개성있는 인물로 만들기 위해 자신의 모든 재능을 사용하는 댄디는 “자기 나름의 방식을 소유한 위대한 아티스트”이다. “그의 예술은 한정된 시간 동안 특징지어지거나 드러나지 않았다. 그의 예술은 인생 그 자체, 비슷한 동료들과 어울려 살도록 창조된 인간에게만 주어진 영원히 빛나는 재능 그 자체였다 다른 예술가들이 자신의 작품으로 사람들을 기쁘게 하듯, 댄디는 자기 몸으로 사람을 즐겁게 한다.” 댄디는 스스로 자신의 상(像)을 조각한다.

댄디의 셋째 목표는 독립성이다. 그는 자기 삶의 선택에 유일하게 책임을 지고, 자신만이 규칙을 알고 있는 게임의 대가이다. 타인을 지배할 수 있을 만큼 우월하기 때문에 그는 타인과 구별된다. 이런 여러 이유로 댄디가 획득한 자유는 어렵고 힘든 것이다. 댄디즘의 법률이나 제도란 존재하지 않는다. “만일 그런 법이 있다면 그 규칙을 따르기만 하면 댄디가 될 수 있을 것이다. 원하는 자들은 누구나 댄디가 될 수 있을 것이다.” 물론 바르베 도르비이가 보기에 댄디즘도 (분명히) “몇 가지 원칙과 전통을 가지고 있다. 그러나 이 모든 것은 변덕의 지배를 받는다.”

이런 독립성은 댄디 자신의 개인주의와 밀접한 관계가 있다. 타인들이 이해할 수 없는 존재여서 타인의 대상화[사물화]하는 시선으로부터 벗어나 있는 인물을 창조하는 능력이 있기 때문에 가능한 것이 바로 독립성이다. 댄디의 독립성은 자신이 스스로 만들어낸 것이기 때문에 역동적이다. 그가 독립성을 추구하기 위해 역동적으로 움직이는 이유는 무엇보다 스스로를 보호하기 위해서이다.

* * *

이런 목표에 도달하기 위해 댄디가 보유하고 있는 무기는 한편으로 공격용이고 다른 한편으로는 방어용이다. 그것들은 댄디즘의 본질 자체의 성격을 지니고 있으며, 댄디가 추진하는 일의 목적과 일치하는 것들이다. 댄디가 사람들을 놀라게 하거나 예측하지 못한 일을 하려고 하는 것은 사실이다. 그렇다고 그가 자신의 대중들과 결별하는 데까지 가지는 않는다.

자신의 행위를 우아함(grâce)으로 포장하려고 한다. 바르베 도르비이는 우아함을 거의 종교적 의미에서 하늘이 내려준 선물로 이해한다. 브러멀은 무엇보다 먼저 그것을 소유했다. 세속적 의미에서 우아함은 기발한 것(fantaisie)이다. 그것은 규범의 예측 가능성으로부터 벗어나게 하고, 따분한 사회를 유혹하고 흔들어 놓는다. "진실이라고 보기에는 너무 편협한 도덕률"에 의해 지배되고 있는 대중, "경직되고 천박한, 무례하고 호전적인" 대중들 속에서 변덕(caprice)과 경박함(frivolité)과 상상력은 사회의 통념을 깨뜨리고 "다른 곳에서라면 불가능할 매너와 태도에 관한 학문을 탄생시킨다. 그리고 브러멀은 이러한 점을 드러낸 최후의 사람이었으며 어느 누구도 그를 필적할 수 없을 것이다."

우아함은 브러멀이 그 훌륭한 예를 보여주는 것처럼 육체적, 사회적, 정신적 자유스러움을 부여한다. 우아함은 무례함이 벌을 받지 않도록 보장한다. 심지어 무례함을 추구하게 하기까지 한다. 그를 둘러싸고 있는, 그리고 그가 시선과 동작을 간파하고 있는 우아함의 미덕 덕분에 댄디는 타인들을 가지고 놀 수 있고 그를 찬미하는 세상과 충돌할 수도 있다. 그는 타인을 불쾌하게 한 나머지 유쾌하게 할 수 있고, 때때로 공격적인 독창성을 용서하게 할 수 있다.

댄디즘의 본질적 구성 요소이고 그가 보유한 무기 가운데 가장 효과적이고 가장 필요한 무기는 의심할 여지없이 냉정함(impassibilité)이다. 그리고 그 변이형들인 침착함, 무관심한 태도, 무사태평한 태도 등이다. 이것은 브러멀은 어땠는지 몰라도 바르베 도르비이에게 있어서는 가장 획득하기 어려운 무기였다. 왜냐하면 바르베 도르비이에게 필요한 것은 매일 심혈을 기울여 매만지고 손질하거나 결점 없는 의지나 그리고 후일 보들레르가 금욕[7]이라 불렀던 그 고통스런 감성으로 이기든지 아니면 잠자코 있든지 해야 했기 때문이다. 감정을 길들이면서 '냉정함'은 타인의 조심성 없는 시선으로부터 그를 보호해주고, 자신의 존재 속으로 침범할 수 없도록, 자신의 존재에 상처를 낼 수 없도록 해준다.

"댄디즘은 근대의 혼잡함 속에 고대의 차분함을 도입했다."

냉정함은 하나의 언어, 짐짓 꾸민, 그러나 일관성 있는 언어이다. 냉정함은 세상을 경험하고 돌아와 이제는 세상에 대한 어떤 환상도 없이 냉소주의자가 된 한 우월한 인간이 인위적으로 정해진 사회의

---

7) "보들레르에게 현대성은 단지 현재에 대한 관계만을 나타내는 것은 아닙니다. 그것은 자기 자신에 대해 정립해야 하는 관계를 나타내는 것입니다. 사려 깊은 현대적 태도는 필연적으로 금욕주의와 결합되어 있습니다. 현대적이 된다는 것은 스스로를 스쳐 지나가는 순간들의 흐름 속에 있는 것처럼 받아들이는 것이 아닙니다. 그것은 스스로를 복합적으로 공을 많이 들여서 세련되게 만들어야 할 대상으로 여기는 것입니다."(미셸 푸코, 「계몽이란 무엇인가」, 김성기, 『모더니티란 무엇인가』, 민음사, 2007, p. 358에서 인용)

관습, 전통, 도덕, 법률, 제도 따위를 부정하고 인간의 본성에 따라 자연스럽게 생활할 것을 주장하는 것이다. 그렇게 함으로써 냉정함은 댄디에게 타인을 지배하는 무기가 될 수 있는 것이다.

좀더 깊이 있게 말하면 냉정함은 아무 것도 아닌 양하고 타인들에게 무의미한 것처럼 보이게 함으로써 영향을 안 받은 척 하면서 자기의 감정이나 욕심, 충동 따위를 이성적 의지로 눌러 이기는 것을 말한다. 여론이나 불확실한 대중적 의견(doxa)에 의해 인정된 가치 질서를 뒤바꾸는 것이다. 자아에 대해 비평적 거리를 두는 이러한 태도는 보여주려고 결심한 것만을 보여주는 것이므로 의지의 승리를 보장하는 것이다. 이처럼 각각의 댄디들은 스스로를 위해 그에게 하나의 슬로건이 될 경구인 '닐 미라리'(nil mirari : 결코 흥분하지 말지니라)의 의미를 새롭게 발견하게 된다.

주어진 것 또는 부여된 것을 꾸미면서 냉정함은 자연과 자연스러움을 길들이고, 질서와 평온과 미(美)로 구성된 반-자연(anti-nature) 자체를 받아들이게 한다. 이상적인 '다른 곳'(ailleurs)을 꿈꾸었던 보들레르의 꿈은 바르베 도르비이가 댄디즘의 전제로 끌어들인 자아의 억제와 집중(화) 속에서 거의 전적으로 실현된다. 우리가 이미 본 것처럼 이러한 태도는 순수한 드러내기(paraitre)를 완전히 뛰어넘는다는 것이다.

미학적으로 완벽함을 추구하는 댄디의 냉정함은 무엇보다 의지력으로 실존적 한계를 극복할 수 있음을 보여준다. 그런 의지의 윤리학 덕분에 댄디는 시간을 초월한 자아의 이미지를 창조하는 것을 방해하는 모든 세력들에게 패배를 안겨줄 수 있다. 댄디의 매끄러운 외양은 그 정체를 파악하기 쉽지 않다. 따라서 인간의 세속적이고 물질적인 조건과 사교계 내부의 조건들이 별로 영향을 미치지 못한다. 시간과 자연 또는 사회에 대한 도전인 냉정함은 신격화된 순간(instant) 속에 존재하며 그것은 죽음에 대한 도전이다. 스스로 감정이나 욕망을 억제하고 세상이 타격을 가한다 하더라도 흔들림없는 상(像)을 만들겠다는 엄격한 극기와 금욕주의적 의지는 아마도 심오한 회의주의와 고독의 표현일 것이다.

댄디는 자기 모습을 스스로 단장하여 세상을 유혹하겠다는 단 하나의 목표를 향해 돌진한다. 그래서 다른 목적을, 그것이 사회적이든 정치적이든, 단순하게 인간적이든 다른 목적을 띤 어떤 참여도 경멸한다. 그러나 아름다운 제스처에 대한 사랑으로 화려하게 참여를 한다. 댄디는 가망 없는 목적을 거부하지 않기 때문이다. 댄디의 참여 방식은 이성적이고 계산적이다. 그는 우발적인 것을 거부한다. 냉정함은 그 점을 가장 분명하게 보여주는 것이라 할 수 있다. 댄디는 아무 것도 아닌 사소한 것에 근거를 둔다. 비록 그에겐 그것이 전부이지만 말이다. 그런 사소한 것에서 생명을 얻어 살아가기 때문에 한편으로 댄디는 그가 완벽하게 제어한 외양 속에 고정하고자 하는 삶을 배신하고 있다고 할 수 있다. 또한 무(無)에 기초한 기초한 영웅주의가 모든 영웅주의만큼 가치가 있음을 증명하고 있다고 할 수 있다.

* * *

바르베 도르비이는 브러멀을 댄디즘의 화신으로 만들었다. (이 과정에서) 겉으로 드러난 브러멀의 모습과 실제 브러멀의 모습이 서로 뒤섞인다. 냉정함은 가면이 아니라 그의 본질이 된다. 냉정함은 아무것도 감추지 않는다. 어떤 동요, 어떤 고통도, 어떤 상처도 숨기지 않는다. 다시 한번 강조하지만 바르베 도르비이는 브러멀의 참다운 모습이 어떤 것이든 브러멀을 댄디즘의 정수(精髓)이자 표본으로 만들려고 했다. 그는 이런 절대적인 준거를 만드는 작업을 통해 일관성 있는 이론을 나아가, 하나의 진정한 철학을 구축할 수 있게 된다. 여기에서 현실의 개인은 신화에 자리를 내준다. 브러멀은 한 사람의 댄디가 아니라 댄디즘 자체의 표상이 되는 것이다.

(바르베 도르비이에 의해) 추상화된 댄디 브러멀과 비교해 보면, 어느 한 구석이라도 인간적인 면이 남아 있는 모든 댄디는 이미 불완전한 존재이다. 댄디의 특성이나 속성을 완전하게 구현하기 위해 댄디는 자신이 취해야 할 용모나 태도 전체를 자신의 모델에게서 빌려와 댄디즘의 영역에 속하지 않는 모든 것을 감추어야 할 것이다. 이를 실현할 경우 그의 댄디즘은 자아에 대한 승리를 뜻하는 것이 될 것이다. 그의 냉정함은 가면이 되고 그의 댄디즘은 그의 감정의 동요를 감추는 능력이 될 것이다.

바르베 도르비이의 댄디즘과 브러멀의 댄디즘은 서로 모순된 부분도 있지만 많은 부분에서 서로 겹친다. 바르베 도르비이는 브러멀과 낭만주의 시인 바이런(Byron, 1788~1824) 사이에서 고민을 거듭한다. 그러고는 브러멀의 차가운 허영심에서 바이런의 곡절 많은 열정으로, 댄디에서 개인주의적이고 자신만만한 19세기의 멋쟁이 '리옹'(lion)으로 이동한다. 이 두 가지 축, 즉 댄디의 외관과 실제의 두 축은 바르베 도르비이를 이중으로 유혹했다.

자신의 『회고록Mémorandum』에서 바르베 도르비이는 때로 댄디로서의 자신의 삶에 대해 반어적으로 되묻는다. 그리고 그런 삶에서 경박함을 읽고 그 삶을 내던져버리고 싶은 유혹에 사로잡히기도 한다. 이런 내면적인 갈등과 염려는 댄디즘의 철학에 깊은 영향을 받은 그의 삶이나 작품에서는 드러나지 않는 것 같다. 그럼에도 불구하고 그런 갈등과 염려는 바르베 도르비이의 이원성(dualité)과 (말과 행동 사이의) 모순을 증명하는 것이며 가면의 존재를 입증하는 것이다.

『조지 브러멀과 댄디즘에 대하여』의 주석에 들어있는 으제니 드 게랭(Eugènie de Guérin)[8]의 아름다운 표현이 바르베 도르비이의 이원성을 잘 표현해 준다. 그녀는 그에 대해 이렇게 말했다.

"'당신은 미로 안에 자리 잡은 궁전이에요.' 바라보아도 볼 수 없고 아무리 찾아도 발견할 수 없어 지친 한 여성이 이렇게 썼다. 그녀는 자신도 모르는 사이에 댄디즘의 한 원리를 이야기 한 셈이다. 모든 이가 궁전이 될 수는 없지만, 미로는 누구든지 될 수 있다."

바르베 도르비이가 자주 인용하는 이 표현은 원래의 것이 약간 변형된 것이다. 그의 두 번째 『회고록』이 이 점을 더 분명하게 말해주고 있다.

"그녀는 나에게 말했다. '나는 미로가 들어선 아름다운 궁전이라고.' 미로를 통과하게 하기 위해서 아름다운 궁전이 그곳에 있다. 나는 나의 모습을 상상한다. 그러나 아무렴 어떠랴. 그녀의 말은 참으로 아름답다. 그리고 나를 기쁘게 한다. 나는 그 말이 나에게 적용되었다는 사실에 대해 자부심을 느낀다."

---

8) 근대 프랑스 산문시의 창시자로 알려진 모리스 드 게랭(Georges-Maurice de Guérin, 1810~1839) 의 누나이다. 바르베 도르비이와 오랜 기간 동안 친교를 맺었던 여류 문인이다.

여기서 궁전은 미로, 표현되지는 않았지만 우리가 짐작할 수 있는 감수성을 지니고 있는 미로를 담고 있는 눈부시게 화려한 겉모습을 가리키는 것 같다. 바르베 도르비이의 댄디즘은 바로 자신의 실체를 숨기고자 하는 이런 의지 속에 들어 있다. 놀라게 하고 싶은 욕망, 무례함(impertinence), 무관심(froideur) 등 댄디즘의 외적인 표현들은 바로 그가 자신 속에 가지고 있는 것을 감추고자 했기 때문에 거기 있는 것이다. 댄디즘은 댄디즘의 복잡성을 더욱 강화하는 바로 이런 실제와 외관 사이의 분리를 먹고 사는 것이라고까지 말할 수 있다.

바르베 도르비이는 그 사실을 끊임없이 상기시킨다. 그는 무례함을 "사람들이 각자 스스로 느끼고 있는 약점을 감추게 할 수 있는 가장 우아한 외투"라고 정의내리기도 하고, 때때로 자신의 댄디즘에 비추어 브러멀의 댄디즘을 재해석하기도 한다. 그는 "황태자 전하의 부루퉁한 태도에 자신이 마치 갑옷처럼 사용하는, 따라서 꿰뚫을 수 없게 만드는 예의 우아한 무관심으로 대처하는" 브러멀을 소개한다.

이러한 방어적 무기가 그의 실체에 속하는 것일까? 바르베 도르비이는 방금 언급한 부분에 대한 주석에서 다음과 같이 고쳐쓴다. "'꿰뚫을 수 없을 것처럼 보이게 만드는'이라는 표현이 아마 더 적합할 것이다." 여기서 재등장하는 것이 가면(masque)이다. 댄디들은 자신들의 가슴 속에 모든 한숨을 억눌러 놓아야 한다. "이들, 규방의 스토아 학파들은 가면 아래서 자신들의 피를 마시며 계속해서 가면 속에 머무른다. 여자들도 마찬가지이지만, 댄디들에게 있어서, 남들에게 보인다는 것은 존재한다는 것이다."

* * *

우리는 댄디즘의 이런 개념에서 브러멀이라는 인물과 관련된 댄디즘이 아니라 낭만주의의 영향을 받은 그리고 문학적인 활용 쪽으로 수정된 댄디즘을 본다. 특히 소설은 무관심의 가면 뒤에 숨어 있는 진짜 영혼이 점진적으로 모습을 드러내는 과정을 묘사한다는 점에서 그러하다. 소설이라는 장르의 성격상 어떤 신비도 감추고 있지 않은 천성적 댄디들을 묘사하는 데 만족할 수는 없다. '카드의 안쪽'(dessous de cartes)에 대해 깊은 관심을 가졌던 소설가 바르베 도르비이는 이런 심층의 추구를 자신의 소설들을 지배하는 미학적 원리로 삼고 있다.

브러멀이 바르베 도르비이의 댄디즘에 대한 『시론』에 영감을 준 것은 사실이다. 그러나 그는 소설의 훌륭한 주인공이 될 수는 없을 것이다. 왜냐하면 그는 실제와 외관이 서로 뒤섞여 있기 때문이다. 브러멀은 시간(temps)의 밖에 산다. 반면에 소설은 등장인물들에게 흔적을 남기고, 그들의 변모를 보장하고 화자로 하여금 등장인물들의 의식을 파헤쳐 감춰진 진실을 찾도록 하는 연속적인 시간 속에서 발전한다.

완벽하지 않은 불완전한 댄디들, 타락할 위험에 놓여 있는 댄디들의 댄디즘은 본질적으로 가면을 쓴 댄디즘이다. 왜냐하면 그들은 삶의 시간에 복종하기 때문이다. 바르베 도르비이는 브러멀에게 신성불가침한 완벽한 이미지를 부여하면서 그를 하나의 신화로 승격시켰다. 그에게는 브러멀만이 유일한 댄디였던 셈이다.

『조지 브러멀과 댄디즘에 대하여』에서 그려진 '이상적' 댄디는 자신의 진면목은 가면 뒤에 숨기고, 자신을 노출하길 극히 꺼리며 자신의 내적인 삶의 진실에 완강히 침묵했던 인물이다. 우리는 냉담함을 가장하며 쉽게 감동받지도 놀라지도 않으려는 이런 태도에서 정신적인 완벽을 추구하는 한 존재가 스스로 택한 행동지침을 읽어낼 수 있다. 이런 의미에서 바르베 도르비이의 댄디즘은 후일 보들레르가 찬양한 영웅주의(héroïsme)의 원천이라는 설명이 가능해진다.

바르베 도르비이에게서 비롯되어 보들레르가 그 의미를 정립한 '영웅주의'는 철저히 자신을 통제하고 타인의 시선 앞에서 자신을 연출해나가면서, 세상에 대해 자신의 유일한 의지가 산출하는 이미지를 인정하도록 하기 위해서 끊임없이 다시 시작하는 노력에 바탕을 두고 있다. 바르베 도르비이는 (그리고 이후 보들레르가) 민주주의의 기만적 평등 때문에 위협을 받고 있는 사회에서 댄디의 독창성은 획일성을 거부하고 개인의, 예술인의 개별적인 권리를 주장하기 위해 영웅적으로 투쟁한다는데 있다고 설명한다.[9] 댄디즘은 평등사회의 압력으로 사라져 갈 수 밖에 없는 상황에서 시대의 천박함을 거부하고 사회 위에 올라서서 가능한 '우월한' 인간이 되고 싶은 열망의 표출이다. 태곳적 황금시대에 대한 향수인 이것은 행동하는 자유, 자아와 타자에게 획득한 영웅적 완성 가능성을 나타낸다.

---

9) 보들레르는 「현대생활의 화가」의 "댄디"라는 장에서 '퇴폐기의 영웅주의의 마지막 화려한 빛'(le dernier éclat d'héroïsme dans les décadences)이라는 표현을 사용하는데 그는 댄디즘이 특히 귀족주의가 부분적으로 흔들리고 민주주의가 아직 정착하지 못한 혼란기에 나타난다고 설명한다. 그는 댄디즘을 '민주주의의 밀물' 속에 잠긴 귀족적 위대함의 마지막 증거를 대변하는 계층으로 규정한다. 이 점에 대해서는 윤영애, 「보들레르와 댄디즘」(『불어불문학연구』제40집)를 참조할 것.

바로 여기에 바르베 도르비이가 타인들을 지배할 때 사용하는 댄디의 무기들에 대해 그토록 강조했던 이유가 있다. "모든 댄디는 배짱 좋게 일을 벌이지만, 그 배짱에는 빈틈없는 재치가 있으며, 파스칼의 그 유명한 교차점인 '독창성'과 '괴벽'이 만나는 정확한 지점에서 멈춰선다." 이 대담한 사람은 아이러니를 우아하게 구사한다. 브러멀의 "말투는 신랄했고, 그의 조롱은 혹독했다." 아이러니 덕분에 "모든 사람들을 방출한" 이 천재는 "한 인간에게 수수께끼처럼 흥미를 자아내고 위협적으로 괴롭히는 스핑크스와도 같은 분위기"를 획득한다. 그리고 바르베 도르비이는 브러멀에 대해 다음과 같이 덧붙인다. "이러한 천재적인 아이러니로 인해 브러멀은 영국이 낳은 신비스러운 인물 중에서 최고가 되었다."

지배하기 위해서 댄디는 아이러니에 무례함을 추가한다. "가벼움과 자신만만함의 딸"이며 "우아함의 누이"이기도 한 이들은 말보다 분위기로, "억양과 시선, 동작과 뚜렷한 의도, 심지어 침묵 그 자체만"으로 영향을 미쳤다. 무례함은 사실 "훌륭하게 작성된 어떤 경구보다 훨씬 더 강력한 힘"을 가지고 있다.

끝으로 댄디에게는 그가 지닌 힘을 손상 없이 유지하기 위해 독특한 냉담함을 유지할 필요가 있다. 바르베 도르비이가 따온 말에서 마키아벨리는 "차가운 정신이 세상을 지배한다."고 했다. 차갑고 무뚝뚝한 댄디는 누군가에 종속되어 해를 입지 않으려고 열정과 사랑을 모르는 체 한다. 왜냐하면 "당신을 가장 다정하게 포옹하는 팔이라 해도 결국 쇠사슬이기 때문이다." 가면을 쓴 댄디도 거친 열정에 몸이 달아오를 수 있다. 그러나 그것을 품고 있는 불꽃은 잠복한 상태로 있을 것이며, 차가움으로 가장한 것이 그 열정을 이길 것이다.

"열정이란 너무나 진실한 것이기에 열정적인 사람은 댄디가 될 수 없다."

* * *

댄디즘에 대해 바르베 도르비이가 제시한 이론은 참으로 풍요롭다고 할 수 있다. 이러한 이론적 정립이 자양분이 되어 보들레르에 이르러 바르베 도르비이의 '순수한 댄디즘'은 단순한 몸단장이나 생활태도에 지나지 않는 단계를 넘어 미학적이며 윤리적이고 종교적인 의의까지 지니게 되는 '깊은 댄디즘'으로 진화한다.

자신의 실제 삶과 그가 자신 주변에서 행한 관찰들, 특히 브러멀의 삶에 대한 성찰에서 자양분을 얻은 그의 이론은 댄디즘에 대한 역사적 현실을 넘어 댄디즘에 대한 신화적 이미지를 구축했다.

보들레르부터 현대에 이르기까지 댄디즘에 대해 해설을 한 거의 모든 사람들이 직간접적으로 바르베 도르비이의 영향을 받았다는 사실은 그리 놀랄 일이 아니다. 바르베 도르비이는 치밀한 이론적 성찰을 거쳐 댄디즘을 하나의 신화로 창조했다. 그의『조지 브러멀과 댄디즘에 대하여』는 미래에 다가올 거의 모든 성찰에 자양분을 공급했고, 댄디라는 현상에 대해 끊임없이 매력을 느끼도록 하는데 기여했으며, 또한 댄디즘이 도덕적, 철학적, 미학적 가치를 부여받을 수 있도록 했다.

■ 참고문헌

BALZAC Honoré de, *Traité de la vie élégante*, [1830], in *La Comédie humaine*, t. XI, édition de Rose Fortassier, pp. 211-257, Gallimard, "Bibliothèque de la Pléïade", 1981.

BARBEY D'AUREVILLY, Jules, *Du dandysme et de George Brummell*, Châteauneuf-sur-Charente, Plein Chant, 1989.

BARBEY D'AUREVILLY, Jules, *OEuvres romanesques complètes*, textes présentés, établis et annotés par Jacques Petit, Gallimard, "Bibliothéque de la Pléiade", 1964-1966.

BAUDELAIRE Charles, *OEuvres complètes*, Gallimard, "Bibliothèque de la Pléiade",1975-1976, 2 vol.

CAMUS Albert, *L'homme révolté*, Gallimard, 1951.

CARASSUS Emilien, *Le mythe du dandy*, A.Colin, 1971.

CARASSUS Emilien, "Dandysme et aristocratie", *Romantisme*, 70, 1990, p. 25-37.

COBLENCE Françoise, *Le dandysme, obligation d'incertitude*, PUF, coll. "Recherches politiques", 1988.

CRED Elisabeth, *Le Dandysme de Barbey d'Aurevilly*, Genève, Droz, 1938.

DELBOURG-DELPHIS Marylène, *Masculin singulier: le dandysme et son histoire*, Hachette, 1985.

ENTHOVEN Jean-Paul, "L'allure de Brummell", *La Règle du Jeu*, mai 1992, p. 271-281.

FAVARDIN Patrick et BOUEXIERE Laurent, *Le Dandysme*, Lyon, La Manufacture, 1988.

FORTASSIER Rose, *Les écrivains français et la mode*, PUF, 1988.

FRANCOISE Simone, *Le Dandysme et Marcel Proust*. De Brummell au baron de Charlus, Bruxelles, Palais des Académies, 1956.

FUGIER Anne-Martin, *La vie élégante ou la formation du Tout-Paris, 1815-1848*, Librairie Fayard, 1990.

KEMPF Roger, *Dandies - Baudelaire et Cie*, Seuil, 1977.

LEMAIRE Michel, *Le Dandysme de Baudelaire à Mallarmé*, Klincksieck, 1978.

LEVILLAIN Henriette, *L'Esprit dandy. De Brummell à Baudelaire*, José Corti, 1991.

LIEDEKERKE Arnould de, *Talon rouge. Barbey d'Aurevilly, le dandy absolu*, Olivier Orban, 1986.

NATTA Marie-Christine, *La Grandeur sans convictions. Essai sur le dandysme*. Editions du Félin, 1991.

PREVOST John C., *Le Dandysme en France (1817-1839)*, Genève, Droz, 1957.

SARTRE Jean-Paul, *Baudelaire*, Gallimard, 1975.

SCARAFFIA Giuseppe, *Petit dictionnaire du dandy*, Editions Sand, 1988.

우아한 삶에 대하여

저 자 : 발자크 外
옮긴이 : 고봉만
발행처 : 충북대학교 출판부
발행인 : 정의배
주 소 : 28644 충북 청주시 서원구 충대로 1
전 화 : (043) 261-2952, 3014
팩 스 : (043) 274-1256
이메일 : presscbu@chungbuk.ac.kr
등 록 : 제1983-2001-7호
초판1쇄: 2010.8.31.
초판2쇄: 2023.3.31.
인쇄처 : 삼성디자인기획 042)221-3111

* 이 번역서는 2007년도 충북대학교 학술연구지원사업에 의하여 발행되었음
(This work was supported by the research grant of the Chungbuk National University in 2007).

ISBN 978-89-7295-171-1 93180

값 20,000원